Oscar storia

Dello stesso autore

nella collezione Oscar

Casa Savoia. Diario di una monarchia
(con Maria Gabriella di Savoia)

Romano Bracalini

Otto milioni di biciclette

La vita degli italiani nel Ventennio

OSCAR MONDADORI

I edizione Le Scie gennaio 2007
I edizione Oscar storia marzo 2008

ISBN 978-88-04-57671-6

Questo volume è stato stampato
presso Mondadori Printing S.p.A.
Stabilimento NSM - Cles (TN)
Stampato in Italia. Printed in Italy

INDICE

OTTO MILIONI DI BICICLETTE

A mio nonno Giovanni Nelli,
fiero libertario toscano
nemico di tutte le dittature,
cui devo un esempio di ostinato coraggio.

Introduzione

VERSO IL FASCISMO

> Il successo o meno delle libere istituzioni dipende dal carattere dei cittadini ovvero dalle loro virtù civiche.
>
> NICCOLÒ MACHIAVELLI

L'Italia del primo dopoguerra è ancora un paese ottocentesco, con forti e radicati costumi regionali. È diffuso il dialetto, la lingua la parlano in pochi. «Nazione italiana» è piuttosto un'espressione letteraria. Non si concepisce un orizzonte più ampio: si è fedeli al proprio borgo natio, alle antiche tradizioni, alle abitudini ataviche.

Le statistiche offrono un quadro spaventoso di arretratezza culturale e sociale. In quarant'anni di lotte unitarie non s'era fatto il minimo sforzo per educare il cittadino a una forma di regola civile. La piaga dello sfruttamento dei minori e delle donne sul lavoro era rimasta irrisolta, non esisteva nessuna legislazione che protegesse queste due categorie, soprattutto dagli orari di lavoro disumani. Il paese era profondamente diviso e disuguale. Nel 1920 gli analfabeti erano al Sud il 49,6 per cento, al Centro il 29,5 per cento, al Nord il 12,8 per cento, con una media nazionale del 35 per cento e punte del 62 per cento in Calabria, mentre nel Sud Tirolo ex austriaco, grazie all'opera riformatrice di Maria Teresa, gli analfabeti erano solo l'1,9 per cento. A livello nazionale, dopo un'intensa campagna di scolarizzazione, l'analfabetismo scenderà al 13 per cento nel 1941.

L'Italia era uscita dal primo conflitto mondiale stremata e moralmente distrutta. La guerra avrebbe dovuto cementare il sentimento nazionale e rafforzare il senso di identità. Fu invece la causa della più grave crisi politico-istituzionale dello Stato unitario. Appena mezzo secolo dopo l'Unità, la compagine statale era più fragile di prima. La lotta politica assumeva i caratteri della guerra civile, indeboliva lo Stato, impediva le riforme, paralizzava la vita pubblica. Parafrasando Karl von Clausewitz, la politica in Italia era la prosecuzione della guerra con altri mezzi.

I sacrifici del conflitto, nel quale pochi avevano visto una necessità, fomentarono l'odio di classe e la discordia.

L'avvento a fine Ottocento dei partiti dell'estrema sinistra, socialisti, repubblicani e radicali, aveva dato voce e rappresentanza all'opinione pubblica popolare relegata ai margini della vita politica, ma allo stesso tempo metteva in discussione i principi stessi su cui si reggeva lo Stato liberale facendogli mancare una vasta base di consenso. Era nata la società di massa destinata a mutare radicalmente gli equilibri politici. I nuovi protagonisti sono gli operai, i reduci, le donne. Essi daranno impulso ai partiti moderni che, scavando la fossa a quelli di tradizione risorgimentale, preparano l'avvento di un fenomeno nuovo: il totalitarismo di destra e di sinistra. Il vecchio sistema liberale, che aveva garantito una parvenza di legalità e di rispetto formale dei diritti civili, sarà travolto dalla furia dei nuovi partiti, fondati sulla fede e sull'obbedienza, «tiranni senza volto», che da versanti apparentemente contrapposti basano la loro dottrina sullo Stato assoluto e autoritario, senza residui borghesi, senza residui di individualismo liberale. Il massimalismo socialista, che s'era opposto alla guerra «imperialista» e dinastica, non votata dalla maggioranza del Parlamento, ma voluta dalla Corona per ambizione e calcolo politico, s'era fatto interprete del malcontento popolare per abbattere lo Stato «borghese» e instaurare sull'esempio della Russia sovietica la dittatura del proletariato.

I disordini del biennio 1919-20 furono il banco di prova di entrambi gli estremismi. A molti osservatori non pareva difficile prevedere come sarebbe finita. Il liberale Giustino Fortunato, tra i più pessimisti, era convinto che «il canaglismo bolscevico nostrale avrebbe asservito il nostro paese al comodaccio di Lenin e compagni». Gli eventi parevano dargli ragione. In una lettera dell'Internazionale comunista ai socialisti italiani, pubblicata dall'«Avanti!» il 16 novembre 1920, si affermava che «l'Italia presenta oggi tutte le condizioni essenziali garantenti la vittoria di una grande rivoluzione proletaria, di una rivoluzione veramente popolare».

Nel disordine politico del dopoguerra, aggravato dalla crisi economica, si inserì la demagogia fascista che prese le difese degli ufficiali e dei reduci e si fece paladina dei valori nazionali denigrati e vilipesi dall'eversione di sinistra. Anche parecchi antifascisti avevano denunciato le aberrazioni del massimalismo socialista. Nel 1919 Napoleone Colajanni, repubblicano, aveva avvertito: «Dalla guerra è sorto un pericolo più grave di quello monarchico: quello del leninismo». Un anno dopo lo stesso Giustino Fortunato non aveva esitato a definire il fascismo «una fatale conseguenza del quadriennio di ubriacatura bolscevica». Luigi Salvatorelli scriveva sulla «Stampa» che «la tendenza e i metodi massimalisti dominanti fra gli elementi direttivi del Partito Socialista Italiano correvano il rischio di scatenare non una rivoluzione ma il suo opposto: la reazione». Nel 1921 Luigi Einaudi, non certo un apologeta del fascismo, invitò a votare per i partiti del Blocco nazionale «o dove il blocco non esiste per i partiti contrari al socialismo». Pertanto l'identificazione del contrasto «fascismo-antifascismo» con «fascismo-democrazia» non regge all'analisi obiettiva dei fatti. In realtà si combattevano due movimenti ugualmente eversivi e pericolosi e la vittoria dell'uno o dell'altro avrebbe significato in ogni caso la sconfitta della democrazia e l'instaurazione della dittatura. L'alternativa era tra Lenin e Mussolini. Non è nemmeno vero che il fascismo fosse stato imposto alla maggioranza del paese virtuoso. Machiavelli, senza averlo visto, ne aveva già spiegato la genesi. Un dittatore non governa senza il consenso popolare. Può carpirlo con la malafede o l'inganno, ma non farne a meno. A Mussolini riuscì egregiamente e parve che gli italiani non aspettassero altro. Nel 1919, anno di fondazione dei Fasci di combattimento, gli iscritti al partito erano 17.000, nel 1941 erano diventati 4.017.640. Il segretario del PNF (Partito nazionale fascista) dovette frenare l'eccesso di richieste di iscrizione. Quanti erano stati costretti a aderire?

Erano stati i socialisti a scatenare per primi l'offensiva contro le istituzioni liberali. Lo stesso Pietro Nenni riconobbe nel 1926 che «il PSI del dopoguerra era proteso verso la conquista totalitaria del potere». L'incapacità dello Stato di dirimere i conflitti sociali e porre un freno all'illegalità dilagante fece crescere la sfiducia nella democrazia e favorì la radicalizzazione della vita politica. I ceti popolari, operai e contadini, aderendo al socialismo rivoluzionario, invocavano uno Stato comunista; i borghesi spaventati volevano il mantenimento dell'ordine imposto con la forza e videro nel fascismo la sola via di salvezza.

Lo Stato non esisteva più. Prevaleva lo spirito corporativo. Il sindacato dei ferrovieri era capace di bloccare la partenza di un treno se solo vi saliva un ufficiale dell'esercito, i viaggiatori erano trattati da intrusi ed erano alla mercé dei ferrovieri.

Una statistica inglese, riferita al primo trimestre del 1920, attribuiva all'Italia il primato mondiale degli scioperi tra i maggiori paesi civilizzati, con 21.650.000 giornate di lavoro perdute. A Prato e Loreto alcuni sacerdoti, per ottenere migliori condizioni economiche, si rifiutarono di dire messa. Gli studenti delle scuole secondarie scioperarono per ottenere la promozione senza esame col 6, un'anticipazione del 6 «politico» del 1968.

Sempre secondo la statistica inglese, i disoccupati erano oltre due milioni; il potere d'acquisto della lira s'era ridotto d'un terzo; il prezzo del pane aumentava, un chilo di carne costava 13 lire. Il debito pubblico era cresciuto da 107 a 114 miliardi, dei quali 21 miliardi oro verso l'estero.

Il momento pareva favorevole al leader dei socialisti massimalisti Giacinto Menotti Serrati che confidava ai suoi: «Dovremo affrettare questo processo di sfacelo già molto inoltrato per prendere noi stessi il potere».

Ma era accaduto un fatto nuovo e inedito che mutò le regole del gioco. Alla tradizionale opposizione repubblicana di sinistra se n'era aggiunta una dissimulata ma sintomatica di destra. Entrambe traevano origine dal medesimo ceppo autoritario. La tendenza di sinistra era un residuo di egualitarismo giacobino, un lascito ideologico-sentimentale della Rivoluzione francese; la tendenza di destra, con taluni caratteri sociali e antiborghesi che l'assimilavano al socialismo e al leninismo, ne aveva ereditato il nazionalismo, l'ordine e la gerarchia. Nel suo programma il fascismo metteva la solidarietà al posto della libertà, la disciplina al posto dell'autonomia, la subordinazione gerarchica in luogo della libera iniziativa individuale. Un programma che il comunismo sovietico avrebbe potuto condividere.

Al termine della sua parabola e sentendosi tradito dalla borghesia, cui aveva sempre guardato con sospetto e antipatia, Mussolini si pentì di non averla distrutta come aveva fatto in Russia il «Camerata Lenin». Sono parole sue.

Così la migliore definizione di fascismo ci pare ancora quella splendidamente formulata nel lontano 1927 da Giustino Fortunato: «Il fascismo, in un paese come l'Italia di vecchia civiltà, fondata su la violenza dapprima, su l'accattonaggio, poi, e di popolazione se geniale e prolifica, sostanzialmente cinica e anarchica, è il socialismo della piccola borghesia, spostata e avventuriera, con l'aggravante della infatuazione atavica del nazionalismo. In conclusione, è l'antitesi della libertà e della saviezza, due cose ognora ostiche alle genti italiche».

Questa premessa era forse necessaria per comprendere le cause dell'avvento del fascismo e le condizioni che lo resero possibile e ben accetto alla maggioranza del paese, anche a coloro che tardivamente vi si opposero. Il fascismo fu più melodramma che tragedia, e gli italiani per quieto vivere o abitudine servile ne furono i complici interessati. Palmiro Togliatti su «Lo Stato Operaio» del settembre 1931 diede di loro un giudizio più negativo che del regime fascista stesso: «Il popolo italiano è stato privato della libertà? Vuol dire che non ne era moralmente degno».

Nello sterminato repertorio di studi sul fascismo, dedicati prevalentemente alla storia politica, militare, diplomatica ed economica, con contributi settoriali alle organizzazioni giovanili e di partito, alla polizia, alla scuola, ai littoriali, i libri sulla vita quotidiana nel Ventennio non sono così copiosi, anzi c'è uno strano vuoto, mentre, man mano che ci si allontana da quel periodo, cresce l'interesse verso questo argomento. Come si viaggiava e quanto costava? È vero che i treni erano più puntuali e veloci di quelli d'oggi? È vero che il fascismo ha inventato il turismo di massa con i treni popolari, le colonie estive, la Topolino? Come si mangiava? Come ci si divertiva, cosa trasmetteva la radio, cosa scrivevano i giornali? Quanto guadagnava uno statale, quanto costava il pane? Quanto valeva la lira?

In questo lavoro non ho voluto solo ricostruire quel tempo in base ai documenti, alle testimonianze, alla lettura meticolosa dei giornali, vere miniere di informazioni e di dati, oltreché specchio del costume. Occorreva porsi nel giusto stato d'animo per immaginare ciò che non si legge nei resoconti ufficiali e nei libri, e ricreare l'atmosfera, il clima, le sensazioni, e perfino i rumori e gli odori (giacché un'epoca e un luogo si riconoscono anche da quelli) di un'Italia che ci appare remota e irriconoscibile. Con la curiosità e l'ansia del viaggiatore solitario, a bordo di una immaginaria «macchina del tempo», sono tornato indietro di una settantina d'anni. Era necessario che mi sbarazzassi da ogni preconcetto e soprattutto dall'idea di sapere in che modo sarebbe finita, per poter giudicare con la necessaria serenità ogni aspetto di vita quotidiana com'era nella realtà e non come avrebbe dovuto essere, come talvolta pretende lo storico di parte. Mi sono sforzato di diventare un estraneo, un alieno venuto da un altro secolo e capitato in un mondo scomparso che si trasforma in un cronista equanime e in un testimone distaccato di ciò che i nostri nonni e padri facevano o erano costretti a fare in quel Ventennio dominato dal regime. Quello che ne è venuto fuori lo giudicheranno i lettori.

Questo libro è idealmente dedicato agli anziani la cui memoria è forse appannata dal tempo e ai giovani che vogliono sapere e forse non ne sanno abbastanza. Entrambi alla fine del viaggio si meraviglieranno di aver scoperto un'altra Italia, più pateticamente marziale e così diversa, e tuttavia eternamente immobile nei suoi vizi e caratteri nazionali. Gli anziani per aver vissuto quegli avvenimenti lontani che stentano a riconoscere e i giovani quasi increduli che tutto ciò sia potuto accadere.

Sentimentalmente dedico questo libro a mia madre, i cui racconti dell'epoca mi hanno insegnato il dovere della critica e del dissenso, specie quando è più difficile esercitarli, e della quale ammiravo la dignità e il senso dell'ironia di pura marca toscana: l'ironia come antidoto che ci riscatta dal nostro inguaribile istinto melodrammatico e ci preserva dal ridicolo e da ogni rovinosa caduta.

Milano - Campiglia Marittima, 2006

Parte prima

RICOSTRUIRE E PROLIFICARE

I
IL PAESE RISORTO

Treni in orario, ordine ristabilito

Negli scompartimenti dei treni, più che al caffè o in trattoria, dove orecchie indiscrete avrebbero potuto più facilmente carpire un'intonazione critica – benché non fosse un vezzo così diffuso e i cartelli vietassero espressamente di parlare di politica –, un forestiero poteva avere a sua disposizione una vasta gamma di opinioni conformi in cui soprattutto due argomenti sarebbero risultati maggiormente graditi: i treni che arrivavano in orario e l'ordine pubblico finalmente ristabilito; ed era sottinteso che ogni merito andasse a Lui, come si sarebbe chiamato col sacro timore dovuto alla divinità, al Duce, al Capo, al Condottiero, al Fondatore dell'Impero, come si produrrà l'estro devozionale dei giornali.

Contro l'uso più volte deplorato di sostituire all'appellativo «Duce» quello di «Capo», il «Foglio di disposizioni» n. 1170 del segretario del partito, in data 9 febbraio 1939-XVII, era tassativo: «La parola "Duce" è insostituibile, per sé sola definisce un Uomo e segna i caratteri di una Rivoluzione e di una Civiltà». Da quel momento la parola «Capo» venne prontamente bandita dai giornali. Il 20 febbraio 1940 venne precisato inoltre che negli indirizzi della corrispondenza al Duce doveva essere usata la sola dizione «Duce del Fascismo Capo del governo» e che «il titolo di Eccellenza non andava mai premesso a tale dizione e alla parola Duce».

In Italia, paese tradizionalmente confusionario e anarchico, c'era finalmente l'autorità. Ti rivolgevi a qualcuno che agiva, non faceva lo scaricabarile. Non esistevano più classi sociali, fonti di divisione e di discordie; nello Stato totalitario c'erano soltanto il partito e il popolo. Il ricco non dettava più legge; eravamo tutti uguali. Il piccolo sopruso poteva essere denunciato e vendicato.

I turisti stranieri, per il fatto di aver scelto l'Italia, erano particolarmente condiscendenti; trovavano tutto nuovo e meraviglioso: il cibo e il clima erano ottimi, il cambio favorevole, le città accoglienti e sicure, i mezzi pubblici veloci e confortevoli. L'Italia appariva uno dei paesi più ordinati d'Europa.

Il controllo sulla stampa nazionale era costante e, a rigore, nemmeno necessario: l'obbedienza era totale e il dissenso non consentito; quanto alla stampa straniera ostile, giacché non la si poteva imbavagliare, semplicemente non veniva ammessa. Si citavano alcuni giudizi ritenuti offensivi e lesivi della dignità nazionale, ma solo per poterli rimbeccare come meritavano. Era già qualcosa che i giornali stranieri non parlassero dell'Italia col consueto tono di sufficienza e di disprezzo. Non era mai accaduto che il senso di disciplina e di efficienza venisse pubblicamente riconosciuto ed elogiato all'estero.

Fascisti si diventa

A partire dal 1926 lo Stato e la società vennero «fascistizzati» col consenso della monarchia, che mantenne un apparato autonomo e parallelo. C'erano due inni nazionali: la *Marcia Reale* e *Giovinezza*. Non solo era obbligatorio eseguirli entrambi nell'ordine, ma il «Foglio di disposizioni» n. 1322 prescriveva che dovevano «essere ascoltati nella posizione di attenti» e che alle prime battute «si saluta romanamente». Nelle scuole elementari, accanto ai ritratti del re e del Duce, campeggiava il crocifisso reso obbligatorio proprio dal fascismo «pagano» insieme all'insegnamento religioso. Vennero abolite le cerimonie ufficiali del capodanno cristiano perché per il regime l'anno non finiva più il 31 dicembre, ma il 28 ottobre, anniversario della marcia su Roma. Gli atti ufficiali, i giornali e la corrispondenza dovevano recare, in numeri romani, dopo quelli dell'Era di Cristo, gli anni dell'Era fascista che si contavano a partire dal 29 ottobre, capodanno fascista.

Un decreto governativo del 1938 impose l'obbligo della divisa per tutti gli impiegati civili statali e gli insegnanti delle elementari. L'uniforme era a carico dello Stato che ne forniva di due tipi: una divisa invernale blu e due estive bianche. Sul berretto a visiera campeggiava l'aquila fascista e sui bottoni d'ottone era impresso il fascio littorio. In breve venne prescritta l'uniforme per ogni età e per ogni occasione, dagli spettacoli offerti dai bimbi alle esibizioni ginniche dei gerarchi. Gli impiegati pubblici venivano equiparati ai militari, come i ferrovieri che dovevano rispettare gli orari, pena gravi sanzioni, dando un esempio di disciplina e di efficienza fascista.

Il regime esaltava l'armonia e la bellezza del paesaggio come se fossero opera sua; quanto al clima lodato dagli stranieri, Mussolini l'avrebbe preferito più rigido per temprare il carattere degli italiani, e a questo scopo ordinò il rimboschimento ad abeti dell'Appennino che avrebbero dato al paese un aspetto più nordico. L'Italia era sempre stata una penisola a forma di stivale, e in questo il regime non c'entrava, per quanto sembrasse impossibile, ma la retorica nazionalista riuscì ugualmente a vedere nella sua forma «non già, come vorrebbe la vil similitudine, uno stivale storcignato, ma un potente fusto di albero antico» predestinato a essere per l'Europa «quel ch'è l'Europa rispetto all'immane continente asiatico – una penisola articolata e varia, dove meglio fruttificò l'incivilimento e s'è rifugiato lo spirito...».[1]

Persino la geografia diventava un motivo di distinzione. La retorica del Bel Paese serviva al fascismo per inculcare la convinzione che vivere in Italia fosse un privilegio e che un alto tasso di natalità fosse un dovere etico e un segno di vitalità e di giovinezza per sconfiggere l'egoismo e la rassegnazione. Nel 1924 si ebbe un notevole incremento delle nascite. Ma nel decennio successivo, nonostante gli sforzi della propaganda demografica, il ritmo diminuì. Su un'area di poco più di 310.000 chilometri quadrati, ossia su circa 31 milioni di ettari di terra, 44 milioni di italiani stentavano a trovare i mezzi di sussistenza e i disoccupati erano in aumento. Era un territorio in gran parte montuoso e paludoso in cui, tolte le superfici occupate dai centri abitati, dai laghi, dai fiumi e dai terreni situati sopra gli 800 metri, restavano per la coltivazione appena 21 milioni di ettari, ossia meno di un ettaro ogni due abitanti. Si stava già stretti nella penisola: la densità per chilometro quadrato era tra le più alte d'Europa. Ma il regime si prefiggeva un'ulteriore crescita della popolazione, fino al «fantastico» traguardo dei 60 milioni di abitanti entro il 1960, «perché il regresso delle nascite che gli stati moderni lamentano» scriveva G.B. Pellizzi nel libro *Fecondità è potenza* «è dovuto anzitutto a ragioni morali, è conseguenza del diffondersi di una concezione fiacca della vita, non sorretta e infiammata come dovrebbe dal sentimento religioso, dall'amor di patria, dal senso etico, dall'orgoglio di illustrare la tradizione familiare e di assicurarle degna continuità».

Alla mancanza di lavoro, di terra e di risorse Mussolini assicurò che avrebbe rimediato strappando ogni palmo di terreno alla natura arcigna, bonificando fino all'ultimo acquitrino, modernizzando l'agricoltura, costruendo officine e potenziando i porti. Vennero intrapresi grandiosi lavori pubblici, come nessun governo liberale aveva mai fatto prima, col duplice scopo di offrire nuove opportunità di lavoro e di presentarsi sotto l'apparenza della novità e del rinnovamento, com'è ambizione di tutte le dittature. L'Italia venne trasformata in un cantiere permanente e i disoccupati scesero dal milione delle statistiche ufficiali a quasi la metà.[2]

Vennero costruite strade, autostrade, stazioni ferroviarie, porti, aeroporti, scuole, ospedali, acquedotti per una spesa complessiva di 1800 milioni di lire in un quindicennio: opere del regime, come si dirà con intonazione più ironica che ammirata, non sempre necessarie, spesso inutili, ma destinate a rinvigorire l'orgoglio nazionale e a colpire l'immaginazione del visitatore straniero. L'inaugurazione di un'autostrada, di un villaggio rurale, di uno stabilimento industriale, divenne uno spettacolo consueto e quasi quotidiano, e per celebrarlo in maniera solenne si sceglieva la data simbolica del 28 ottobre.

Il fondatore di città

Furono istituite diciassette nuove province («provincie» come si scriveva all'uso ottocentesco), ufficialmente per ripartire meglio la popolazione, creare nuovi centri di attrazione e impedire la corsa verso le grandi città, dove «c'erano quelle cose piacevoli e stupide che incantavano i nuovi arrivati». Ma a volte si trattava di compiacere qualche potente ras locale: la provincia di Livorno, ritagliata dalla grande provincia pisana, fu un regalo a Costanzo Ciano, gerarca livornese padre di Galeazzo, e un riconoscimento dell'importanza del porto toscano voluto dai Medici. Altre dovevano attestare il rango di grande potenza dell'Italia. Così nel 1941, dopo l'annessione della Slovenia, venne creata la nuova provincia di Lubiana, insieme a quella del Carnaro e alle tre della Dalmazia. I comuni di Pontedera (Pisa) e Barghe (Lucca) vennero elevati a città, dopo un viaggio del Duce in Toscana.

Parecchie località cambiarono nome: Borgo San Donnino, in Emilia, si chiamò Fidenza; Vico di Pantano, Villa Literno; Monteleone, Vibo Valentia; Girgenti, patria di Pirandello, Agrigento; Terranova di Sicilia, Gela; Castrogiovanni, Enna; Pausula, Corridonia, in onore del sindacalista Filippo Corridoni, caduto in guerra; Massa, Carrara e Montignoso, nell'alta Toscana, si fusero assumendo il nome di Apuania. La frenesia imperiale contagiò il paese: cinema, caffè, ritrovi si chiamarono Impero, Imperia, Imperiale. E il comune di Imperia venne istituito nel 1923 unendo Porto Maurizio a Oneglia. La Basilicata tornò all'antica denominazione di Lucania. Bolzano, «città italianissima», avrebbe dovuto chiamarsi Bolgiano; ma c'era un limite anche al ridicolo e la direttiva cadde nel vuoto.

Dalle paludi pontine bonificate sorsero le nuove città del Duce: Littoria, Sabaudia, Pontinia, Pomezia, Aprilia. L'attuale Pescara nacque dall'unione della vecchia Pescara di Gabriele d'Annunzio e di Castellammare Adriatico. «Pescara di Mussolini» scrive Guido Piovene sul «Corriere della Sera» del 25 novembre 1938 «ha l'ossatura della grande città che a vista d'occhio mette polpa. Dev'essere questo il paesaggio che ama di più Mussolini, il fondatore di città...»

Altri centri urbani di puro estro inventivo vennero inaugurati un po' dovunque: la città dell'aria di Guidonia, alle porte di Roma, per onorare la memoria del genio aeronautico Alessandro Guidoni; la città cinematografica di Tirrenia, fra Pisa e

Livorno, con gli stabilimenti Pisorno, dal nome delle due città rivali; la città sciistica di Cervinia, in Valle d'Aosta. Il Duce concesse che una città sarda si chiamasse Mussolinia. L'albanese Santi Quaranta, dopo la conquista italiana del '39, divenne Porto Edda. Libertinia, presso Licata, nome che non tutti digerirono, venne dedicata al barone siciliano Libertini che per primo aveva rinunciato al proprio latifondo e distribuito la terra ai contadini. Il 18 dicembre 1938, nell'annuale della Giornata della Fede, venne inaugurata Carbonia, nel bacino carbonifero dell'Igliesiente, che nel pieno della battaglia autarchica doveva smentire l'idea che l'Italia non avesse il carbone. Invece il carbone italiano c'era, spiegava il libro di letture della quinta elementare (8 lire), del 1940, a pagina 72: «Nascosto per secoli sotto il suolo della Sardegna, la forte, è venuto alla luce per il volere di un Uomo che sembra aver comandato alla terra di aprire le proprie viscere, di svelare i suoi tesori e donarli alle necessità della Patria...». Carbonia era il secondo comune minerario creato dal regime. Il primo era quello di Arsia. Il carbone «scoperto» in Sardegna non bastava al fabbisogno nazionale ma la messinscena serviva a far credere il contrario.

Un nuovo impero romano?

La bonifica delle paludi pontine, l'opera forse più imponente intrapresa dal fascismo, fu un indubbio successo che la propaganda seppe abilmente sfruttare; anche l'annuncio della costruzione delle nuove città, dove un tempo imperversava la malaria, destò l'interesse nazionale e travalicò i confini. Architetti ed esperti stranieri di fama, tra cui Le Corbusier, vennero in Italia per visitare i cantieri di lavoro e studiare i metodi adottati.

La «bonifica integrale» non era un'esclusiva del regime.[3] La Maremma toscana era già stata integralmente bonificata da Leopoldo II granduca di Toscana e vaste zone malariche del Sud erano state risanate dal governo borbonico. Ma Mussolini se ne assunse interamente il merito.

Nel 1938 l'Agro romano divenne la 93ª provincia del regno,

con 90.000 ettari ridotti a bonifica e una popolazione stabile di circa 25.000 abitanti. È vero che la mortalità per malaria, che superava il 10-15 per mille, era scesa allo 0,3 per mille, ma erano risultati che anche taluni governi preunitari, meno abili nelle pubbliche relazioni, avrebbero potuto a giusto titolo magnificare.

Certamente il fascismo elettrificò le ferrovie e costruì più autostrade di qualsiasi altro Stato, ma queste nuove autostrade erano quasi sempre deserte, perché l'Italia era il paese che aveva meno automobili in Europa; nel 1934 la FIAT produceva non più di cento auto al giorno e nel 1939 l'Italia era ancora agli ultimi posti con 372.000 autovetture in circolazione, contro i due milioni e mezzo della Gran Bretagna e altrettanti della Francia. Parigi da sola ne aveva di più.

Non s'era mai visto che venissero costruite prima le autostrade e poi le automobili. In compenso erano state trascurate le strade ordinarie; se ne asfaltò qualcuna, le altre erano malandate e piene di buche e ogni viaggio diventava una specie di avventura nel polverone, tanto che diventò comune l'espressione «far mangiare la polvere a qualcuno».

Ma dietro lo scenario propagandistico delle grandi opere e del rinnovamento, milioni di italiani, specie al Sud, conducevano una vita nell'arretratezza più profonda. Il fascismo si vantava d'aver risanato i quartieri più fatiscenti di Napoli e d'aver costruito nuove case per gli abitanti dei «bassi», buchi immondi al livello stradale, sui quali vennero apposti cartelli con la scritta: «Terraneo non destinato ad abitazione». Il divieto cadde nel vuoto e i «bassi» continuarono a essere abitati come s'era fatto per secoli.

Le cronache decantavano un Sud risorto ed emancipato dalla secolare miseria. Nel 1930 lo scrittore inglese John Gibbons, in viaggio in Italia, faceva il raffronto tra le condizioni del Mezzogiorno di qualche anno prima e il «meraviglioso» progresso compiuto sotto il regime fascista, dicendo che «avrebbe trovato più cenciosi nel solo East End di Londra, di quanti ne aveva veduti per centinaia di chilometri in Italia». Il suo occhio benevolo non aveva visto che meraviglie e una rinnovata vitalità. Scriveva che «le popolazioni lavorano tre volte di più di quello che facciamo noi inglesi» e che «l'Europa sta assistendo alla resurrezione dell'impero romano sotto il dominio fascista».[4]

Nel 1931 una direttiva alla stampa imponeva di «non usare più la denominazione "Mezzogiorno"». Il Mezzogiorno nella nuova Italia cominciava a sud della Sicilia. Ma la distinzione non fu di grande consolazione per i meridionali che continuavano a sentirsi trascurati. Le maggiori opere erano state realizzate al Centro-Nord e il fascismo continuava a parlare essenzialmente dialetti settentrionali, soprattutto quelli di ceppo toscano ed emiliano-romagnolo; i fiduciari del Nord inviati nel Meridione si davano arie da padreterni, anche se erano dei poveri diavoli, ed erano fatti segno di riverenza e di timore. Non era solo l'atavico senso di inferiorità. «Servi senza rossori» chiamava i suoi conterranei meridionali il padre di Giustino Fortunato.

Un viaggio del Duce nel Sud diede luogo a scene d'isteria collettiva. «Le donne d'Abruzzo volevano "toccarlo". Il sindaco di un paesello di Sicilia si fece incontro all'automobile in corsa: "Non vi chiediamo nulla. Probabilmente, mai più passerete su questo suolo: scendete a posarvi il piede". Un altro si avvicinò, con la sciarpa del magistrato sull'abito da festa del piccolo possidente. "Stamani all'alba i miei due fratelli uccisi in guerra mi apparvero nel sogno, e dissero: 'Alzati, va' incontro al Presidente, inginocchiati, e di' tu a lui che lo benediciamo, noi muti morti, e lo ringraziamo di aver salvato l'Italia, per cui morimmo'." A capo scoperto, s'inginocchiò sulla via maestra. Scoppiarono intorno in singhiozzi le donne inginocchiate, a braccia tese invocanti.»[5]

II

SOTTO STRETTA SORVEGLIANZA

Un controllo assiduo, costante, implacabile

Circolando per le città, frequentando i caffè, i ristoranti, i musei, viaggiando sui treni e sui tram si aveva l'impressione di un paese disciplinato e civile. Il ritmo della vita era calmo e ordinato. Nessuno gettava cartacce e rifiuti per terra. Le «cicche» si dovevano spegnere e mettere in tasca. (Era anche un modo di economizzare il tabacco per fare le sigarette con le cartine.) La pulizia era un culto. Le massaie imponevano di pulirsi le scarpe prima di entrare in casa. Non si poteva scrivere sui muri (solo il regime era autorizzato a farlo con le frasi celebri firmate da Mussolini). Bisognava aver cura del patrimonio pubblico e del verde. Vietato incidere nomi e cuori trafitti sulla corteccia degli alberi; represso l'antico malvezzo di scrivere nomi e date sui monumenti e sui muri dei musei. Si poteva viaggiare di notte nelle città e nelle campagne senza timore di essere aggrediti e derubati. I bassifondi erano stati «ripuliti» e i locali malfamati chiusi d'autorità. La malavita non era sparita ma aveva più difficoltà ad agire. Le pattuglie circolavano senza sosta e capitava di dover mostrare i documenti. Ronde di carabineri, agenti di Pubblica sicurezza, militi nazionali, volontari fascisti dei gruppi rionali si incrociavano sin dopo l'alba. Le case erano sotto costante sorveglianza. Nel 1926 il fascismo aveva introdotto la carta d'identità. Col pretesto del censimento si procedette a schedare i cittadini e per chi fosse stato trovato sprovvisto del documento erano guai: il malcapitato veniva accompagnato per accertamenti al più vicino posto di polizia. Bisognava presentare la carta d'identità all'albergo, alla pensione, all'affittacamere e riempire la scheda con le proprie generalità che venivano poi trasmesse in questura (esattamente come oggi secondo la vecchia norma fascista che limita la libertà personale).

Dopo l'attentato al Duce del 31 ottobre 1926 a Bologna vennero ritirati e revisionati tutti i passaporti per l'estero e istituito il «confino di polizia». Per espatriare occorreva una speciale autorizzazione governativa e la polizia aveva l'ordine di far fuoco senza preavviso su chiunque avesse tentato di valicare clandestinamente la frontiera. L'ingresso degli stranieri in Italia era regolato da norme severissime sul soggiorno. Entro tre giorni dovevano presentarsi all'autorità di PS e dichiarare le proprie generalità complete e quelle dei congiunti di età non superiore a sedici anni, il luogo di provenienza, lo scopo della loro venuta in Italia, quanto tempo si sarebbero trattenuti, il luogo della loro abitazione. Ogni qualvolta avevano intenzione di muoversi dovevano darne preventivo avviso alla polizia.

La posta, specie in tempo di guerra, era sottoposta a censura «totalitaria» e il segreto epistolare violato, come ogni altro aspetto della vita privata.

Non si poteva trasferire la propria residenza da una città all'altra del regno senza una richiesta di lavoro e senza l'autorizzazione dell'autorità di polizia. D'un tratto gli italiani, solitamente restii a ogni regola, divennero cittadini ubbidienti ed esemplari: più che un richiamo al civismo valse il timore di incorrere nelle severissime sanzioni; anche per chi aveva il genio dell'infrazione era difficile farla franca perché il controllo era assiduo, costante e implacabile. Gli italiani furono perfino costretti a rispettare le norme stradali. Fu almeno introdotto un principio di equità e di uguaglianza: un criterio che nel paese non aveva mai attecchito ed essere potenti significava fare i propri comodi senza dover rendere conto a nessuno. Invece, ora, le leggi valevano per tutti. Un alto ufficiale della milizia che aveva ignorato l'ordine del vigile urbano venne arrestato e spedito in fortezza.[1]

Chi si macchiava di indegnità veniva espulso dal partito. Con l'introduzione del regime poliziesco si intendeva rifare il carattere «morale» degli italiani: estrema e vana ambizione di tutte le dittature che poi falliscono perché incapaci di colpire le gerarchie da cui dovrebbe discendere il buon esempio. La serrata e lo sciopero erano vietati dal Codice penale. L'abbandono del lavoro o la protesta erano puniti con multe da mille a diecimila lire fino a un anno e più di reclusione. Le pene erano più gravi se i fatti avevano motivazioni politiche e se avvenivano in tempo di guerra.

Si poteva essere processati per gioco d'azzardo. Divenne rischioso giocare a carte all'osteria. Tra i giochi proibiti dalla legge il poker e il ramino. La bestemmia era considerata un reato grave sanzionato dall'articolo 724 del Codice penale. Anche il malcostume «imbecille» delle arguzie avversarie, ovvero delle barzellette antifasciste, «massimo relitto di secoli di servitù italiana, quando la barzelletta era proprio espressione di abito servile», doveva essere prontamente stroncato. Così nel 1930 il segretario del partito Augusto Turati, invitò tutti «i veri fascisti, cioè quelli che non soltanto hanno la tessera in tasca e un distintivo all'occhiello, a insorgere contro questa forma di autolesionismo morale»; quanto ai gerarchi provinciali «avrebbero dovuto reagire energicamente e prontamente contro questi denigratori». Turati morì senza poter vedere il trionfo del suo programma. Le barzellette continuavano a fiorire e a far ridere non solo gli antifascisti che ne erano gli inventori. La maggior parte delle barzellette prendevano di mira il nuovo segretario del partito, Starace, che era l'ispiratore e il destinatario delle più divertenti. Si raccontava quella di Mussolini e Starace che dopo un'ispezione in un paesotto lontano dalla città erano stanchi e affamati e non avevano cibo. Il Duce prende due lire e le dà a Starace: «Vai a comprare una lira di pane e una di salame». Poco dopo Starace ritorna: «Duce, non ricordo più qual è la lira per il pane e quale quella per il salame». Non era vero che «il quadrumviro Cesare Maria De Vecchi fosse un fesso. Anzi è stato un ragazzo precoce. A cinque anni ragionava come oggi». Un'altra diceva: «Questa volta Ettore ha battuto Achille» (quando Ettore Muti sostituì Achille Starace alla segreteria del partito). «Il Minculpop? Un ministero sui generis» (ne era titolare Galeazzo Ciano, genero del Duce). «Tra i cannoni e il burro Mussolini ha scelto il burrone.» A Firenze la Casa del fascio era in via dei Servi ribattezzata dai fiorentini via dei Padroni. Galeazzo Ciano aveva ereditato dal padre il titolo di conte di Cortellazzo, ma i beffardi livornesi avevano sostituito il recente predicato di Galeazzo con una parolaccia che aveva le stesse finali. Una barzelletta diceva che «due italiani insieme sono sempre fascisti, e un italiano solo è sempre antifascista», e questo fu almeno vero fino al 1945 quando antifascisti lo divennero tutti.

La morale corrente accolse con soddisfazione i provvedimenti del regime contro la libera prostituzione, le case di appuntamenti, i vari generi di commercio sessuale non sanzionati dalla legge e dalla natura. Venne varata una legge contro la sodomia, che si prestava a un'infinita gamma di ricatti e di abusi da parte di chi ne approfittava per compiere vendette personali. Venne dichiarata guerra alle pubblicazioni e alle illustrazioni ritenute oscene e per incorrere nei rigori della legge bastava disegnare una donna con curve troppo procaci. La buon costume vietò persino l'esposizione della Venere del Tiziano e venne disposto il sequestro di tutte le riproduzioni del quadro. Squadre speciali battevano parchi e pubblici giardini sorvegliando le coppie nell'intimità e talvolta le interrogavano separatamente per accertarsi che non si trattasse di amicizie occasionali. Si poteva essere condotti davanti al pretore per rispondere di un bacio dato a una donna in luogo pubblico. Per un bacio, se i due si erano limitati a questo, venne stabilita una multa di 10 lire (più dieci centesimi di bollo per la ricevuta).[2]

Oziare al caffè nelle ore lavorative non era consentito. Le signore non dovevano essere fotografate mentre «menavano a spasso cani di lusso», altrimenti si incoraggiava l'idea di curare teneramente gli animali domestici invece di allevare figli. I giornali non dovevano assolutamente pubblicare «fotografie di donne con cane».[3]

Erano frequenti le truffe singolari e ingegnose come quella messa a segno da un ragioniere palermitano, Filippo Calabrese, di 22 anni, residente a Torino e arrestato dopo abili e accurate ricerche dalla questura torinese. Il Calabrese prendeva dai necrologi dei giornali gli indirizzi delle famiglie dei benestanti deceduti e a tali indirizzi spediva il giorno stesso un pacco postale a porto assegnato. Il pacco giungeva nella casa del defunto mentre fervevano i preparativi del funerale e i parenti nella confusione del doloroso momento lo ritiravano senza obiezione di sorta pagando il relativo importo. Svolto il pacco vi trovavano dentro un romanzaccio d'appendice di nessun valore, per il quale era stata pagata una somma variante dalle 10 alle 22 lire. Finché qualcuno, messo in sospetto, l'aveva denunciato.[4]

Le abitazioni, specie quelle isolate, non dovevano essere poi così sicure e al riparo dai ladri se il «Corriere della Sera» del 25 luglio 1936 aveva dovuto dare la notizia di un audace furto compiuto nella villa del senatore Giovanni Gentile, accademico d'Italia, a Forte dei Marmi.

Nel 1942 venne graziato l'ergastolano Salvatore Costa, condannato nel 1893 per duplice omicidio. Arrestato all'età di 24 anni, era uscito dal carcere a 73 anni, dopo quasi mezzo secolo di detenzione. Interpellato dai giornali su questo suo ritorno alla libertà, il Costa aveva risposto che avrebbe cercato di abituarvisi e di volersi dedicare alla professione di sarto appresa nel penitenziario di Portolongone. Aveva manifestato molta gratitudine per la magnanimità del re e molta riconoscenza al Duce. «Perché» aveva spiegato «ho sempre sentito parlare del Duce nelle prigioni e se non ho avuto il piacere di vederlo di persona l'ho sempre visto sulle fotografie; ma posso dirvi che le prigioni da vent'anni in qua sono completamente cambiate a tutto favore dei reclusi e ciò, mi dicevano i superiori, è avvenuto appunto per volere del Duce».[5]

Uno Stato poliziesco?

Non era un'esagerazione che l'Italia avesse la polizia più numerosa d'Europa. Per la verità esistevano parecchi corpi di polizia, talvolta in contrasto e in concorrenza tra loro; il fascismo non solo li potenziò ma ne accrebbe il numero. Per esempio all'Arma dei carabinieri fedele al re, affiancò la milizia in camicia nera d'obbedienza mussoliniana. Al tradizionale apparato poliziesco dello Stato, aggiunse, raddoppiandolo, quello voluto dal regime. Nel famoso discorso dell'Ascensione del 26 maggio 1927, Mussolini spiegò l'esigenza di un'efficiente e occhiuta polizia con un'immagine minacciosa ed eloquente. Disse che in un certo senso il poliziotto aveva preceduto nella storia il professore, «perché se non c'è un braccio armato di salutari manette, le leggi restano lettera morta e vile».[6]

C'erano in Italia 60.000 carabineri, 15.000 agenti di polizia, 5000 metropolitani, 10.000 appartenenti alle milizie «tecniche» (Ferroviaria, Portuale, Postelegrafonica, Stradale, Confinaria e Forestale). Un complesso di quasi 100.000 uomini come forza di polizia. Dopo l'emanazione delle leggi speciali, che avevano messo fuori legge i partiti antifascisti e soppresso i giornali d'opposizione, il regime accentuava il suo carattere repressivo ed esclusivo. Vennero epurati i vecchi quadri e cacciati tutti coloro che provenivano dal passato regime liberale e non avevano gli attributi richiesti da tutti i regimi illiberali. Vennero allontanati sette questori, quattro vicequestori, venti commissari, sei commissari aggiunti, cinque vice-commissari per il motivo che non davano piena garanzia di obbedienza politica; venne dato un colpo di «ramazza» alla questura di Milano e Mussolini in persona mandò a spasso gli elementi sospetti e sgraditi.[7]

Non c'erano solo i ladri ma un avversario nuovo da combattere, l'opposizione politica antifascista, che in verità non rappresentò mai un serio pericolo per lo Stato totalitario.

Bisognava dotare la polizia di mezzi moderni per adeguarla agli accresciuti compiti della sicurezza. C'erano pattuglie che andavano ancora in bicicletta. La delinquenza conosceva la chimica, la fisica, la balistica, adoperava i mezzi più veloci. La polizia aveva ancora vecchie automobili che col loro rumore di ferraglia si annunciavano da lontano al malavitoso, che faceva in tempo a fuggire. Per competere con la delinquenza sempre più agguerrita, la polizia, a partire dal 1927, venne dotata di un migliaio di autovetture moderne, però rimasero in servizio 12.000 biciclette. Tra la folla, nei luoghi pubblici, si mescolavano i 15.000 agenti in borghese, che Mussolini non aveva voluto che indossassero la divisa e che potevano contare su una vasta rete di informatori, delatori e confidenti.

I falsi valutari erano in aumento: un reato che il regime avrebbe colpito duramente fino a prevedere la condanna a morte per il reo. «È pericoloso falsificare la valuta dello Stato fascista» aveva avvertito Mussolini.

Era stata appena ingaggiata la lotta alla mafia che il regime avrebbe vantato come definitivamente vinta. Dopo l'invio del prefetto Mori in Sicilia nella provincia di Palermo gli omicidi scesero da 268 a 77 nel 1926; le rapine scesero da 298 a 46; le estorsioni da 79 a 29; gli abigeati da 45 a 7. Ma fu un successo provvisorio.[8]

Dalla metà degli anni Trenta, con l'introduzione di pene più severe, erano diminuiti in tutta Italia gli omicidi e le rapine; restava invariato il numero dei delitti contro la famiglia; solo i furti erano aumentati nel decennio 1931-1940. In tempo di guerra il numero dei reati gravi diminuì ulteriormente. Dai dati raccolti dal ministero di Grazia e Giustizia, nei dieci mesi che vanno dal giugno 1940 al marzo 1941, risultava che «vi furono in tutto il territorio dello Stato 322 procedimenti per delitti commessi approfittando delle circostanze dipendenti dallo stato di guerra».[9]

E tuttavia il fascismo, nonostante il dispiego di forze e i metodi sbrigativi, non fu il regno del terrore; fu più farsa che tragedia, come si addiceva al carattere degli italiani. Non fu il terrore programmato e freddamente realizzato dalla Rivoluzione francese con 2000 donne e bambini ghigliottinati (non tutti erano nobili ma bastava portassero la croce sul petto), o dai regimi nazista e comunista con i campi di sterminio, i «gulag», i «suicidi», i genocidi e le fucilazioni in massa dei «nemici del popolo» e dei «traditori».

In sedici anni di attività, dal 1927 al 1943, il Tribunale speciale per la difesa dello Stato processò 5619 imputati, condannandone 4596 per complessivi 27.735 anni di reclusione; su 42 condanne a morte ne vennero eseguite 31 e gli ergastoli inflitti furono in tutto tre. Il re aveva il potere di grazia ed era tradizione che venisse concessa l'amnistia in occasione di matrimoni e nascite reali. Per le nozze di Umberto di Savoia e Maria José del Belgio, celebrate l'8 gennaio 1930, re Vittorio Emanuele III emanò un decreto di amnistia e indulto per reati comuni e militari. Beneficiarono del provvedimento parecchie decine di migliaia di detenuti, di cui un terzo imputati di delitti e il resto di contravvenzioni. In virtù del condono vennero scarcerati circa 6000 detenuti per pene non superiori a un anno. Il provvedimento non si applicava ai delitti di tradimento, spionaggio, diserzione, abbandono di posto, codardia, rivolta, mutilazione previsti dalle leggi penali militari e di renitenza alla leva.[10]

Periodicamente si presentavano al controllo del fascio i vecchi anarchici, gli ex socialisti e comunisti. I fascisti non li vedevano di buon occhio, perché erano tutti nemici di ieri ed erano stati vinti. Ma a poco a poco ci si erano affezionati. Ogni controllato finì per avere il suo protettore in un gerarca fascista, il quale gli consentiva libertà di manovra e qualche innocente sfogo politico. Nel 1945 quasi tutti i protetti diventarono protettori; e molti ex gerarchi ebbero salva la vita e poterono conservare i beni, grazie proprio a loro. Gli strani rapporti di complicità e di mutuo soccorso del Ventennio spiegano molte cose della natura accondiscendente, e in fondo molto italiana, del fascismo.

Arriva Hitler

Alle 20.30 del 3 maggio 1938 Hitler giunse a Roma per la sua prima visita ufficiale in Italia. Il viaggio da Berlino a Roma in treno era durato 27 ore alla media di 80 chilometri all'ora. Era prassi consolidata che le visite di Stato, anche da un capo all'altro dell'Europa, si effettuassero in treno speciale. L'aereo non era ancora ritenuto un mezzo idoneo, e nemmeno molto sicuro. Infine troppa gente al seguito. Non avrebbero mai trovato posto nei piccoli aerei d'allora. Il treno speciale di Hitler era seguito da un secondo convoglio: il treno dei ministri, capi di stato maggiore, consiglieri militari, industriali, stampa accreditata, radio, cinegiornali. Un viaggio interminabile. Partenza dalla stazione di Anhalt di Berlino alle 16.44 del 2 maggio. Quindici ore da Berlino al confine italiano. Dodici ore dal Brennero a Roma. Centocinquanta le stazioni attraversate in Italia, con brevi soste al Brennero, Verona, Bologna, infine l'arrivo alla stazione Ostiense di Roma col viale intitolato al Führer per l'occasione. Quando il convoglio si arrestò sotto la pensilina e Hitler comparve, la banda intonò gli inni nazionali, prima l'inno germanico, alto e solenne come una cattedrale, poi la saltellante *Marcia Reale* e la goliardica *Giovinezza*. C'era in quel quadro d'assieme la diversità abissale di umori e di caratteri che contraddistingueva i due paesi. Ai tedeschi l'Italia apparve subito complicata, difficile da capire: c'era un inno di troppo e un re forse superfluo. Dopo l'esecuzione degli inni, Hitler, cancelliere del Reich e caporale d'onore della Milizia, scese dal treno e sul tappeto di velluto rosso ricevette il saluto di re Vittorio Emanuele III, in divisa di maresciallo dell'impero, eppoi di Mussolini che veniva dopo il capo dello Stato.

Roma venne trasformata in un vasto «palcoscenico d'opera». Erano state abbattute case e torri per offrire all'ospite uno spettacolo degno della Roma antica. Il giorno dell'arrivo del Führer venne dichiarato festa nazionale con l'obbligo di esporre la bandiera dagli edifici pubblici e privati; e allora c'era il vezzo di ubbidire. Il 5 e il 9 maggio vennero dichiarati festivi per la Campania e la Toscana, perché il 5 si sarebbe svolta la grande parata navale nel golfo di Napoli e il 9 la visita del Führer a Firenze. Quel giorno il Duce si sarebbe preso la rivincita perché, non più schiavo dell'etichetta che lo relegava in seconda fila, avrebbe avuto il camerata Hitler tutto per sé.

La radiocronaca diretta dell'EIAR venne affidata a un giovane giornalista di sicuro avvenire: Vittorio Veltroni, già sperimentato nelle più delicate cronache del regime. Il popolo assiepato lungo le strade agitava le bandierine con la croce uncinata. I giornali davano notizia di ragazzini minorenni scappati di casa per andare a Roma a vedere il Führer. La perfetta scenografia non lasciava trasparire cosa si agitasse dietro. Erano state prese misure di sicurezza eccezionali. Decine di migliaia di sospetti arrestati in massa, controlli a tappeto di viaggiatori in arrivo nella capitale in treno o in auto. Gli ospiti degli alberghi vennero svegliati e interrogati nelle loro stanze. Centinaia di case perquisite. Finestre chiuse con tavole inchiodate in croce lungo l'itinerario percorso dal corteo di macchine. L'automobile che trasportava Hitler era blindata ed era forse la prima volta che veniva adottata una misura simile. Il sorvolo della capitale era vietato a ogni sorta di velivoli che non fossero quelli permessi dall'autorità aeronautica dell'Urbe. Tutti i negozi e i caffè situati lungo il percorso vennero interdetti al pubblico. Soltanto i proprietari potevano rimanerci purché muniti di autorizzazione. I portinai degli stabili vennero sostituiti da poliziotti in borghese. Agenti erano appostati sui tetti e sulle terrazze. Nessuno ebbe modo di accorgersi di niente. Tutto appariva spontaneo e immediato; e c'è da credere che lo fosse davvero. I tedeschi, da bravi intenditori, lodarono la perfetta disciplina e il calore genuino del popolo.

Firenze dette il benvenuto al Führer col titolo a tutta pagina della «Nazione»: *Firenze insuperabile in ardore inneggia al Capo della Germania amica e al Duce*. Ci fu uno sfoggio spontaneo e coreografico di illuminazione elettrica. Furono persino piantati alberi finti. Il percorso dalla stazione ferroviaria fino in piazza della Signoria e a palazzo Pitti era presidiato dalla milizia, da balilla, avanguardisti e giovani fascisti. La gretta aristocrazia fiorentina fece carte false per partecipare al ricevimento offerto in onore di Hitler. Le dame si inchinavano davanti a lui ripetendo: «Mein Führer, mein Führer». Venne ammirata l'aria gentile e mite di Hitler. Per tutta la durata del soggiorno non venne registrato il minimo incidente. La visita fu un successo. Nel senso che la sorte dell'Italia era segnata. Hitler ne riportò un ricordo vivo e commosso. Al Brennero, nel momento di lasciare l'Italia, si affacciò al finestrino per salutare e tutti ebbero modo di vedere che aveva le lacrime agli occhi. Il Duce mandò un biglietto di congratulazioni e d'elogio al capo della polizia per il lavoro svolto. Ma di questo piccolo affare interno gli italiani rimasero all'oscuro.

La più perfetta delle pene

Nel 1926 l'Italia introdusse nuovamente la pena di morte, abolita dal Codice Zanardelli nel 1889. In poco meno di un anno Mussolini era scampato a quattro attentati. L'ultimo tentativo del quindicenne Anteo Zamboni trucidato sul posto a Bologna il 31 ottobre 1926 fu decisivo per il ripristino della pena capitale per gli attentatori alla vita dei membri della casa reale e del capo del governo. Il testo della legge composto di soli otto articoli prevedeva la condanna a morte anche per i delitti di «tradimento della patria», «insurrezione armata» e «guerra civile». L'applicazione della pena di morte doveva limitarsi a questi capi di imputazione e aveva carattere provvisorio della durata di cinque anni. In realtà alla scadenza venne prorogata di altri cinque anni, e con l'entrata in vigore del nuovo Codice penale, il 1° luglio 1931, la pena di morte, ben salda nell'ordinamento fascista, venne estesa dai delitti politici ai più gravi e atroci delitti comuni, «entro i confini segnati dall'assoluta necessità». I più tenaci fautori della pena di morte furono Mussolini e il guardasigilli Alfredo Rocco, da cui il nuovo Codice prendeva il nome. Il Gran consiglio del fascismo, interpretando la volontà del Duce, nella seduta del 9 ottobre 1930, aveva affermato la necessità che la pena di morte fosse introdotta stabilmente nel nuovo Codice penale.[11]

A chi lo criticava, Mussolini rispose: «Essa esiste in tutti gli stati civili: in Germania, in Francia, in Inghilterra». Ma in Italia l'abolizione della pena di morte era passata attraverso il ragionamento del Beccaria. Carlo Cattaneo la considerava una sopravvivenza del vecchio ordine, una feccia di antiche tradizioni, d'antica ignoranza, d'antica viltà. Diceva: «La legge minacci in luogo della morte, l'austero e solitario e laborioso carcere ... Non possa il malvagio atteggiarsi sulla forca ad una smorfia di coraggio, mostrando al popolo come si muore nel disprezzo della legge. La legge deve rimuovere questi atroci trionfi della malvagità, che svelano l'impotenza dei suoi rigori».

Si replicava che la pena di morte s'era resa necessaria. Rocco la considerava «la più perfetta delle pene». In effetti negli stati autoritari la pena di morte è la norma. Il fascismo non poteva fare eccezione. Anche Mussolini, come il re, aveva il potere di grazia.

Erano state mantenute le pene dell'ergastolo e della reclusione. Era stata abolita, di regola, la segregazione cellulare continua, fonte di abbrutimento anziché di redenzione morale e grave causa di logoramente fisico, intellettuale, morale. Le intenzioni, sapientemente espresse da esperti giuristi, perseguivano finalità esemplari e di tutto rispetto. In realtà ci si limitava alla bella forma. La sostanza era diversa. Il Codice penale fascista, con qualche rispetto delle garanzie dell'imputato di reati comuni, a differenza dell'arbitrio omicida dei codici penali sovietico e nazista, asseriva di voler «provvedere alla tutela della sicurezza dello Stato, della pubblica amministrazione e dell'amministrazione della giustizia, elevandone l'autorità e il prestigio; tutelare il sentimento religioso e particolarmente il culto cattolico; intendeva che l'ordine pubblico fosse rigorosamente mantenuto e che l'incolumità pubblica venisse efficacemente salvaguardata. La protezione della pubblica economia, della famiglia, della morale pubblica era notevolmente rinvigorita e la vita e l'incolumità della persona solidamente protette». Contemporaneamente vennero aperte le nuove Corti d'appello di Brescia e di Messina e le sezioni di Corte d'appello di Caltanissetta e Lecce.

La magistratura, di cui si voleva elevare «l'autorità e il prestigio», non dava garanzie di imparzialità e indipendenza. Ciò che ci si aspettava da essa lo disse chiaramente Alfredo Rocco presentando il suo Codice penale: «Lo Stato fascista è lo Stato veramente sovrano, quello che domina tutte le forze esistenti nel Paese e tutte sottopone alla sua disciplina».[12]

Giudici e rappresentanti della pubblica accusa erano nominati e revocati dallo stesso Mussolini al quale giuravano di «obbedire senza discutere». Erano in genere ufficiali della milizia in camicia nera; ma neppure i magistrati di carriera, salvo rare eccezioni, ebbero difficoltà a prostrarsi. E dopo aver giurato fedeltà al fascismo, molti di essi spergiureranno di essere fedeli alla repubblica. I giudici (che potevano anche non essere laureati in giurisprudenza) non avevano l'obbligo di informare l'accusato delle prove raccolte contro di lui nel corso dell'istruttoria e soltanto alla fine di essa l'imputato poteva scegliersi un difensore, il quale disponeva di appena una settimana per esaminare gli atti processuali, sempre che il tribunale non decidesse di accorciare o abolire del tutto i termini a difesa.

Il tribunale poteva procedere per citazione diretta, senza alcuna istruttoria perfino nei processi che comportavano la pena di morte. In questo caso difensore e imputato andavano in tribunale senza conoscere i capi d'imputazione, la documentazione relativa e le circostanze del rinvio a giudizio. I dibattimenti avevano brevissima durata, uno o due giorni, un paio d'ore nella generalità dei casi, con una sentenza di condanna già decisa. Contro le sentenze non c'era appello né possibilità di ricorso. La condanna a morte, mediante fucilazione alla schiena, era eseguita entro le ventiquattr'ore. Ai sudditi delle colonie era invece riservata l'impiccagione, considerata meno onorevole. L'esecuzione avveniva all'interno di uno stabilimento penitenziario diverso da quello in cui l'imputato era stato recluso. La fucilazione non era pubblica ed era compiuta da un plotone delle forze armate o da agenti a esse assimilate. Nel 1933 venne eseguita la condanna a morte di Cesare Serviatti, sadico assassino di parecchie donne. Nonostante fosse stata riconosciuta la sua totale infermità mentale, il tribunale confermò la sentenza di morte. La parte civile chiese che la testa dell'uomo fosse destinata a un istituto di medicina per risarcire i parenti delle vittime. L'esecuzione si svolse in un'atmosfera allucinata sotto una cappa plumbea di nubi. L'uomo venne portato nel poligono di tiro di Sarzana (La Spezia), dove contrariamente alle regole s'era radunata una folla minacciosa espressamente autorizzata dal Duce, e appena vide il carro funebre con i lampioni accesi ebbe un accesso di pazzia e cominciò a urlare scuotendosi dalle catene. La folla presa da sadismo collettivo, fremente, bestiale, cominciò a riecheggiare il grido incontenibile e liberatorio: «A morte! A morte!». Non c'era verso di placarla nel suo istinto di vendetta. Ciascuno avrebbe voluto essere il carnefice. Solo gli spari del plotone d'esecuzione interruppero la macabra scena e la folla cominciò a defluire con commenti improntati alle battute scherzose e al sorriso.[13]

Il confino non è terrore, ma igiene sociale

Il regime diffuse un'immagine bonaria e blanda del confino, cui furono spediti non solo gli antifascisti, gli ebrei, i ribelli libici (per lo più confinati alle isole Tremiti), ma anche gli apostati, gli eretici, coloro che si erano allontanati dal fascismo e ne erano diventati critici astiosi, non per ravvedimento ma si direbbe per innato spirito di contraddizione e voglia di protagonismo: così finirono al confino Mino Maccari e Curzio Malaparte, il quale, da tempo in urto col regime, non aveva ancora completato la sua parabola di «bastian contrario» per elezione e vezzo di esibizionista. Insieme ai confinati politici, divisi per ragioni di opportunità e reati di specie, c'erano i confinati comuni: ladri, sfruttatori di donne, spacciatori di droga, strozzini, omosessuali, questi ultimi perseguitati e confinati alle Tremiti come elementi deviati e viziosi che minavano la purezza della razza con manifesto attentato alla virilità latina. Per la legge gli omosessuali non esistevano per non dover nemmeno ammettere una simile eventualità. Il regime li ammetteva come la scarlattina: c'era ma era meglio non parlarne.

Il confino, come misura restrittiva della libertà personale e individuale, non l'aveva inventato il fascismo, ma era già in uso al tempo dei romani. Consisteva nell'imporre al condannato politico un soggiorno forzato in luoghi poco accessibili, come le piccole isole del Centro-Sud, per impedirgli di svolgere attività lesive degli interessi dello Stato; mentre i semplici sospetti, ritenuti meno pericolosi, erano spediti sotto sorveglianza in qualche remoto villaggio del Sud continentale dove fosse ugualmente impossibile nuocere. Prima del fascismo, già il Codice Zanardelli del 1889 prevedeva il confino, chiamato «domicilio coatto». Tuttavia, mentre nel Codice Zanardelli era il giudice a decidere il provvedimento, il fascismo ne delegò l'applicazione all'autorità di polizia. Di conseguenza il confinato poteva essere condannato senza processo. Ponza, Ventotene, Ustica, Lipari, le Tremiti erano le isole di destinazione. Essendo scarsamente abitate e dotate di precari servizi di navigazione e di collegamento con la terraferma, davano un'assoluta garanzia di sicurezza ma al tempo stesso permettevano al detenuto una qualche libertà di movimento. Il regime favoriva la diffusione all'estero di immagini di confinati che non avevano l'aria particolarmente afflitta, con l'intento di propagandare la convinzione che vivessero in un ambiente tutto sommato gradevole. I confinati alloggiavano nelle case degli isolani, giocavano a carte, passeggiavano, leggevano i libri consentiti dal rigido controllo. Si annoiavano mortalmente. Non era permessa alcuna attività al fine di rendere più insopportabile e snervante la solitudine. Facevano amicizia con gli abitanti; e questi col passar del tempo si convincevano che non tutti erano «criminali» che «volevano ammazzare il Duce». Erano per lo più signori di città, gente istruita del Nord mandata in luoghi sconosciuti e lontani. Tra loro c'erano artisti e letterati per i quali questo periodo rappresentò un'esperienza umana profonda, di partecipazione alle sofferenze e alle miserie della gente del Sud. Allo scrittore e pittore torinese Carlo Levi, confinato in un paese della Lucania, quel forzato soggiorno ispirò il libro *Cristo si è fermato a Eboli*, intenso e bellissimo. Ridimensionando le cifre dei confinati e negando ogni forma di accanimento e di maltrattamento – e insomma facendone una sorta di privilegiati in vacanza al mare –, Mussolini in un discorso pubblico, accolto con viva ilarità dalla platea adorante di gerarchi, disse che «questi confinati non si trovano certo in una posizione brillante, ma non esageriamo. Ricevono intanto 10 lire al giorno rivalutate. Terrore, signori, questo? No, non è terrore, è appena rigore. E forse nemmeno; è igiene sociale, profilassi nazionale...».[14]

Le isole in questione non erano ancora diventate «paradisi» del turismo di massa; e per quanto il fascismo si attribuisse il valore pedagogico e rieducativo del provvedimento, il confino non fu mai ricercato né per il paesaggio né per l'aria salubre, e nemmeno per la paga che a Mussolini sembrava un'altra generosità del regime.

Nel 1927, cinque mesi dopo l'entrata in vigore del confino, Mussolini disse che i confinati politici erano 698 e sfidò chiunque a smentire l'attendibilità di queste cifre che «come vedete sono modeste». Ma negli anni successivi, e fino al luglio 1943, i condannati al confino erano diventati diecimila. La pena durava da uno a cinque anni e si poteva essere condannati per i motivi più banali: per aver parlato male del Duce in pubblico, inveito contro il regime o scritto una frase poco gradita. I confinati stabilirono rapporti di cordialità con i vecchi marescialli che avevano il compito di controllarli. E i primi a non capirne la ragione erano loro, che tuttavia non avevano il diritto di porsi simili domande. Insieme ai detenuti stavano lunghe ore in silenzio a osservare la linea dell'orizzonte. La barca dal continente con l'acqua potabile, le derrate alimentari e la posta arrivava una volta alla settimana. Le giornate non passavano mai. Però il regolamento bisognava rispettarlo anche nei dettagli. I confinati avevano l'obbligo di salutare romanamente i superiori, e trattandosi generalmente di oppositori antifascisti era davvero una ben ridicola pretesa.[15]

III

ARCHITETTI, URBANISTI E CANTIERI SONANTI

Uniformità, concordia, armonia

«Le direttive del Duce per la più potente e più bella Milano» scriveva il «Corriere milanese» nella primavera del '37: 400 milioni di spese, 8.760.000 giornate lavorative. È l'anno XV dell'Era fascista, l'anno primo dell'Impero. Il regime costruttore ha due ossessioni: la monumentalità e il risanamento. Erano in via di esecuzione i grandi piani regolatori di Milano, Roma, Firenze, Napoli, Genova, Bologna, Verona, Bari. L'elenco potrebbe continuare. Anche Addis Abeba, agglomerato di tucul e capanne di fango, ebbe il suo primo piano regolatore che divideva la capitale dell'Africa orientale italiana in due città nettamente separate: la città bianca, europea, e la città nera, abissina.

Le città vennero ampliate e modellate secondo i criteri della nuova urbanistica razionale. Ciascuna recava un titolo d'onore: Milano, città del fascismo primogenito; Torino sabauda e fascista; Genova la Dominante; Bologna, città della X Legio, quella prediletta da Giulio Cesare, il fondatore del primo impero di Roma; Firenze squadrista tra le città squadriste (Pavolini); Livorno marinara e fascista, Grosseto rurale, Lucca artigiana, Pistoia ferrigna, Treviso fierissima, Gorizia la santa, Vercelli eroica, Alessandria operosa, Casale vittoriosa, Cuneo fedelissima. Vie e piazze vennero intitolate alle glorie del regime. La monarchia non ebbe più il monopolio della toponomastica cittadina. Principi e santi dovettero cedere il passo a oscuri «martiri della rivoluzione». I numeri civici delle case recavano in basso a sinistra il simbolo del fascio e l'anno dell'Era fascista al quale risaliva la costruzione dell'edificio. Gli orologi pubblici erano in stile novecentesco con le ore in numeri romani. Gli orologi dovevano piacere al Duce, perché non c'era discorso impegnativo e solenne in cui non accennasse all'«ora del destino» e al «quadrante della storia» per annunciare una delle sue decisioni irrevocabili.

In obbedienza al mito dell'ordine e della celerità vennero costruite centinaia di stazioni ferroviarie, piccole e grandi, in armonia con l'apertura delle nuove linee ferroviarie, e altrettanti palazzi di giustizia e palazzi delle poste; nelle città comparvero le nuove cassette postali metalliche con lo stemma sabaudo e i fasci e gli orari di prelievo e di inoltro della corrispondenza. Anche la posta doveva essere recapitata in tempi celeri. L'orario degli uffici postali era stato prolungato dalle 18 alle 20 per l'accettazione delle raccomandate e delle assicurate; fino alle 21 per l'accettazione dei telegrammi.

Nel 1935 a Firenze venne inaugurata la stazione di Santa Maria Novella, di nuovissima concezione; e nel 1936 a Napoli la nuova stazione marittima. Messina ebbe un nuovo palazzo di giustizia, in stile dorico, costruito in base alla legge antisismica. Catania e Siracusa ebbero il loro palazzo delle poste solennemente inaugurato dal sovrano a riprova dell'importanza dell'avvenimento.

Nella chiesa del Redentore, a Mussolinia in Sardegna, venne collocata una pala sull'altare maggiore che rappresentava la «moltiplicazione del pane», di cui ai gerarchi forse sfuggì il sottinteso ironico; dati i tempi grami parve forse un auspicio, ma Mussolini, santo patrono della città, non fece il miracolo.

Non solo gli edifici pubblici, i tribunali, tutti uguali da Milano a Palermo a Bolzano, le questure, le case del fascio, le caserme della milizia, erano costruiti nello stile littorio ispirato all'antica Roma, ma anche i nuovi palazzi borghesi, i grattacieli, in mattone rosso cupo e con i fasci littori, costituivano una novità urbanistica con le torri, gli archi, i colonnati. Il balcone principale degli edifici pubblici e privati era munito del sostegno per l'asta della bandiera. E la bandiera nazionale doveva essere esposta oltre che nelle grandi ricorrenze, ogni volta che il Duce lo ordinava per motivi che non erano sempre di facile comprensione.

Gli archi di trionfo, i colonnati, i busti marmorei, i monumenti dovevano creare l'illusione di una continuità fatale con l'antica Roma. E i maggiori urbanisti, architetti, artisti con slancio e passione si compiacquero di corrispondere agli ambiziosi programmi del regime.

Il fascismo fece della Grande Guerra un culto ossessivo e un fondamento della sua politica di potenza; ogni città ebbe una piazza della Vittoria con il monumento ai caduti. Un arco di trionfo venne eretto a Genova, e un altro a Bolzano, nelle terre conquistate, «monito perenne allo straniero». Nell'ambito delle celebrazioni del cinquantenario della morte di Giuseppe Garibaldi, che cadeva il 2 giugno 1932, venne inaugurato al Gianicolo il monumento ad Anita, alto 16 metri, contenente nel basamento in pietra i resti dell'eroina, opera che il Duce in persona aveva commissionato allo scultore romano Mario Rutelli, già autore del «Fritto misto» della Fontana delle Naiadi in piazza dell'Esedra a Roma. Nell'euforia dedicatoria vennero inaugurati monumenti ai morti e ai vivi: il mausoleo del maresciallo d'Italia Luigi Cadorna a Pallanza, su lago Maggiore; il monumento a Pier Fortunato Calvi, fuso col bronzo dei cannoni austriaci, a Pieve di Cadore; il Foro Mussolini, presso il ponte Flaminio, a Roma. Le teste dei potenti, come nel Rinascimento, divennero ambite e ricercate dagli artisti di corte. Lo scultore Francesco Messina, per pura piaggeria, modellò la testa di Galeazzo Ciano; e Adolfo Wildt un'erma marmorea del Duce, la testa poggiata su un pilastro, donata dal Duce medesimo alla galleria d'Arte moderna di Milano. Furono scolpiti, anche su richiesta di capi di Stato esteri, migliaia tra busti e monumenti equestri di Mussolini, che alla caduta del regime scomparvero d'incanto e misteriosamente.

Abolite le cinte daziarie, le città si estesero oltre le periferie, assorbirono comuni e paesi, borgate e villaggi limitrofi. I porti di Genova, Napoli, Venezia, Trieste e Bari moltiplicarono le banchine cambiando fisionomia. In concorrenza con Marsiglia, Genova ambiva a diventare il primo porto del Mediterraneo.

Sua Maestà il piccone trasforma le città

Roma e Milano erano le due uniche città che superavano il milione di abitanti. Solo tre città andavano oltre i cinquecentomila abitanti: Napoli, Genova e Torino; e appena diciassette oltre i centomila. Cinquemilaottocento comuni erano sotto i mille abitanti.

Dai settecento ettari del 1870, Roma era passata agli undicimila ettari dell'Urbe fascista. La prima opera fu il ponte del Littorio, costruito in novecentocinquanta giorni, tre anni e mezzo, dal 31 ottobre 1924, posa della prima pietra, all'inaugurazione del 21 aprile 1928, Natale di Roma.

La Sovrintendenza non poneva intralci ai lavori. Talvolta il patrimonio storico ne risultò compromesso: una calata di barbari avrebbe fatto meno danni. Per adattare la città sabaudo-papalina alle funzioni di capitale autarchico-imperiale vennero sventrati i quartieri del Rinascimento e dei Borghi Vaticani. La zona archeologica dei Fori tra il Vittoriano e il Colosseo venne sconvolta per far posto a via dell'Impero destinata alle esibizioni di potenza del regime.[1]

Roma si dilatava a «macchia d'olio», senza un criterio d'equilibrio e di misura che non fosse quello d'una grandiosità ostentata e provvisoria.

Nel 1923 Giustino Fortunato aveva previsto che «tra un ventennio Roma sarà la più strana babilonica capitale che il mondo abbia mai avuto».[2]

La figura del Duce col piccone demolitore, oltre che comica, divenne vagamente minacciosa. A Firenze vennero abbattuti interi rioni popolari definiti dal Duce un «pittoresco sudicio da affidarsi a Sua Maestà il piccone». Il podestà ordinò lo sgombero degli abitanti del «Quartiere», come i vecchi fiorentini chiamavano il popolare quartiere di Santa Croce, fece abbattere le case e diede il via alla nuova sistemazione urbanistica.

Firenze nel 1937 aveva 317.473 abitanti. Nel 1929 il Comune aveva aggregato le popolazioni di Castello, Brozzi, Ponte a Greve e Ponte a Ema. Venne costruita la città operaia intorno al Campo di Marte, alla Colonna, al Pignone e a Rifredi, spendendo in un decennio 60 milioni. Tra le manifestazioni culturali volute dal regime si segnalavano il Maggio musicale fiorentino, il massimo festival di musica organizzato in Italia, la Mostra internazionale del libro e l'Istituto fascista di cultura.

Anche le città minori vennero sventrate e ricostruite quasi completamente nello stile spettrale, astratto, di un quadro di De Chirico dove non si scorge un'anima e tutto sembra falso. Grandi piazze vuote, lunghe prospettive, portici, colonnati, teorie di statue, frammenti di antichità nel nuovo ordine urbanistico imposto dal regime.

Le città fasciste si assomigliavano tutte: i recenti quartieri di Brescia erano identici a quelli di Bergamo, Cremona, Ferrara, Pavia, col nuovo ponte sul Ticino, Forlì, patria del Duce, Bari; la primogenita Littoria era la copia conforme delle nuove città dell'Agro romano. Dove più aveva lavorato il piccone, più evidente era il timbro dell'uniformità, che cancellava le differenze e dava un'illusione di concordia e di uguaglianza.

Costanzo Ciano trasformò Livorno nella capitale marittima dell'ordine squadristico. Del resto il carattere «plebeo» e spaccone della città si accordava col mito vitalistico del fascismo. A Livorno vennero equipaggiati i primi piroscafi con marinai fascisti. A Livorno venne fondata la Cooperativa portuale Benito Mussolini; sempre a Livorno nacque l'organizzazione sindacale fascista dei pescatori, poi diffusa in tutta Italia. Ed era un vanto cittadino che il più giovane partecipante alla marcia su Roma nel 1922 fosse un portuale livornese.[3]

Sui tornanti del Romito, sul litorale labronico, si correva la Coppa Ciano del Gran Premio Automobilistico d'Italia. Dal 1929 gli venne intitolata l'ampia terrazza a mare su viale Italia. Quando Ciano, detto Ganascia, suo protettore e mecenate, morì per un attacco di cuore in seguito a un'indigestione nel 1939, la città volle onorarlo con un pantheon di famiglia sul monte Burrone, tra Montenero e Antignano, davanti al mare, eretto grazie a sottoscrizione popolare. Il monumento rimasto incompiuto è stato devastato ed è oggi in completo abbandono. Alla memoria dell'«Eroe di Buccari» il regime tributò onori mai visti. Era un riguardo all'intera provincia livornese che più d'ogni altra s'era distinta per passione fascista. Inoltre Zenone Benini, nato a Campiglia Marittima (Livorno) nel 1902, fascista squadrista dal 1920, vicepresidente della corporazione siderurgica, venne nominato sottosegretario agli Affari albanesi il 17 aprile 1939 e il 6 febbraio 1943, nell'ultimo rimpasto di governo, ministro dei Lavori pubblici. L'Albania venne chiamata «il Granducato di Toscana» per gli investimenti lucrosi che «vi fecero Ciano, Benini e altri della cabila livornese».[4]

Livorno non mancò di dedicare un busto a Costanzo Ciano e alla cerimonia d'inaugurazione Pietro Mascagni, spirito mordace, mise in imbarazzo le personalità presenti quando si avvicinò al marmo, e battendolo sulla testa disse: «Sì, è proprio lui!».

In ogni opera il fascismo ricercava il primato («Primato» si chiamava la rivista culturale di Giuseppe Bottai) che riscattava dal complesso di povertà; ogni opera doveva essere nuova ed eccezionale. Fosse stata anche utile sarebbe stato meglio. A Milano, a fianco del Duomo, l'architetto Vico Viganò progettava la costruzione del campanile più alto del mondo, in stile gotico fiorito, 164 metri d'altezza (avrebbe superato di oltre cinquanta metri la Madonnina), costo previsto 40 milioni d'allora. Avrebbe dovuto essere costruito in appena tre anni, e inaugurato nel 1942, come la grande Esposizione universale di Roma nel ventennale del regime, se nel frattempo non fosse scoppiata la guerra.

L'E42, «Olimpiade della Civiltà», come l'aveva chiamata Mussolini, dominata da un gigantesco arco romano, era «destinata a rimanere nei secoli con edifici che avranno la proporzione di San Pietro e del Colosseo». Al culmine dell'entusiasmo l'architetto Gio Ponti scrisse: «La proclamata mobilitazione delle energie italiane deve essere per gli artisti italiani guerra vera ed eroismo: colore, materia, plastica, fantasia, ardimento nostri sono chiamati ad abitare i palazzi incantati della favolosa città, a vincere il silenzio, a riempirli di gioiosi inni».[5] Non ce ne fu né il tempo né la voglia. Nel 1942 l'Italia stava già perdendo la guerra.

Non furono le sole opere rimaste incompiute. Nel 1941 a Milano era allo studio un progetto per la prima linea della Metropolitana, da porta Magenta a Sesto San Giovanni, attraverso il centro, corso Buenos Aires e piazzale Loreto. Ma con le difficoltà della guerra il progetto venne abbandonato. In piazza Firenze, sull'asse di corso Sempione, in linea diretta con l'Arco della Pace e il Castello, su progetto dell'architetto Mario Polanti e dello scultore Giannino Castiglioni, avrebbe dovuto sorgere il monumento a Costanzo Ciano, alto 33 metri, e in piazzale Fiume (attuale piazza della Repubblica) il monumento alla vittoria africana. Il Comune aveva già approvato il progetto Carminati-Mazzoleni-Martini prescelto dalla commissione del concorso. Non se ne fece nulla per motivi che non vennero spiegati.

Procedeva già dagli anni Trenta l'ampliamento e l'abbellimento monumentale della capitale alla quale, in ragione del suo carattere unico ed eccezionale, era stato concesso l'onore di comparire nelle nuove targhe automobilistiche col nome della città per esteso.

Il fascismo «romano» fece ogni sforzo per modellare la capitale a sua immagine e somiglianza: costruì una città completamente nuova, con qualche nota d'enfasi e di volgarità, accanto a quella antica e medievale, e la ricoprì di motti latini che non tutti erano in grado di capire. Vennero rifatti o ampliati quasi tutti i ministeri che dovevano superare in decoro e imponenza quelli di modesta fattura piemontese.

Il nuovo ministero dell'Educazione nazionale portava «le parole ammonitrici del Duce scolpite nel travertino». Il ministero dell'Aeronautica, come si conveniva alla velocità dell'Arma che rappresentava, fu costruito a tempo di record in ventisei mesi e una grande aquila ad ali spiegate nella forma dell'idrovolante SS55 conquistatore dell'Atlantico sorvolava il frontone e lo dominava. Davanti al ministero dell'Africa italiana venne posta la stele trafugata ad Axum, in Etiopia.

Non fu dimenticato il popolo che, senza tanti complimenti, venne fatto sloggiare dai secolari tuguri del centro storico e dirottato nelle nuove borgate, sorte appositamente ai margini della città: la Garbatella, il Tufello, il Quarticciolo, Val Melaina, Donna Olimpia, il Tiburtino III, Primavalle. Vennero costruite scuole e ospedali, ponti e fontane, campi sportivi, colonie marine e montane per i figli del popolo, l'imponente casa del ferroviere per ferrovieri in transito nella capitale, case dei balilla, case degli impiegati, case popolari. Il fascismo mise una cura speciale nella salvaguardia del territorio ed ebbe il genio dei parchi e giardini: istituì il Parco nazionale d'Abruzzo e il Parco del Gran Paradiso. Ogni città aveva una «città giardino» chiamata Mussoliniana. Praticamente non c'era pietra, per quanto umile e modesta, che non recasse l'impronta del Fondatore. Nel 1936 venne creata la figura del «capofabbricato» equiparata al pubblico ufficiale, un piccolo gerarca di sicuro affidamento nominato dal partito col compito di controllare il buon funzionamento del caseggiato e di vigilare sulla disciplina degli inquilini, spiati in ogni loro mossa, sempre pronto a far contravvenzioni e a riferire su ogni piccola infrazione alla legge, specie in tempo di guerra e di oscuramento. A Milano ce n'erano ventimila.

Il fascismo rurale e proletario diffidava delle grandi città che davano pochi figli, e sul «Popolo d'Italia» del 22 novembre 1928 il Duce scrisse che bisognava «troncare l'urbanesimo», «impedire l'immigrazione» e, in definitiva, «sfollare le città». Non faceva eccezione la capitale. Così non costruì industrie, non favorì i commerci a Roma che rimase la città della politica e della burocrazia statale, adatta solo a un ruolo di rappresentanza, circondata da un vasto territorio agricolo e malsano che nulla aveva in comune con essa.

Capitale dell'industria e dell'economia era Milano, la città più ricca, spregiudicata e moderna, con un retroterra più popolato e ricco, con una vita culturale più intensa e vivace. Era stato risanato il Bottonuto, antico quartiere malfamato; poco lontano, il «glorioso» covo di via Paolo da Cannobio, sede del primo fascismo, fu trasformato in luogo di culto e di pellegrinaggio visitato nella primavera del 1940 da cinquemila fascisti fiorentini. Una canzoncina in dialetto milanese rivendicava l'onore delle origini:

Din Don Dera
la pussé bela camisa l'è nera
anche perché l'è nasuda a Milan
e chi la porta l'è un ver italian.

Dichiarata la guerra i fedelissimi milanesi cantavano:

Dèss che la Francia l'è per tera
dagh ados a l'Inghiltera.

In pochi anni la città aveva cambiato aspetto.

Il vecchio acciottolato ottocentesco era stato sostituito dalla nuova pavimentazione nelle strade del centro tra via Laghetto, piazza Santo Stefano, piazza Fontana. Vennero completamente rifatti anche i marciapiedi. Non si trattava di piccola cosa: le strade di Milano – per la parte relativa al nucleo urbano, che è quello che ci interessa – avevano uno sviluppo di 800 chilometri, con 1600 chilometri di marciapiedi.

Nel 1936 l'Istituto fascista autonomo per le case popolari e comunali della provincia di Milano aveva costruito a nord della città un grande villaggio dedicato al Duce, su un'area di oltre mezzo milione di metri quadrati che comprendeva 2200 alloggi con 9000 locali e poteva ospitare circa 20.000 abitanti. La superficie coperta dai fabbricati era di circa 104.669 metri quadrati; quella destinata a orto, frutteto e giardino di 208.818 metri quadrati. Al centro del villaggio, a forma di un grande semicerchio, quattro grandi edifici di tre piani erano disposti in modo da formare la parola «DUCE».[6]

A Milano (come altrove) parecchie vie e piazze cambiarono nome: piazza Mercanti diventa piazza Giovinezza; via Larga via Adua (rivendicata); via Cerva via degli Arditi; via Brolo (al Verziere) via Amba Alagi; a Michele Bianchi, defunto segretario del partito, venne intitolato il viale che collegava la città con l'aeroporto civile di Linate inaugurato il 21 ottobre 1937 e dedicato al pioniere della navigazione aerea Enrico Forlanini, milanese. Oggi il viale si chiama Enrico Forlanini. Il medesimo viale porta all'Idroscalo, bacino d'acqua ricavato da una cava naturale che il regime voleva utilizzare come scalo per gli idrovolanti e divenne la spiaggia dei milanesi. L'attuale via Turati si chiamava corso principe Umberto; corso Matteotti corso del Littorio; via Mazzini via Carlo Alberto; corso Lodi corso XXVIII ottobre. La guerra suggerì alcune variazione d'obbligo: viale Francia divenne viale Malta ribattezzata quasi subito viale Cassala.

La città era divisa in otto mandamenti, secondo il vecchio ordinamento amministrativo piemontese. A pochi anni di distanza l'uno dall'altro vennero inaugurati: la nuova Stazione Centrale, il palazzo dei Sindacati fascisti dell'industria (attuale Camera del lavoro), la Città degli Studi, la Banca popolare, il palazzo delle Finanze, in via Manin, otto piani, sei dei quali sopra il livello stradale, costato 26 milioni, la Città bianca, cioè la nuova sede dell'Ospedale Maggiore, con una chiesa, sedici palazzi, sei chilometri di corridoi e circa tremilacinquecento vani; in piazza del Duomo la Loggia-Arengario, cui faceva riscontro un eguale edificio collegato con i portici meridionali: la via tra i due fabbricati, larga 18 metri, era posta esattamente in asse con la Galleria; il palazzo di Giustizia, opera dell'architetto Marcello Piacentini, più grande di quello di Roma; infine il palazzo dell'Informazione, in piazza Cavour, con i rilievi a facciata di aquile, spade, cavalli, simboli agresti, e all'interno il mosaico dell'«Italia corporativa» di Mario Sironi.

Torino, gloria della dinastia, era la città meno italiana; ma il regime, alla ricerca di una radice comune, vi scoprì un'impronta romana. Luigi Barzini, famoso giornalista e grande inviato, sul «Popolo d'Italia» aggiunse che «aveva conservato un concetto imperiale della viabilità e del decoro». La città si sviluppava prolungando le vie che Cesare aveva tracciato.

Non era vero che la Torino sabauda fosse una monotona imitazione di Parigi. Barzini spiegava che «i principi sabaudi avevano per i problemi del traffico delle premure singolari in epoche in cui le maggiori metropoli d'Europa erano dedali di vicoli». Insomma la superiorità di Torino era testimoniata negli annali. «Parigi soffocava nel groviglio delle sue viuzze medievali quando Torino aveva già assunto classiche imponenze di modernità». La «costruttività» fascista non volle essere da meno e in dieci anni fece un lavoro di mezzo secolo. Via Roma, grande antica via di Torino, venne ricostruita dalle fondamenta e divenne il simbolo della nuova Torino. Dov'erano modeste strade periferiche, acciottolate o fangose, comparvero grandi viali alberati, asfaltati, con i controviali, fiancheggiati di aiuole, che correvano alle città vicine, ai mercati di rifornimento.

Non venne costruito solo quello che si vedeva; c'era l'opera sotterranea, il raddoppio della fognatura con la costruzione di 310 chilometri di nuovi canali: la distanza di volo tra Torino e Venezia; cinque nuovi ponti scavalcavano il Po, la Dora, la Stura. La superficie dei giardini venne raddoppiata, con parchi, aiuole, rosai, fontane monumentali, di cui il regime era un vero estimatore e un costruttore infaticabile e ubiquo. Lo Stadio Mussolini, uno dei più grandi del mondo, venne costruito in centocinquantadue giorni. L'amministrazione comunale destinò negli anni Trenta quasi novecento milioni di lire per il rinnovamento di Torino in due anni. «Riassumere gli aspetti del nuovo volto di Torino,» concludeva Luigi Barzini «l'impronta titanica dell'Epoca Mussoliniana, è impossibile. Ma da questa vertigine di fatti, di dati, di realizzazioni emerge il senso del "nuovo spirito". Dietro il volto c'è l'anima fascista di Torino, di una fermezza, di una volontà, di una forza, di una purezza, quale forse non era da tutti immaginata in questo silenzioso popolo lavoratore così restio ad esprimersi».

IV
PER TERRA, PER CIELO E PER MARE

«Le belle strade sono un segno di vita possente»

«Mettersi per una strada di grande traffico, era come mettersi per il deserto, nei giorni di ghibli.» Lo storico accademico Gioacchino Volpe, in un libro pubblicato nel 1934 dedicato ai figli degli italiani all'estero, descrive così lo stato di abbandono delle strade italiane nel dopoguerra per confrontarlo, a edificazione del regime costruttore, col prodigioso sviluppo del decennio successivo. «Strade rimesse a sesto e strade fatte nuove di zecca; strade innaffiate di catrame e strade di cemento, che resistono al più grosso peso, costano meno a mantenerle, utilizzano materiali che noi non dobbiamo importare di fuori, perché li abbiamo in casa; strade comuni e autostrade, dove regna, da gran signore, l'automobile.»[1]

Alla vigilia della seconda guerra mondiale l'Italia aveva una rete stradale di 173.000 chilometri, per la maggior parte malandata e antiquata, perché il governo non aveva voluto accollarsi la spesa di 3 miliardi per asfaltare e pavimentare le strade ordinarie. Però non aveva tralasciato di contrassegnare con i fasci littori la via «Solenne», ovvero il percorso della marcia su Roma, e con le aquile imperiali gli antichi «itinerari romani» della Caput Mundi. Anche il grandioso progetto delle autostrade si ridusse alla Milano-Laghi, ai brevi tratti Bergamo-Milano, Brescia-Milano, Torino-Milano, Napoli-Pompei, l'unico nell'Italia meridionale, e alla camionabile Genova - Valle del Po per un totale complessivo di 479 chilometri – nemmeno la distanza tra Roma e Milano –, sui 6000 chilometri di autostrade che dovevano essere costruite.

E tuttavia la rete autostradale italiana era un'assoluta novità in Europa. In Inghilterra, citata a modello del progresso tecnico, il problema delle autostrade era ancora in discussione in Parlamento. L'Italia sarebbe rimasta un paese povero e arretrato se un sistema integrato di comunicazioni – strade e autostrade, ferrovie, linee aeree e marittime, telegrafi e telefoni – non avesse collegato in tempi rapidi e certi le varie città della penisola, l'Est con l'Ovest, il Nord col Sud e le isole, e l'Italia con le colonie e col mondo. La riduzione dei tempi e delle distanze avrebbe unificato il paese più di quanto non fosse riuscito alle guerre del Risorgimento. Mussolini non mancò di rimarcare che «nei Paesi moderni, a folta popolazione, il sistema di comunicazioni è essenziale non solo per i traffici, ma per lo spirito».[2]

Ma Nord e Sud continuavano a restare lontani perché le nuove autostrade, a eccezione della Napoli-Pompei, furono costruite tutte al Centro-Nord. Anche andare da Torino a Venezia, o Trieste, era problematico e sconsigliabile perché la grande autostrada che avrebbe dovuto collegare il Nord-Ovest col Nord-Est non venne mai completata. Così come l'unica autostrada del Sud che avrebbe dovuto proseguire per Salerno non andò mai oltre Pompei.

Ci si dovette accorgere in ritardo che le nuove autostrade, o meglio le «vie delle automobili», vantate come opere dell'ingegno italiano, servivano a poco in un paese che nel 1926, nonostante gli sforzi del senatore Agnelli per diffondere l'auto, era ancora al 22° posto nella graduatoria dei paesi motorizzati con 110.000 autoveicoli, contro il milione dell'Inghilterra, i 900.000 della Francia, i 320.000 della Germania. E sette anni dopo, nel 1933, in tutta la provincia di Roma circolavano 18.412 automobili e in quella di Firenze 7352, meno della metà. In compenso i possessori di biciclette nel 1925 erano 2.549.718, solo in Toscana nel 1923 ne circolavano 154.909 (una ogni 17 abitanti). Il numero delle biciclette aumentò vertiginosamente con l'autarchia e la guerra. La benzina era razionata e il ferro serviva per fabbricare le armi; così le biciclette vennero costruite con materiale più povero, il legno. La marca più diffusa si chiamava Littoria.

Nemmeno l'abolizione della tassa di circolazione, decisa il 1° gennaio 1939, servì a incrementare il traffico commerciale e le vendite di auto, perché la maggior parte degli italiani non aveva i soldi per comprarla.

Ma Mussolini aveva proclamato: «Le belle strade sono un segno di vita possente». Ai costruttori d'auto non sfuggì l'opportunità che si offriva loro. Di conseguenza la visita del Duce alla FIAT di Torino nel 1932, con il senatore Agnelli a fare gli onori di casa e le maestranze schierate al Lingotto, ebbe l'importanza che meritava il latore del messaggio: più strade, più auto. Il regime investì somme enormi nelle autostrade, senza minimamente curarsi di rapportarle alle reali potenzialità del traffico, sia pure calcolandolo in prospettiva; poi si meravigliò che l'esiguità dei pedaggi non compensasse le spese di esercizio. Il costo medio di un'autostrada era di 3 milioni di lire al chilometro.

Benché l'idea di nuove strade fosse già stata presa in considerazione dai governi liberali, dopo le esortazioni del Duce a fare «strade, strade, strade», e gli inni di Gioacchino Volpe al fascismo che imitava i Romani, per i quali «dopo ogni guerra e ogni conquista, la loro prima opera di pace era la strada», con Mussolini, «uomo del movimento e della vita», si era passati dal dire al fare. Ma a parte la Torino-Milano di 125,8 chilometri, le altre autostrade non superavano i 50-60 chilometri. Autostrade non più larghe di dieci metri, poco più delle strade ordinarie, però asfaltate e levigate, da suscitare meraviglia, davano l'ebbrezza della velocità, sebbene non fosse permesso viaggiare a più di novanta chilometri all'ora, che per l'epoca era considerato il massimo delle prestazioni e della temerarietà. A quella velocità una macchina percorre da 24 a 27 metri per minuto secondo e a nessuno, tranne che a un pazzo, sarebbe venuto in mente d'intraprendere un viaggio in auto da Milano a Roma; quanto al Sud, privo anche di strade secondarie, era precluso persino agli spiriti più audaci e avventurosi. Una lunga escursione sulle strade meno battute presentava più pericoli e incognite di un'esplorazione africana.

Le autostrade avevano una sola corsia ed erano vietate ai carri a trazione animale, ai ciclisti e ai pedoni. Erano ammessi solo i veicoli montati su gomma pneumatica o piena. Erano esclusi quelli montati su ruote di ferro e altro materiale che non fosse gomma. Bisognava tenere la mano destra ed era rigorosamente vietato fermarsi, salvo in caso di riparazioni o di forza maggiore. Non c'erano aree di posteggio e banchine di sicurezza. Il regolamento per la circolazione del 1926 stabiliva che tutti i veicoli, oltre ai due fanali, dovevano avere dei fari posti simmetricamente rispetto ai fanali stessi e capaci di illuminare la strada almeno fino a 100 metri avanti. Dal 31 dicembre 1936 divenne obbligatorio l'uso della «gemma rossa rifrangente» che aumentava le condizioni di sicurezza nelle ore notturne e nelle giornate di nebbia. Lo scappamento libero era vietato, pena l'ammenda di 500 lire. La velocità massima dei camion a ruote elastiche non doveva superare i 40 chilometri all'ora; e quella dei convogli, dei traini, e dei camion a ruote rivestite a gomma piena i 20 chilometri. L'eccesso di velocità per le auto era punito con l'ammenda da 500 a 1000 lire. Una cifra!

Chi veniva trovato a circolare senza biglietto o tessera, oppure con tessere di abbonamento o biglietti di passaggio scaduti o irregolari era punito con la multa da 500 a 1000 lire. Nei casi di recidiva era previsto l'arresto.

Anche rispettando le norme, c'erano ostacoli e pericoli imprevisti, come il passaggio improvviso di un gregge o un cane che abbaiava correndo dietro l'auto; bisognava assolutamente che i ciclisti perdessero il malvezzo di cacciarsi in autostrada, che erano prive di controlli e vi si poteva accedere saltando il fosso che le separava dai campi.

Solo più tardi, nel 1941, sulle autostrade ormai deserte di automobili, vennero ammessi gratuitamente anche i ciclisti. Ma era loro vietato sorpassare i veicoli o porsi innanzi a loro, o aggrapparvisi per farsi trainare.

Queste autostrade sembravano «avveniristiche» quanto oggi ci apparirebbero piccole, modeste, pateticamente antiche, con un'unica carreggiata per ogni senso di marcia e una striscia bianca a calce che divideva le due corsie, segnalazioni precarie, protezioni inesistenti, qualche cartellone pubblicitario. All'ingresso un casello senza sbarra, con una pompa di benzina. L'autostrada veniva chiusa nelle ore notturne. Restava aperta dalle sei del mattino all'una di notte.

La Milano-Laghi, la prima autostrade realizzata, di 84 chilometri, venne inaugurata il 21 settembre 1924, una bella domenica chiara e piena di sole, da Vittorio Emanuele III, il re automobilista, antica passione di famiglia, a bordo di una Lancia «Trikappa» (anno 1922) a 8 cilindri di 4594,58 cc. Il re era in divisa di generale dell'esercito, con la sciabola troppo lunga che gli intralciava il passo. Pochi avevano riconosciuto il signore distinto, alto e asciutto, dai modi cortesi e affabili, in stiffelius e cilindro, che sedeva nell'auto accanto al re nel viaggio inaugurale: l'ingegner Piero Puricelli, conte di Lomnago, che primo al mondo aveva concepito l'idea dell'autostrada, cioè una «via per l'automobile», e col tronco Milano-Varese, prima tratta della Milano-Laghi, nonostante i ritardi burocratici e legali (oltre tremila la massa degli espropri) aveva portato a compimento il primo esempio di autostrada moderna in appena quindici mesi. Nei calcoli preventivi si era fatto assegnamento su un transito giornaliero di mille auto. Cifra raggiunta e raddoppiata nel 1938. Ma fu una eccezione.

«Senza pompe e senza discorsi» la Bergamo-Milano, di 48,9 chilometri, venne aperta al transito il 24 settembre 1927. Nello stesso giorno, un sabato, venne inaugurato anche un servizio di autobus per il collegamento rapido tra il centro di Bergamo e largo Cairoli a Milano, con tre coppie di corse giornaliere.

«È una strada del secolo ventesimo» spiegava una cronaca del tempo. «È una via di mezzo tra la strada comune e la via ferrata, poiché il movimento vi è regolato con segnalazioni-banderuole verdi, arancioni, rosse, ad ala fissa o manovrate alla mano, e fanali e fari luminosi di notte; e vi sono caselli e cantoniere: regole severe di marcia, sorveglianza di agenti in bicicletta e, occorrendo, montati su motocicletta; e si ha un servizio di biglietteria e di abbonamenti.»[3]

L'autostrada era costata 54 milioni di lire. Il traffico era scarso. Nel primo anno transitarono non più di 800 veicoli al giorno, con un introito di circa 1.250.000 lire che, detratte le spese ordinarie di esercizio, bastarono a coprire solo un quarto degli oneri finanziari. Negli anni successivi il traffico aumentò di poco. Dovettero intervenire gli enti garanti a coprire il disavanzo e nel 1938 l'autostrada venne rilevata dallo Stato che si accollò il passivo.

La scarsità del traffico non evitava gli incidenti anche gravi dovuti principalmente a inesperienza, guasti frequenti e mancato rispetto delle norme di sicurezza, più numerosi sulle strade ordinarie spesso sterrate, piene di buche, prive di illuminazione. Il solo accorgimento che consentiva all'automobilista di mantenersi in carreggiata erano le fasce bianche a calce sui filari degli alberi che costeggiavano la strada. Non c'era altro. Non c'erano telefoni di soccorso per segnalare un guasto. Il primo casolare poteva essere lontano. Non era prudente allontanarsi e si poteva attendere tutta la notte prima che arrivassero i soccorsi.

Nel 1935 vennero registrati in Italia 6047 incidenti stradali; nel 1936 5414; con 4027 feriti nel 1934; 3138 nel 1935 e 2760 nel 1936. Il numero dei morti era passato rispettivamente da 81 a 52 e a 23,[4] contro una cifra tripla di un solo week-end d'oggi.

Il tratto autostradale Napoli-Pompei, di 21 chilometri, venne costruito in venti mesi. Il 28 ottobre 1928, data prevista per l'apertura, non era ancora pronto, ma lo si inaugurò ugualmente per rispettare l'anniversario della marcia su Roma. Entrò in esercizio il 22 giugno dell'anno dopo. L'alto costo del pedaggio, più che doppio rispetto alla Milano-Laghi, consentì un esercizio finanziario non troppo disastroso. La parallela strada statale assorbiva un traffico maggiore. Si compensò la perdita di traffico privato facendo pagare alle corriere turistiche tariffe onerosissime di pedaggio.

La guerra d'Etiopia mise in crisi il turismo e, sulla Napoli-Pompei, il traffico giornaliero già scarso scese dai 734 veicoli del 1935, ai 584 del 1936. Il 1937 segnò il record con 888 veicoli giornalieri.

Roma fino al 1927 non aveva ancora un'autostrada e, benché le previsioni di traffico apparissero scarse, Mussolini, dopo un sopralluogo durato quattro ore, decise che bisognava «portare il mare a Roma, mare che l'Urbe aveva dimenticato dopo che le sabbie ebbero colmato il porto di Traiano».

La Roma-Ostia, di 22 chilometri, non aveva altro interesse

che quello turistico. La domenica le famiglie romane d'ogni condizione andavano al mare usando tutti i mezzi disponibili, ma di auto se ne vedevano poche. L'autostrada fu vietata agli autocarri e permessa ai motocicli. Per quanto i lavori fossero stati ostacolati dagli eventi atmosferici – 109 giorni di pioggia ma soprattutto dalle inondazioni del Tevere e dei suoi affluenti –, come il Duce aveva «ordinato», la Via del Mare venne inaugurata il 28 ottobre 1928, sesto anniversario della marcia su Roma. Per rispettare i tempi vennero impiegati un numero doppio di operai e le macchine più moderne. Durante gli scavi furono rinvenuti migliaia di reperti archeologici, vasi, anfore, suppellettili che furono ammucchiati nei magazzini senza che la Sovrintendenza alle antichità osasse intervenire o porre vincoli. A differenza delle altre autostrade, la Via del Mare venne dotata di illuminazione su tutto il percorso e fu lasciato intendere che quello era un privilegio dovuto alla capitale. La tariffa di pedaggio era analoga al prezzo del biglietto ferroviario.

Con la costruzione della tratta Brescia-Bergamo, di 45 chilometri, inaugurata il 29 agosto 1931, diventava agibile l'intero tragitto Milano-Brescia su un percorso di circa 93 chilometri. Nel 1932 venne costruita la Torino-Milano e l'anno dopo la Padova-Venezia secondo il progettato disegno della «strada automobilistica Pedemontana Torino-Trieste». Ma le difficoltà economiche e l'entrata in guerra dell'Italia imposero di rinviare la costruzione dei tronchi Brescia-Padova e Venezia-Trieste. La mancata prosecuzione dell'autostrada per Trieste e Fiume limitò notevolmente lo sviluppo della circolazione che, anche negli anni più favorevoli, superò di poco i 500 veicoli al giorno, dei quali un buon 30 per cento erano autocarri.

Nel 1933 venne completata la Firenze-Mare, di 81 chilometri, in sostituzione della vecchia strada provinciale di Val d'Arno che obbligava gli automobilisti a un viaggio «eccessivamente incomodo e avventuroso». La borghesia fiorentina poté raggiungere il mare più agevolmente, ma ai più pitocchi non andò giù che bisognasse pagare e preferirono il vecchio incomodo viaggio di prima.

L'autocamionabile Genova - Serravalle Scrivia, la prima grande opera del secondo decennio fascista, fu anche l'ultima. Era stata concepita dal Duce che amava partecipare alla posa della prima pietra e mettere a dimora i pini lungo le strade. Il 6 ottobre 1932 il ministro dei Lavori pubblici, Araldo di Crollalanza, aveva dato il primo colpo di piccone d'inizio opera. S'era dovuto traforare l'Appennino e non c'erano i bulldozer. Si dovevano stendere i binari a scartamento ridotto su cui far viaggiare i vagoncini carichi di materiale di scavo. Erano state realizzate undici gallerie (le due più lunghe erano la Littorio e la 28 ottobre), e impiegati 7000 operai, ma i costi eccessivi e i modesti introiti dei pedaggi suggerirono ripensamenti e variazioni e nel 1935, con la mente già rivolta alla guerra d'Etiopia, il programma di ulteriori realizzazioni stradali venne definitivamente sospeso.

Alla grandiosità dell'opera, che poi risultò infinitamente più modesta di quanto si volle far credere, non corrispose né una reale esigenza né il favore degli italiani che avevano problemi più urgenti e importanti da soddisfare. Fu una delusione anche per il regime millantatore.

Gli automobilisti, per i loro brevi viaggi – poiché nessuno si sarebbe avventurato troppo lontano – avevano continuato a preferire le vecchie strade consolari, la Flaminia, la Cassia, l'Aurelia, che da Roma portava a Ventimiglia. In fondo non c'era molta differenza ed erano gratuite.

Le carrozze dell'autarchia

Non solo i treni si componevano di carrozze di prima, seconda e terza classe, ma anche nelle stazioni c'erano i ristoratori per ognuna delle tre classi. I treni arrivavano in orario – secondo una precisa direttiva del ministro delle Comunicazioni Costanzo Ciano – e questo, al di là delle differenze di classe, era un privilegio di cui godevano indifferentemente tutti i viaggiatori, ricchi e poveri.

Alla fine del 1937 gli scompartimenti dei treni vennero completamente rinnovati. La terza classe divenne più confortevole. Le vecchie panche di legno furono sostituite da morbidi sedili con cuscini e braccioli di gommapiuma ricoperti di velluto color marrone. Più eleganti e decorate le carrozze chiamate con orgoglio «carrozze dell'autarchia».

In prima classe prendevano posto i gerarchi, gli onorevoli, gli alti ufficiali, i capitani d'industria, gli uomini d'affari e i finanzieri che utilizzavano il treno su percorsi dai 100 ai 400 chilometri; per i viaggi più lunghi c'era l'aereo, che cominciava a esercitare il suo fascino avventuroso, e per i viaggi più brevi l'automobile. Gli statali di livello medio, la borghesia agiata, i piccoli imprenditori viaggiavano in seconda classe per spostarsi dalle città di provincia al capoluogo su percorsi di 100 chilometri al massimo. Era gente che non possedeva l'automobile. La terza classe era affollata di pendolari, operai, contadini, piccoli negozianti, studenti che dalla provincia si recavano nella grande città senza superare i 20-30 chilometri.

Nella primavera del 1942 la prima classe venne abolita sui treni delle Ferrovie dello Stato, tranne che sui treni internazionali. Il provvedimento s'era reso necessario per il malvezzo dei passeggeri di terza classe di occupare le carrozze di prima anche se nella terza classe c'era disponibilità di posti.

Sebbene il treno fosse l'unico mezzo di trasporto di massa, non era molto economico. Anzi, rispetto alle tariffe d'oggi, era carissimo; però il servizio era infinitamente migliore. Inoltre si poteva usufruire di sconti dal 30 al 50 per cento in occasione di fiere, mostre, viaggi di nozze. Fino al 1925 le tariffe venivano calcolate in base al valore della lira di prima della guerra, mentre i salari venivano pagati in lire svalutate. Ciononostante il regime, che non temeva le critiche e l'impopolarità, impose anche una maggiorazione del 225 per cento e un tariffario a base costante entro un raggio di 400 chilometri: vuol dire che un viaggio di 300 chilometri costava esattamente il doppio di uno di 150 e il triplo di uno di 100; il prezzo al chilometro non diminuiva, come sarebbe stato più logico, in proporzione alla lunghezza progressiva del tragitto.

La seconda classe costava una volta e mezzo di più della terza e la prima il doppio della seconda. Per fare un confronto, i biglietti ferroviari d'allora costavano tre-quattro volte di più di quelli d'oggi. Viaggiare era caro ma il servizio era ineccepibile, il personale efficiente e gentile. Non era una leggenda la puntualità «svizzera» dei treni italiani. Bisognava rispettare la tabella di marcia pena gravi sanzioni disciplinari. I viaggiatori dovevano tenere un comportamento civile e decoroso, era assolutamente vietato parlare ad alta voce disturbando i vicini, giocare a carte, stendere le gambe con le scarpe sulle poltrone. Sui treni non era vietato fumare – come non lo era quasi da nessuna parte, compresi i cimiteri e i luoghi sacri –; ma era vietato lasciar cadere la cenere del sigaro o della sigaretta per terra, o gettare i mozziconi nello scompartimento o nel corridoio; la ritirata doveva essere lasciata pulita e in ordine. Era vietato sputare, come lo era dovunque, nei negozi o sui tram, giacché sputare era un vizio disgustoso molto diffuso.

Norme civili di comportamento che il capotreno aveva l'obbligo di far rispettare ed erano rispettate. La pulizia delle carrozze era particolarmente raccomandata sui convogli diretti oltre confine. Era vietato suonare la chitarra o il mandolino o cantare canzonette. Si pretendeva che all'estero si smettesse di chiamare gli italiani «macaroni» o mandolinisti e di raffigurarli con i riccioloni e i baffi neri secondo uno stereotipo infamante che «non corrispondeva più all'italiano nuovo».

Organetti, suonatori ambulanti, posteggiatori scomparvero da un giorno all'altro, insieme a tutto ciò che ricordava l'Italietta misera e pittoresca del «dolce far niente», che incantava il visitatore straniero. Venne abolito l'uso della mancia, retaggio servile; ma si continuava a elargirla in barba alle disposizioni.

Nel 1923 fu istituito il corpo speciale della milizia ferroviaria con lo scopo di vigilare su furti, manomissioni, inefficienze, abusi e ogni genere d'oltraggio al viaggiatore. Una specie di milizia gastronomica vigilava sui treni e nelle stazioni affinché i cestini da viaggio e i pranzi volanti, solitamente abbondanti e indigesti, fossero confezionati nel rispetto della qualità e del giusto prezzo, secondo i canoni del buon mangiare italiano.

«Il viaggiatore, specie straniero» spiegava il Duce «deve vedere nel milite che, silenzioso e pronto, percorre i corridoi del treno e vigila nelle stazioni l'emblema dell'Italia nuova e tale impressione deve essere migliore.» L'Italia aveva purtroppo una cattiva reputazione. Ma sui treni furti, danneggiamenti, abusi e incuria diminuirono drasticamente.

Da un massimo di 63 milioni (d'allora) pagati per gli indennizzi dalle Ferrovie nel 1922 si scese a poche migliaia di lire negli anni successivi.[5]

Le piccole clientele, i favoritismi nell'amministrazione ferroviaria, specie al Sud, vennero scovati e perseguiti. Un ex ferroviere venne cacciato dal sindacato fascista di Melfi perché faceva viaggiare gratis i compaesani da Foggia a Melfi. Si scoprì che nel Meridione era prassi corrente per chiunque indossasse una divisa fare simili favori a parenti e compari. Giustino Fortunato, illustre meridionalista, attribuiva il malvezzo «alla piccola borghesia spostata, spinta all'arrembaggio avventuroso dei pubblici impieghi».[6]

Nella lotta tra «La Nazione» di Firenze e «Il Telegrafo» di Livorno il ministro Costanzo Ciano, proprietario del quotidiano livornese, trovò il modo di liberarsi della concorrenza del giornale fiorentino ordinando che il primo treno utile da Firenze per Livorno per la distribuzione delle copie appena stampate della «Nazione» anticipasse la partenza da Santa Maria Novella a mezzogiorno in punto. Troppo presto perché «La Nazione» potesse prenderlo in tempo. Bisognava aspettare il treno delle sedici, quando i lettori livornesi avevano già comprato «Il Telegrafo».[7]

Dal 1° gennaio 1939, a cominciare dalla stazione di Milano, entrò in vigore l'uso della paletta rossa e verde per comandare la partenza dei treni e la vecchia gloriosa trombetta d'ottone andò in pensione. Orologio alla mano il capostazione alzava la paletta all'orario preciso al secondo e l'arrivo era altrettanto preciso. I tempi di percorrenza non erano molto superiori a quelli d'oggi, talvolta erano uguali e in alcuni casi addirittura inferiori. Nel 1931 i rapidi a vapore Milano-Venezia, con sosta a Verona, impiegavano meno di 3 ore; un Intercity odierno impiega 3 ore e 4 minuti.[8]

L'autotreno elettrico aerodinamico denominato Freccia rossa andava da Milano a Venezia in 2 ore e 20 minuti, alla media di 170 chilometri all'ora raggiungendo in alcuni tratti i 178 chilometri all'ora. Un treno rapido impiegava 1 ora e mezzo da Milano a Torino, lo stesso tempo di un Intercity di oggi.

«La velocità è alla base di ogni perfezionamento» era il motto delle Ferrovie dello Stato fasciste. Francamente oggi farebbe ridere.

Nel 1939, su 22.800 chilometri di ferrovie (contro i 15.983 attuali), ne erano stati elettrificati 5500, con l'obiettivo di raggiungere i 9000 chilometri del programma. L'Italia aveva cominciato a elettrificare le ferrovie fin dal 1930, ma dal 1935, dopo le sanzioni della Società delle Nazioni, fu costretta a intensificarne il programma per far fronte all'embargo sul carbone e sui combustibili liquidi. Facendo di necessità virtù, l'Italia alla vigilia della seconda guerra mondiale aveva una rete ferroviaria tra le più moderne e sviluppate d'Europa. Nel 1930 erano stati elettrificati 2650 chilometri di ferrovia contro i 2404 della Svizzera, i 1550 della Germania, i 1197 della Francia, i 1168 della Svezia, i 743 dell'Inghilterra.

Con l'avvento della trazione elettrica, dei veloci elettrotreni ETR 200 e delle famose «littorine» (nel 1936 ne erano in servizio 180 anche sulle grandi linee non elettrificate e altre 200 erano in costruzione), i tempi di percorrenza di alcune tratte vennero, come si vedrà, dimezzati.

Così il «Corriere della Sera» del 23 maggio 1937 commenta l'inaugurazione della linea Napoli-Bologna-Milano: «Con l'inaugurazione della linea regolare Napoli-Bologna-Milano, servita da treni aerodinamici a trazione elettrica, l'insinuante vaporiera che esaltò tante ispirazioni liriche entra nell'ultima fase della sua decadenza e comincia l'epoca dell'elettrotreno. Non più lunghe code di vagoni infilati uno dietro l'altro come elementi d'una enorme collana metallica: ora una serpe d'acciaio col muso di testuggine s'avventa sul binario luccicante snodandosi sulle articolazioni pressoché invisibili della sua struttura. Frantumato ogni primato precedente di velocità e comodità. Si va da Napoli a Bologna in 6 ore e 20 minuti. Le carrozze sono climatizzate a temperatura costante. Si parte da Napoli a venti gradi e si arriva a Bologna a venti gradi: abbasso i raffreddori. Alle 10 partenza da Napoli. Roma ore 11.40, a Firenze alle 15.15. Fino a Bologna non c'è nemmeno il tempo di un pisolino: appena 55 minuti. Alle 16.20 un facchino trasborda le valigie sul rapido in coincidenza, che arriverà a Milano alle 19.20».

Il 12 novembre 1938 venne inaugurata la linea elettrificata

Roma-Livorno su un percorso di 325 chilometri compiuto in 3 ore e mezzo. Il sottosegretario Zenone Benini, intimo dei Ciano, a bordo del treno nel viaggio inaugurale, aveva ricordato che quando le ferrovie italiane non erano ancora state nazionalizzate ci volevano 18 ore per andare da Roma a Livorno. Nel 1939 la velocità media delle grandi percorrenze ferroviarie era di 120 chilometri all'ora mentre oggi è di 90.

Con i nuovi elettrotreni veloci, capaci di viaggiare a 145 chilometri all'ora, si andava da Milano ad Ancona, 423 chilometri, in 4 ore e 40 minuti; da Milano a Bologna in 1 ora e 50 minuti; da Milano a Roma in 5 ore e mezzo, anziché 12; da Milano a Napoli in 7, dieci anni prima ce ne volevano 17; da Napoli a Foggia in 3 ore e 30, anziché in 5. (Più o meno i tempi d'oggi). Per poter raggiungere più agevolmente la grande Esposizione Universale, quando fosse terminata l'opera, venne costruita la ferrovia Roma-Lido per l'EUR, capace di trasportare 23.000 viaggiatori all'ora nell'uno e nell'altro senso.

Sulla Napoli - Reggio Calabria nel 1920 col «direttissimo» si impiegavano 13 ore e 40 minuti; nel 1939, grazie all'elettrificazione, si copriva lo stesso percorso in 6 ore e 10 minuti.

Da Bologna a Firenze, con la nuova direttissima, si impiegava poco meno di un'ora, come oggi. «La direttissima è quindi un'opera squisitamente e interamente fascista» scriveva Arturo Tofanelli, appassionato cultore delle opere del regime. E per una volta aveva ragione.

La popolarità raggiunta dalle Ferrovie, che dal 1927 al 1930 trasportarono una media annua di 230.000 viaggiatori in prima classe, 1 milione in seconda e 8 milioni e mezzo in terza, consentì all'azienda di trasformare il deficit ereditato dai governi prefascisti in un discreto utile. Ma già si profilava all'orizzonte un temibile concorrente, destinato a più duraturi successi negli anni avvenire, e tuttavia a restare un sogno irrealizzato per i più: l'automobile.

L'Ala Littoria

«L'anno prossimo, gli aeroplani dovranno oscurare il sole. Ci vogliono ali, molte ali, innumerevoli ali. L'Italia deve tendere a questo primato e lo avrà. Vivano il motore, l'elica, la carlinga, il coraggio. Si vola, si volerà...»[9]

L'anno prossimo sarebbe stato il 1924. Mussolini, nel fare queste considerazioni, pensava a una possente flotta aerea da guerra. Ma anche nel campo dell'aviazione civile i progressi avranno dello sbalorditivo. L'Aviazione «era stata creata dalle rovine in cui l'avevano lasciata i governi precedenti» rimasti all'epoca delle diligenze. Nel 1929 funzionavano le linee aeree civili su un percorso di oltre 5000 chilometri. In pochi anni, dalla fine della guerra, era cambiato il modo di viaggiare.

Se l'aereo costituiva un rischio naturale e si continuava a considerarlo uno strumento di guerra, più pericoloso dell'automobile, col tempo, per snobismo o altra forma di esibizione, cominciò a essere usato con maggior frequenza da una ristretta élite e per questa minoranza privilegiata e danarosa divenne sinonimo di modernità e di sprezzo del pericolo. Non a caso Mussolini, cuffia, occhialoni e giaccone di pelle, amava pilotare personalmente l'aereo e le cronache dei giornali erano piene delle gesta del Duce aviatore.

La principessa Maria José di Savoia, consorte del principe Umberto erede al trono, nel 1932 si fece fotografare all'aeroporto dell'Urbe mentre scendeva dalla scaletta dell'aereo della Società aerea mediterranea che l'aveva condotta da Cagliari a Roma. Il sorriso di sfida rivolto all'obiettivo, il volto calmo e disteso da scampato pericolo. Un disegno pubblicitario dei tardi anni Venti, sotto l'immagine di un biplano che descriveva spirali sempre più fitte intorno al mondo, sfatava la leggenda della pericolosità dell'aereo, con lo slogan: «Incidenti di volo: nessuno». In realtà bastava il clima avverso per far andare fuori rotta un aereo. Parecchi sparirono senza lasciare traccia. Nel 1940 l'aereo I-Leal, della linea civile Brindisi-Roma, partito il 10 febbraio alle ore 12,45 da Brindisi, dopo aver deviato verso la Calabria, in seguito alle pessime condizioni atmosferiche incontrate lungo la rotta, era caduto a causa di una violenta tempesta e formazioni di ghiaccio ad Aiello Calabro. I componenti dell'equipaggio e i quattro passeggeri erano deceduti. I giornali diedero la notizia in un trafiletto di poche righe in seconda pagina.

Le norme di sicurezza erano precarie e approssimative: le valigie dei passeggeri non dovevano superare il limite di peso previsto, non dovevano contenere armi, munizioni ed esplosivi. Proibite a bordo le macchine fotografiche e le rarissime cineprese. La radio di bordo era obbligatoria solo se il velivolo era destinato al servizio civile e internazionale o se doveva volare per più di 160 chilometri e per almeno 25 chilometri sul mare. I voli transoceanici erano solo sperimentali, imprese ardimentose di pionieri come Balbo, De Pinedo, Ferrarin, Del Prete, Alessandro Guidoni, eroe dell'aria, Bruno Mussolini, poi precipitato con il suo velivolo, o di aquile solitarie come Lindbergh. A New York si andava con grandi transatlantici di lusso e con i bastimenti degli emigranti. Gli aerei di linea volavano su rotte relativamente brevi e la scarsa autonomia li obbligava a scali frequenti.

Il 1° aprile 1926 si inaugurò a Torino un servizio regolare aereo, con un idrovolante monomotore a sei posti, sulla linea Torino-Pavia-Venezia-Trieste in cinque ore. A Torino ammarava sul Po, a Pavia sul Ticino. Nei tratti di mare era consigliato l'idrovolante perché poteva ammarare in caso di guasto. Nel 1927 un idrovolante percorreva 1000 chilometri di volo in otto ore e mezzo: poco meno di 125 chilometri all'ora. Fu con undici idrovolanti SS55 al suo comando che l'ex quadrunviro Italo Balbo nel 1930 raggiunse il Brasile compiendo per la prima volta nella storia una trasvolata atlantica in formazione. Nell'afoso agosto del 1933, a capo di una squadriglia di idrovolanti SS55 a doppio fondo, volò da Orbetello a Chicago e a New York, in quindici giorni, e ritorno mandando in visibilio folle di americani che al trasvolatore italiano dedicarono a Chicago una via importante. Nessuno ebbe da ridire sul fatto che Balbo fosse un gerarca del fascismo, che almeno all'estero mostrava il suo volto più presentabile applicando le massime del futurismo marinettiano sul mito della velocità e abbasso la pastasciutta. La Regia Aeronautica era stata costituita nel 1923 e in uomini come Balbo, cui non faceva difetto il sangue freddo, parente più prossimo dell'incoscienza e dell'esibizionismo, trovò il propagandista più entusiasta e celebrato.

Nell'introduzione al suo libro *Stormi d'Italia sul mondo*

(1934), destinato agli alunni delle scuole medie, Vittorio Beonio Brocchieri, inviato aviatore del «Corriere della Sera», scrisse con sincera ammirazione: «Oggi il varco aereo dell'Oceano, in tempo brevissimo non appartiene più agli scatti convulsi dell'azzardo ma diventa già patrimonio comune, possibilità realistica, pegno di realtà duratura per le generazioni del secolo che viviamo». E concludeva: «E ringraziamo Dio che ci ha fatto nascere in tempo per assistere a questo spettacolo, per essere testimoni di quest'età. E ringraziamo la Stella d'Italia di trovare tra uomini nostri, della nostra terra, della nostra tradizione gli interpreti più forti, i protagonisti più originali del trapasso gigantesco. Era ben giusto che negli anni di Mussolini le sorti dell'Armata Aerea italiana fossero guidate verso la grande vittoria da un soldato come Italo Balbo».[10]

Nel gennaio 1938 tre aerei S79 – ribattezzati i «sorci verdi» – pilotati da Attilio Biseo, Bruno Mussolini e Nino Moscatelli partiti da Guidonia, con tappa a Dakar, nell'Africa occidentale francese, giunsero a Rio de Janeiro coprendo gli oltre 10.000 chilometri di distanza tra Italia e Brasile in 24 ore e 24 minuti effettivi di volo, alla media di circa 400 chilometri all'ora, polverizzando ogni precedente primato. I giornali esaltarono «la potenza e la gloria dell'Ala Fascista», cui si doveva quell'ultima impresa eroica; e l'espressione «sorci verdi» piacque ed ebbe fortuna come metafora di ardimento e di sfida. L'aereo divenne sempre più popolare ed era ciò che si attendeva il regime per farne un mezzo di trasporto pubblico veloce e sicuro, e di largo impiego quotidiano. Bruno Mussolini venne nominato dal segretario del partito, Starace, vicecomandante federale della Gioventù italiana del Littorio per meriti eccezionali. Bruno Mussolini aveva vent'anni.

Il presidente brasiliano Getulio Dornelles Vargas aveva ricevuto i trasvolatori dicendo che i brasiliani amavano sinceramente l'Italia che «è governata da un uomo che giustamente è considerato il salvatore della civiltà». Il preside del liceo Tasso di Roma, Amante, inviò a Bruno Mussolini, ex allievo dell'istituto, un telegramma di congratulazioni: «Il liceo Tasso è fiero di lei, che si dimostra ogni giorno di più esempio luminoso della gioventù d'Italia».

Le grandi imprese giovavano ai progressi della tecnologia. I tempi dei viaggi aerei si abbreviano rapidamente con l'entrata in servizio di velivoli sempre più moderni e veloci. Fino agli inizi degli anni Trenta gli aerei erano quasi tutti di fabbricazione tedesca (Junker e Fokker), ma negli anni successivi la FIAT, la Caproni, la Savoia-Marchetti, la Macchi, la Breda, la Piaggio dotarono l'Ala Littoria, la compagnia di bandiera, di velivoli nazionali e sulle rotte europee entrarono in servizio il bimotore FIAT BR.20, 8 posti, il bimotore FIAT G.18, 14 posti, il trimotore Savoia-Marchetti 73, 18 posti. L'SM.73 fu uno dei più moderni aerei da trasporto degli anni Trenta. Veloce, sicuro, di facile manutenzione fu acquistato da altre compagnie europee. L'Ala Littoria ne mise in linea complessivamente ventidue sulle rotte europee e africane. Dalle tre ore e mezzo che si impiegavano pochi anni prima, nel 1937 si arriva a volare da Milano (aeroporto di Taliedo) a Roma (aeroporto dell'Urbe) in meno di due ore, come una lunga corsa in tranvai a 300 chilometri all'ora. Pochi riuscivano a crederci. Da Milano a Parigi in tre ore e mezzo (e anche meno con gli ultimi modelli di aerei entrati in servizio). Da Milano a Londra, con scalo intermedio ad Amsterdam o Francoforte, sette ore.

Da Roma a Berlino, senza scalo, in sette ore effettive di volo.

Il 16 ottobre 1936 l'Ala Littoria aveva inaugurato i collegamenti veloci sulla celebre «Linea dell'Impero», con un servizio aereo trisettimanale che da Roma aeroporto del Littorio arrivava in soli tre giorni all'Asmara e Diredaua, in quattro a Addis Abeba, in cinque a Mogadiscio, con scali a Bengasi, Il Cairo, Khartum, Kassala. Se ne sarebbe avvantaggiato anche il servizio postale che avrebbe consentito di trasportare la corrispondenza dalla madrepatria ai centri dell'impero in cinque giorni, trasbordi compresi. Le poste, come i treni che arrivavano puntuali, funzionavano. Il «Corriere della Sera» raccontava il caso di una lettera proveniente dagli Stati Uniti e regolarmente recapitata dal portalettere nonostante recasse questo fantasioso indirizzo: «Seconda strada che traversa il viale in continuazione di via del Ricovero, a Bologna». Sulla busta il mittente, uno studente americano laureato presso l'ateneo bolognese, aveva aggiunto: «Spero che la posta italiana sia più perfetta di quel che si pensi». Commento del «Corriere»: «La posta italiana non ha smentito le sue tradizioni di disciplina e di perfezionata esperienza, e la missiva è giunta regolarmente a destinazione».[11]

Nel tratto mediterraneo della linea imperiale, da Roma a Bengasi e ritorno, con scalo intermedio a Siracusa, il servizio postale era espletato da idrovolanti trimotori veloci tipo Cant. Z.506 in partenza dall'aeroporto del Lido.

Nel maggio 1937 venne istituita la Venezia-Praga via Trieste-Klagenfurt-Bratislava, nel 1938 la Roma-Napoli-Palermo-Catania-Malta, nel 1940 la linea diretta Roma-Tirana, due ore e mezzo di volo.

Nel 1939 l'SM.73 venne sostituito sulla «Linea dell'Impero» dal nuovo SM.75, più veloce e dotato di grande autonomia, e il tempo di volo da Roma a Addis Abeba si ridusse a soli due giorni e mezzo. «E si ricordano qui» scrive Orio Vergani, inviato del «Corriere della Sera» nell'Africa orientale italiana (AOI) «solamente le principali linee della regolarissima e già estesa rete aerea imperiale. Le nuove strade permettono già velocità, se non alte, discrete per chi viaggia in automobile, mentre in molti tratti, dove non si devono affrontare valichi di eccessiva altezza o seguire l'andamento di valli troppo tortuose, si può anche, per ore e ore, "vivere" sui cento all'ora.» Con una normale vettura da turismo coloniale, si percorreva la distanza tra Asmara e Addis Abeba in ventisei-ventisette ore, alla media di oltre 40 chilometri all'ora, superando sei valichi che facevano di questa strada la più eccezionale strada alpina del mondo.[12]

Capolavori di «acciaio e arte»

Se sul treno viaggiavano tutti mentre l'aereo lo utilizzavano solo i ricchi, sulle navi viaggiavano i ricchissimi e i poverissimi, non c'erano vie di mezzo. Le grandi navi portavano i nomi degli antichi principi sabaudi: *Conte Verde, Conte Rosso, Conte Grande, Conte Biancamano*, il capostipite della dinastia. Il *Rex*, orgoglio della flotta, 47.000 tonnellate, 265 metri di lunghezza, 27,5 nodi di velocità, nel 1933 aveva vinto l'ambitissimo Nastro azzurro per la traversata più veloce del Nord Atlantico: Gibilterra - New York in quattro giorni, tredici ore e cinquanta minuti. Fino all'anno prima il Nastro azzurro non era mai uscito dalle mani inglesi o tedesche. Solo quelle due nazioni avevano i grandi «levrieri» del mare. L'Italia marinara spezzava una monotona consuetudine. Quando il *Rex* attraccò per la prima volta nel porto di New York, le banchine erano piene di emigranti italiani increduli e commossi. Non era uno spettacolo usuale per gli italiani che andavano in America da straccioni. La flotta mercantile italiana era stata interamente ricostruita. Prima non c'era nulla. L'Italia era rimasta in coda a tutte le grandi nazioni. Gli altri avevano navi a vapore e l'Italia solo velieri. S'era perduto ogni ricordo dell'epoca dei grandi navigatori e sulle navi divenne obbligatorio issare accanto al tricolore il vessillo delle quattro repubbliche marinare, Venezia e Genova, Pisa e Amalfi. L'Italia era un paese marinaro tuffato nel mare che comunicava col resto del mondo per mezzo del mare. Gli italiani erano stati per secoli un popolo di navigatori, di trasmigratori, e lo erano ancora di migranti oltreoceano, come venne scritto a chiare lettere sul frontone del palazzo della Civiltà all'EUR accanto alle altre benemerenze di un popolo unico ed eccezionale. Ma una flotta mercantile degna delle antiche glorie marinare non c'era mai stata; c'era l'esempio dell'Inghilterra che aveva costruito la sua potenza sul mare e si sottolineava che l'Italia era lungi dall'esser padrona nel Mediterraneo. Le poche navi sopravvissute alla guerra non navigavano più. Chi andava a Genova, vedeva il porto pieno di navi in disarmo, allineate in bell'ordine, ma immobili e fredde: come bare in un cimitero. Il destino dell'Italia era sul mare e i cantieri si misero al lavoro.

Nel 1932 vennero varate 167 navi costruite e allestite nei cantieri di Genova, Sestri Ponente, La Spezia, Monfalcone, Fiume, Trieste. Vennero potenziati i maggiori porti del regno: Genova, Napoli, Trieste, Bari, Livorno e i nuovi moli e bacini vennero intitolati a re e principi della dinastia. Al re Vittorio Emanuele III, felicemente regnante e notoriamente schivo, venne intitolato il nuovo bacino di Genova, e al Duca degli Abruzzi, infaticabile esploratore, il più modesto porticciolo; il grande bacino che dal porto avrebbe dovuto estendersi al ponte sul Polcevera venne intitolato a Benito Mussolini, al quale la fantasia nazionale difficilmente avrebbe trovato altre opere significative da dedicare.

Le navi erano sempre più grandi e veloci, una vera ostentazione di lusso: le cabine erano ampie e sfarzose e i saloni di prima classe arredati con mobili di pregio, lampadari di cristallo, quadri di grande valore. Su una media di 700 passeggeri imbarcati sui transatlantici per l'America del Nord e del Sud, 150 avevano il biglietto di prima classe, 200 di seconda, 50 di terza economica e 300 di «classe emigranti». Degli emigranti non bisognava avvertire nemmeno la presenza e apposite transenne ne impedivano l'ingresso negli spazi riservati ai passeggeri delle classi superiori.

I passeggeri di prima classe spendevano profumatamente e tutti i conforti erano riservati a loro. L'efficienza e il prestigio della flotta italiana acquistarono il favore del pubblico straniero. L'82 per cento del trasporto passeggeri via mare da e per l'Italia era effettuato da navi italiane. Per il jet set internazionale era un privilegio viaggiare su questi capolavori di «acciaio e arte».

La marina mercantile italiana, che aveva suscitato l'ammirazione delle maggiori nazioni, non venne risparmiata dalla guerra, che la trovò inerme. Anzi si notò un particolare accanimento e uno spirito di vendetta che non avevano giustificazioni. Il *Conte Rosso* venne colpito fuori la rada di Napoli. La *Victoria* venne centrata da un siluro inglese e colò a picco nel 1942. Sul *Rex*, come attratti dalla sua fama, si avventarono tutti. Saccheggiato dai tedeschi dopo l'8 settembre '43, sfuggito alla distruzione alleata nel giugno '44, infine arenato nella rada di Capodistria, il vanto della flotta mercantile italiana venne bombardato dall'aviazione americana il 9 settembre. Bruciò per più di quattro giorni interi. Fu il suo ultimo primato.

V
EDUCAZIONE STRADALE

Veicoli a destra

Negli anni Trenta il traffico automobilistico nelle grandi città era scarso e disordinato. Pochi rispettavano le regole. Si contavano più incidenti nei centri urbani che sulle autostrade. Il pedone non era abituato a fare troppa attenzione alle auto che sopraggiungevano, nemmeno quando scendeva dal marciapiede e si accingeva ad attraversare la strada, non di rado leggendo con tutti i comodi il giornale. Non c'era educazione stradale e i vigili erano per lo più impegnati a regolare il traffico dei furgoni e delle carrette tirate dalle bici, le più indisciplinate, e a raccomandare ai pedoni di fare più attenzione e di non ingombrare la strada. Non c'era educazione civica. Gli italiani non perdevano il vizio di sputare per terra, sia in strada sia nei locali pubblici. Nei caffè e sui tram era comparsa la scritta: «Vietato sputare».

Di fronte al disordine generale il regime impartiva lezioni di educazione stradale. Diceva un avviso agli utenti: «È vostro interesse essere reciprocamente cortesi, prudenti, tolleranti. Lo esigono la dignità fascista e la facilità di circolazione. La strada è per tutti e non è monopolio di nessuno». Ma la campagna di sensibilizzazione non diede risultati apprezzabili. Il traffico restava caotico e occorreva affrettare una disciplina della circolazione. Nel 1926 da Roma era arrivato l'ordine che all'alba del 3 agosto tutti i veicoli milanesi dovevano abbandonare la circolazione a sinistra, come in Inghilterra, per tenere la destra. Non era la prima volta che Milano faceva da cavia nei nuovi esperimenti stradali. All'inizio d'ogni via venne affisso un cartello con la scritta: «Veicoli a destra». Ma come non si rispettava la sinistra si continuò a non rispettare la destra. C'era una deroga alla nuova norma: i veicoli dovevano essere superati a sinistra e i tram a destra. Gli incidenti più gravi si registravano a causa del mancato rispetto della norma più elementare: quella di dare la «mano». Specialmente i furgoni, i carretti a trazione animale, le biciclette procedendo davanti alle vetture, all'improvviso sterzavano da destra a sinistra senza segnalare il cambio di mano, obbligando gli automobilisti a brusche frenate, ma più spesso a scontri con esiti mortali. Nel 1936 le statistiche registrarono nella sola Milano 5414 incidenti stradali, con un bilancio di 23 morti e 2760 feriti. Meno dell'anno prima, ma era sempre una cifra altissima. Dal 1° luglio 1937 divenne obbligatorio l'uso dei dispositivi di segnalazione visiva e in particolare delle frecce per il cambiamento di direzione; per le motociclette divenne obbligatorio l'uso del silenziatore (in Italia circolavano 150.000 motociclette); venne fatto espresso divieto ai ciclisti e ai conducenti di furgoni e carretti di portare grossi ingombri o un eccesso di bagagli che ostacolavano e rendevano pericolosa la manovra. Non si potevano portare persone sulla bicicletta. Sempre per motivi di sicurezza, per le migliaia di biciclette usate per lo più per motivi di lavoro dagli operai delle fabbriche divenne obbligatoria la verniciatura di bianco del parafango posteriore, l'applicazione della gemma catarifrangente rossa e di un fanale anteriore a luce gialla. I contravventori erano puniti con una multa da 25 lire a 100.

A partire dalla sera del 10 giugno 1940, primo giorno di guerra, il governo ordinò l'oscuramento parziale del paese ai fini della protezione aerea. Dopo il tramonto non dovevano circolare le carrozzelle per bambini, e i cani anche se al guinzaglio. I bambini piccoli dovevano essere tenuti al collo, o ben fermi per mano. I locali pubblici chiudevano alle 23. I ciclisti dovevano camminare sempre in linea retta e tenendo rigorosamente la mano prescritta; non marciare mai uno a fianco all'altro, ma sempre in fila indiana. Per le autovetture la velocità massima consentita era di 40 chilometri orari fuori città e 20 in città. Con l'oscuramento totale anche le lampade azzurrate dovevano essere spente e l'illuminazione delle case non doveva risultare visibile dall'esterno. I vetri delle finestre e i finestrini delle cantine andavano protetti con listature di carta o tela anti-schegge. I trasgressori erano passibili delle sanzioni contemplate dal Codice penale, che prevedeva la pena dell'arresto fino a tre mesi e l'ammenda fino a 2000 lire. Automezzi, biciclette e veicoli dovettero uniformarsi alle norme della schermatura dei fari; le frecce direzionali dovevano restare rosse, ma anch'esse a luce attenuata o scurita. I fanalini posteriori vennero aboliti. Erano cominciate le esercitazioni antiaeree con l'allarme notturno dalla 1.55 alle 2.10 e ogni giorno alle 10 per la durata di dieci secondi. Un'ordinanza comunale vietava di portare nei rifugi pubblici antiaerei cani e altri animali, costringendo molti degli affezionati padroni a restare nelle proprie case per non abbandonarli durante le incursioni. Per l'anniversario della marcia su Roma, il 28 ottobre 1940, in pieno giorno e a bassa quota, una decina di aerei inglesi venne a sganciare un po' di bombe dimostrative per rovinare la festa alle camicie nere. S'era visto che il nemico poteva colpire quando voleva e la città non possedeva difese di alcun genere. Gli alleati, padroni assoluti dei cieli, erano descritti dalla propaganda come barbari venuti a razziare in questo giardino di meraviglie. Il «Corriere della Sera» scriveva: «Volano per i nostri cieli commercianti di porci, comparse cinematografiche, ballerini di tip tap, giocatori di borsa». Mario Appelius, inventore dell'elegante «Dio stramaledica gli inglesi», risponde all'ironico «Buonasera» del colonello Stevens con un italianissimo «Malanotte agli inglesi». Quale sarebbe, scrive il «Corriere della Sera», il nostro destino se vincessero gli alleati? «Camerieri, lustrascarpe, accattoni, servi, mandolinisti.»

Con i bombardamenti e la penuria di benzina, gli sfollati cercavano scampo con i mezzi di fortuna; ricomparvero vecchi carretti in disuso, barrocci, calessini, pariglie di cavalli.

In tempo di scarsità di taxi accadeva di osservare nei cortei funebri delle lunghe code di auto pubbliche impiegate soltanto per il trasporto delle corone. Era opportuno, veniva fatto notare dalla cittadinanza, distrarre per tale bisogna molte autovetture (a volte un veicolo per una sola corona) che consumavano benzina e che potevano essere utilizzate per servizi più urgenti? Si osserva, inoltre, che l'impiego di tanti taxi per le onoranze funebri contribuiva ad allungare i cortei e a rendere più affannosa la circolazione.[1]

Dal mese di settembre 1940 venne sospesa la vendita dei manufatti casalinghi di rame e cominciò la rimozione e la raccolta delle cancellate di ferro e di altro metallo. Furono smantellate le protezioni metalliche delle ville e perfino i cancelli delle fabbriche. Erano tenuti all'obbligo della rimozione tutti coloro (privati, enti privati, enti morali e pubblici), sola eccezione le amministrazioni statali (loro i cancelli potevano tenerseli!), che già a suo tempo avevano fatto la prescritta denuncia. Il proprietario delle cancellate doveva provvedere a spese sue alla rimozione. Il prezzo di cessione della cancellata era stato fissato dal ministero delle Corporazioni in lire 100 al quintale per materiali di ferro e di ghisa. Si calcolava che il ferro raccolto a Milano fosse sufficiente per costruire un incrociatore da battaglia, oppure mille carri armati, migliaia di bombe, oppure una fila interminabile di batterie. I cancelli vennero fatti di legno. Parecchi edifici rimasero incustoditi.

I bambini facevano a gara a portare alla Casa del fascio rottami di ferro, rame, stracci e altro materiale che potesse essere utile alla patria.

Il camerata Bonetto Alfonso, di Peveragno, Cuneo, in occasione del 9 maggio, giornata dell'impero, offrì il suo materasso di lana che «consegna al locale fascio femminile».[2]

Anche senza giungere ai rigori del tempo di guerra, i regolamenti erano inflessibili contro chi sporcava le strade, chi stendeva i panni dalla parte della strada, chi calpestava le aiuole. A Roma i vigili diventarono metropolitani, a Milano si chiamavano «ghisa», dal bottone di ghisa alla sommità del casco. La sporcizia richiamava nugoli di mosche, che impegnavano il regime nelle sue ricorrenti battaglie perdute. Nei locali pubblici e nelle case era appesa la stomachevole carta moschicida; il Flit spruzzato ammorbava l'aria con modesti effetti sui fastidiosi insetti. Si dava la caccia ai cani randagi, con lo stesso accanimento con cui si allontanavano i mendicanti dai sagrati delle chiese e dagli angoli delle strade; e gli stranieri si meravigliavano di non vedere più i segni dell'antica miseria.

La città era rumorosissima e puzzolente, per gli escrementi dei cavalli delle carrozze e per le esalazioni di nafta sprigionate dagli scarichi degli autobus e degli autrotreni, e con un certo sollievo la cittadinanza di Milano accolse il provvedimento comunale che proibiva nel centro urbano le segnalazioni acustiche, mentre nelle altre città continuò a esserci libertà di schiamazzo. Ma nulla venne fatto contro il nauseante odore di nafta che ammorbava l'aria. Contro l'indecorosa abitudine di orinare dentro i portoni o sui muri delle stradine laterali tornarono a far bella mostra di sé nelle vie e nelle piazze i vespasiani, reperti d'epoca imperiale. La presenza di un vespasiano si percepiva a distanza per l'odore disgustoso di urina, ammoniaca e acido muriatico; più che una comodità per le vesciche deboli, erano una fonte di inquinamento atmosferico e uno spettacolo poco piacevole.

I milanesi più anziani affezionati al vecchio tranvai ebbero a dolersi della decisione di palazzo Marino di abolire il famoso carosello in piazza del Duomo spostando altrove i capolinea di tutti i tram cittadini.

Al contrario a Firenze continuava la «giostra» tranviaria intorno al Duomo e un lettore scrisse alla «Nazione» per lamentare che «mentre all'estero i tram si toglievano, a Firenze si mettevano». Firenze era cinque volte più piccola di Milano, inoltre Milano era sempre all'avanguardia.

Lanterne semaforiche e tram in divisa

Nel 1925 proprio Milano aveva sperimentato il primo semaforo luminoso installato all'incrocio tra via Orefici, via Torino e via Carlo Alberto, oggi via Mazzini. Ma i colori che si alternavano per dare il via libera o arrestare il traffico non furono ben capiti e si creò una confusione indescrivibile e in certi casi la paralisi totale. Gli automobilisti si fermavano incerti per decifrare l'enigma e bloccavano il traffico; e i pedoni raccolti sui marciapiedi si godevano lo spettacolo. Qualcuno credette a uno scherzo. I giornali avevano spiegato minutamente il funzionamento del semaforo che al momento dovette apparire a tutti molto difficile e complesso. Un ciclista era sceso dalla bicicletta e, velocipede alla mano, aveva proseguito a piedi col segnale riservato ai veicoli. E il vigile a urlargli dietro: «Cosa fa lei? Risalga in bici. Lei è un veicolo». Risalito in bicicletta, e arrivato il turno dei pedoni, si era poi affiancato alla fiumana per attraversare più presto la strada. Ma il vigile inflessibile: «Cosa fa lei? Scenda dalla bici. Lei è un pedone». Succedeva di peggio tra gli automobilisti perplessi: c'era chi passava col rosso e chi si fermava col verde; del tutto misterioso il significato del giallo. Si rischiarono più ricoveri in ospedale quel primo giorno che in tutto il mese precedente. Contro le previsioni dei pessimisti, la «lanterna semaforica», come la chiamavano i milanesi, dapprima meccanica e poi elettrica, si diffuse in tutta la città: 4 nel 1931, 44 poco prima della guerra.

Per espandere la rete viaria milanese ed eliminare un intralcio al traffico, il 16 marzo 1929 cominciarono i lavori per la copertura della «fossa interna» del Naviglio. Nel 1934 la cerchia d'acqua che circondava Milano non c'era più e i vecchi stentarono a riconoscere la città che sanando molte infezioni si votava al progresso. Il mondo della cultura non se la prese poi così tanto, ma Luca Beltrami, architetto e polemista politico, paragonò l'operazione a un funerale di prima classe. Caddero in prostrazione i poeti dei navigli, nostalgici perfino dei «ratter» (topaie), dei «catanai» (robavecchia) e del Tombon de San Marc, il grande bacino d'acqua prediletto dai suicidi. All'autore de *L'è el dì di mort, alégher!* non restò che rievocare la vecchia Milano dell'infanzia quando le lavandaie mostravano le gambe belle sode, «i gamb bei stagn», dice il Tessa. In San Marco, ricoperto il Naviglio, si iniziò la posa dei binari del tram. Nella parallela e congestionatissima via Solferino il traffico risultò alleggerito. Non c'era più il vecchio ponte in corso Vercelli ma c'era ancora l'arcaico trenino per Magenta che riempiva dell'odore acre di fumo le case del quartiere. Fino a quando? si chiedevano i giornali. Circolavano le vecchie carrozzelle. «I brum» ricorda Orio Vergani «signoreggiavano ancora nelle vie milanesi. I taxi erano rossi, d'un fiammeggiante carminio.» In città ce n'erano 1600. I tram avevano colori diversi, giallo paglierino, giallo crema, bianco, blu, ma dopo il '29 diventarono tutti verdi: verde oliva nella parte inferiore e verde bottiglia nella parte superiore; e verdi col tetto nero i taxi, che per disposizioni ministeriali, onde evitare gli abusi, dovettero dotarsi di tassametro. Alla fine del '36 entrarono in servizio i primi tram con la salita obbligatoria dalla porta posteriore e la discesa dalla porta centrale e anteriore. Il nuovo sistema facilitava la salita e la discesa e permetteva al bigliettaio all'ingresso della porta posteriore di controllare la validità dei biglietti di viaggio e di tenere d'occhio i «portoghesi». Ma c'erano ancora i vecchi tram con la salita davanti. Le perplessità dei passeggeri alle fermate si moltiplicavano. I guai maggiori derivavano dal fatto che, a prima vista, non era facile distinguere gli uni dagli altri. Un abbonato scrisse al «Corriere» proponendo che fosse verniciata di bianco l'asta metallica (la «perteghetta» meneghina) dei tram con salita posteriore. «Sarebbe una soluzione anche questa» commentava il giornale.

Quando il Lei venne abolito, i tranvieri milanesi invitati a non dire più «Favoriscano avanti» trovarono la comoda soluzione di abolire il verbo. Dicevano: «Avanti, c'è posto». «Il che» osservava severo il «Corriere della Sera» «sa di imposizione, oltre che di scappatoia. Coraggio signori bigliettari. Si dice: "Favorite avanti, per piacere", o qualcosa di simile. Ma con il voi».[3]

VI

LA MISERIA È UGUALE PER TUTTI

Salassati, ma disciplinati

Il 18 novembre 1930, in base al programma economico del governo, gli stipendi e i salari del settore pubblico e privato vennero diminuiti del 18 per cento. Quella che i giornali chiamarono «operazione chirurgico-finanziaria» doveva servire a riequilibrare le entrate con le uscite e a contenere il disavanzo. Il salasso andava dalle 8860 lire annue per i dirigenti del grado primo, alle 2830 del grado ottavo, alle 2560 del grado nono, alle 1900 del grado decimo, fino alle 1400 del primo commesso e alle 790 dell'inserviente. Vennero contemporaneamente ridotti i canoni di locazione e il prezzo del pane diminuì di circa 10-12 centesimi al chilogrammo.

Venne citato a esempio il caso di un proprietario che, spontaneamente, aveva diminuito l'affitto di uno stabile del 12 per cento. Il prezzo dei quotidiani venne ridotto di 5 centesimi (da 25 a 20 centesimi la copia). La «Domenica del Corriere» costava 30 centesimi. Ribassarono del 10 per cento anche le tariffe degli alberghi e dei servizi turistici.

Frenare l'inflazione, rivalutare la lira, risanare il bilancio, secondo un piano d'austerità che ricordava la modestia di orizzonti della Destra storica, era l'obiettivo primario del regime, anche per ragioni di prestigio internazionale, e la ricetta più immediata ed efficace parve la diminuzione dei consumi, anziché l'imperativo opposto che avrebbe consigliato di consumare di più per produrre di più, secondo la formula liberale di un paese industriale in espansione.

Erano i consumatori a reddito fisso a sostenere i maggiori

sacrifici. I salari in Italia erano i più bassi d'Europa ed erano diminuiti rispetto all'anteguerra e al periodo 1919-22. Inoltre alla diminuzione dei salari non aveva corrisposto un adeguato ribasso del prezzo dei generi alimentari.

La stampa ossequiente esaltava «il bell'esempio di disciplina offerto dal popolo italiano in tutte le sue categorie». Tutti si attenevano alle direttive del governo per generoso impulso patriottico: dai pescivendoli ai parrucchieri, tutti praticavano uno sconto di almeno il 10 per cento. A ogni modo il fascio vigilava. Le sanzioni per i contravventori erano immediate e implacabili. A Firenze, un macellaio, Umberto Pastorini, di 37 anni, sorpreso a frodare sul peso nel proprio negozio, venne punito con l'arresto e il ritiro della licenza. Venne inoltre decretata la chiusura di tre negozi per aver venduto pane a prezzo superiore a quello indicato e per infrazione alle norme sui ribassi. Nel 1941 le autorità di PS di Roma chiusero 43 esercizi – panetterie, macellerie, spacci di frutta e verdura, drogherie – per accertate alterazioni dei prezzi e i proprietari vennero denunciati all'autorità giudiziaria per le sanzioni del caso.

I salari reali, in relazione al costo della vita, tornarono ai livelli del 1923; il consumo procapite giornaliero di calorie diminuì dalle 2975 del 1926 alle 2657 del 1939. Le statistiche non lasciavano dubbi sulla perdita progressiva del potere d'acquisto della famiglia italiana.

Nel 1931, un operaio lombardo con moglie e tre figli aveva percepito un reddito annuo di 6495,50 lire; nel 1932 di 5832,40 lire; nel 1933 di 4940,43 lire; nel 1934 di 5131,10 lire; nel 1935 di 4495 lire e nel biennio 1936-37 ancora meno.

Il salario medio di un operaio negli anni Trenta era di 300-400 lire al mese; un impiegato di buon livello ne poteva guadagnare al massimo 850; le 1000 lire, aspirazione dei più, erano lo stipendio di un funzionario medio. La vita era dura per chi non superava le 500 lire. Il pane di lusso costava 2,70 lire al chilo, il pane comune 1,20 lire; il riso di prima qualità 1,50 lire al chilo; un litro di latte 80 centesimi; un chilo di zucchero 6,30-6,80 lire; un litro di vino da pasto 1,55-1,80 lire; un chilo d'olio d'oliva 5,40-5,85 lire; un chilo di vitella da latte 4,50-5,90 lire; lombata 8,10-9,90 lire; magro scelto senz'osso 10,80-12,80 lire; polli 9-10,80 lire; uova (alla dozzina) 2,95-3,25 lire; ma nel 1936 erano aumentate fino a 6 lire la dozzina.

La SA Latte condensato lombardo di Milano metteva in vendita il BIF, brodo concentrato estratto dalle albumine del latte, con un'avvertenza importante: «Permesso dalla Chiesa nei giorni di magro».[1]

Ma c'era chi se la spassava.

I giornali fiorentini della metà degli anni Venti pubblicarono l'elenco dei maggiori contribuenti. Il commerciante di tessuti C. Rinaldi dichiarava un imponibile di 500.000 lire; l'industriale Micheli 450.000 lire; l'albergatore Baglioni 260.000 lire. Il celebre medico professor Frugoni dichiarava un imponibile di 120.000 lire annue. Al contrario il famoso scrittore e giornalista Ugo Ojetti direttore del «Corriere della Sera» dal 1926 al 1927, dichiarava solo 6000 lire, una miseria paragonabile al salario annuo di un operaio; Giovanni Papini 40.000 lire; e Bruno Cicognani 8000 lire. Erano tutti e tre scrittori affermati e in buoni rapporti col regime. Ma dai loro stipendi, tranne Papini, che forse dichiarava il vero, si sarebbe detto che al pari di uno sterratore faticavano a tirare avanti.

Nel 1923 era stata varata l'imposta complementare sul reddito e nel 1930 quella sugli scambi, che nel 1940 si trasformò in imposta generale sull'entrata, IGE, l'antenata dell'attuale IVA. L'evasione era altissima, e quasi data per scontata. Lo Stato ricavava la maggior parte del gettito dalle imposte indirette – corrispondenti al 66-70 per cento delle entrate – anziché da quelle dirette che colpivano i redditi e i patrimoni.

Nel 1930 venne emesso un nuovo tipo di banconota da 1000 lire, grande come un lenzuolo per dare forse un'idea del suo valore, contrariamente al concetto americano delle banconote di piccolo taglio tutte eguali. Ma pochi la ricevevano in busta paga. Un bracciante agricolo poteva guadagnare al massimo 9 lire al giorno; un cameriere 200 lire al mese; ma uno chauffeur, con mansioni di meccanico e cameriere, anche 800 lire, quasi quanto un impiegato.

La stagnazione economica favorì lo sfruttamento del lavoro al minimo certo e, invece di colmarlo, aumentò il divario Nord-Sud. Il Sud era rimasto indietro di cinquant'anni, «forse un secolo rispetto al resto del Paese», aveva detto Mussolini in un discorso del 4 ottobre 1924. Ma nonostante le promesse di redenzione le condizioni del popolo meridionale restavano umilianti. A Napoli 70.000 famiglie vivevano nei «bassi». Vi erano centinaia di comuni senza strade, migliaia senza acqua, decine senza cimiteri. Fra Messina e Reggio Calabria c'erano almeno centomila italiani che vivevano nelle baracche costruite dopo il terremoto del 1908.

Nelle campagne calabresi le case venivano fatte in pietra e malta comune. La pulizia delle abitazioni lasciava molto a desiderare. Per l'illuminazione si adoperava l'olio di oliva e il petrolio. Generalmente le case erano a un solo piano; nelle camere dormivano almeno quattro persone e anche di più. La famiglia media calabrese, e meridionale in genere, era composta da 4-6 persone, e anche da 7 e oltre. La famiglia contadina arrivava anche a dieci persone. Servivano molte braccia nei campi.[2]

Con la conquista imperiale i prezzi lievitarono e i salari diminuirono. Secondo calcoli attendibili l'Italia aveva speso per la guerra africana più di 30 miliardi e mezzo di lire fino al giugno 1937 e 16.220 milioni nel solo anno finanziario 1936-37.[3] Una catastrofe economica che non veniva compensata dal successo politico. Con l'autarchia parecchi generi alimentari scomparvero. Nel 1938 il pane costava da 1,70 a 2,50 lire al chilo a seconda della qualità e continuava a scarseggiare. Era rincarato anche il caffè e gli italiani dovettero accontentarsi del surrogato d'orzo e del carcadè somalo. Una circolare del partito invitava gli iscritti a non bere caffè o a ridurne al minimo il consumo. Il presidente della Camera dei fasci e delle corporazioni volle dare l'esempio comunicando che al bar della Camera era stato bandito l'uso del caffè; e lo stesso provvedimento venne preso dalla presidenza del Senato.

Nel giro di dieci giorni vennero distribuite 45 milioni di carte annonarie in tutti i comuni del Regno. I pubblici esercizi potevano vendere il caffè esclusivamente in bevanda e solo servito al banco o al tavolo. Non era permessa la vendita del caffè sia crudo sia tostato, in grani o in polvere.

Roma era la città che consumava più caffè, seguita da Torino, Milano, Genova.

A una famiglia di cinque persone, composta di padre, madre, tre figli e una persona di servizio, toccavano da 180 a 240 grammi di caffè al mese; 35 grammi al mese era la razione individuale. Il caffè, compreso il 2 per cento di IGE, costava 50 lire al chilo, peso netto: l'involucro di carta era fornito gratuitamente dal negoziante. La paga di un operaio era di 20 lire al giorno. Ci volevano due giornate abbondanti di lavoro per comprare un chilo di caffè.

L'imposta sull'entrata venne applicata su tutti gli acquisti superiori a 2,50 lire. Aumentarono di 10 centesimi anche i biglietti tranviari.

Il Foro Mussolini divenne una metafora per il popolo che tirava la cinghia per soddisfare i sogni di grandezza del fascismo.

Il quadro era noto a Mussolini, il quale riconosceva che «il tenore di vita degli italiani non è eccessivamente alto». C'erano comuni in Sardegna e nell'Italia meridionale dove la gente si cibava solo di erbe.[4] Non diversamente dalle altre dittature «proletarie», che si vantavano di «andare verso il popolo», il fascismo sotto l'apparenza della giustizia sociale era riuscito a conseguire l'uguaglianza nella miseria.

L'Etiopia non è l'Eldorado: pedalare

Il 5 ottobre 1936 la lira venne riportata a «quota 90» al cambio con la sterlina. Ovvero ci volevano 90 lire per comprare una sterlina, invece delle 150 lire di prima, e 18 lire per un dollaro. La nuova parità creava maggiori problemi alle esportazioni e i primi a non esserne soddisfatti furono gli industriali. Contemporaneamente, a titolo demagogico, venne annunciato il blocco biennale dei prezzi «a difesa del consumatore». Per due anni era vietato l'aumento degli affitti, del gas, dell'elettricità, dei trasporti. Ma non bastavano queste misure per salvaguardare il salario che per oltre la metà se ne andava per l'alimentazione e il resto per l'affitto, l'abbigliamento, gli svaghi, le sigarette, i trasporti. Un pacchetto di Turmac di lusso da dieci sigarette costava 4 lire, un pacchetto da venti 8 lire. Era ammessa la vendita di sigarette sciolte e singole: una sigaretta costava 22 centesimi. Ma i più se le facevano con le cartine e il tabacco sfuso. A Milano il biglietto del tram costava una lira: e bisognava calcolare una spesa mensile minima di 30 lire per il viaggio giornaliero di andata e ritorno. A settembre il prezzo della benzina era diminuito. Un litro costava 2,24 lire, con qualche variazione di centesimi da una città all'altra. Magra consolazione. Quasi nessuno ha l'automobile, molti usano la bicicletta che avrà un improvviso revival. Un motivetto propagandistico dice:

La bicicletta
questa negletta
da cresi e obesi
fra capo e coda
torna di moda.

Se ne avvantaggiavano la linea e il portafogli; e il governo faceva la figura del salutista: poco mangiare e molto pedalare. Perfetto stile fascista.

Si faceva a gara a chi le sparava più grosse. La propaganda diffondeva l'idea che l'Etiopia, nuovo Eldorado, possedesse miniere d'oro e di platino e altre favolose ricchezze. Il Duce incoraggiava la coltivazione del cotone in Africa orientale e tale Giuseppe Scovone scriverà un libro intitolato: *Come si coltiva il cotone* (Catania, edizioni Etnea, 1938, 6 lire) per allettare gli aspiranti piantatori. Gli ingegneri cercavano il petrolio nell'unico posto dove non si sarebbe mai trovato: in Etiopia. Per le ricerche in Libia non ci sarà più tempo.

I giornali inventarono di sana pianta la notizia che dalle rocce bituminose di Ragusa si ricavasse lo stesso olio minerale grezzo che si estraeva dai pozzi romeni e persiani; quindi con una serie di procedimenti rapidissimi si otteneva limpidissima benzina, «sacra alla motorizzazione della difesa nazionale».[5]

Di vero c'era solo che i prezzi aumentavano e la merce scarseggiava. Alla Rinascente un paio di pantaloni di tela panama bianca costavano 29 lire; giacca e pantaloni di ottima flanella 175 lire. Giacca e pantaloni di flanella di lana, color nocciola a righe, di moda, 350 lire; un costume da bagno per signora 52 lire, per uomo (con le bretelle) 14 lire, per bambino 4; un pacchetto di 10 lame Gillette 15 lire. A tavola le posate eleganti sono di alpacca o di metallo nichelato; vanno le valigie di fibrone, troppo care quelle di cuoio.

Il controllo dei prezzi nei pubblici esercizi diventa abituale e incessante. Una tazza di caffè al tavolino costa 2-2,50 lire. Un aperitivo (due dita di liquore in abbondante acqua di seltz) lire 3,50, servizio escluso. Un minuscolo bicchierino di italianissima acquavite 4,50 lire. L'offerta di un «bicchierino», come si dice comunemente, dava il senso della misura e del buon gusto. Gli ubriaconi, benché il vizio del bere sia diffuso specie tra gli strati popolari del Centro-Nord, erano giudicati severamente.

La raccomandazione della Federazione nazionale dei pubblici esercizi per un trattamento equo e ospitale venne rivolta anche ai gestori di albergo in funzione del turismo internazionale. «Gli stranieri che in numero sempre maggiore visitano l'Italia, non vengono solo per ammirare le incomparabili bellezze, ma anche per rendersi conto dell'opera di rinnovamento operata dal Fascismo. La perfezione di un'autostrada non può essere guastata dalla cattiva conduzione di un ristorante campestre che manchi ai canoni della buona accoglienza italiana nei confronti del viaggiatore automobilistico.»[6]

In Italia non si sente più l'odore del caffè

Bisognava promuovere e accreditare l'immagine di un paese parco e decoroso. Il regime si preoccupò di realizzare questo progetto nei minimi dettagli. Non si vedevano mendicanti in giro perché una legge predisposta appositamente aveva provveduto a radiarne la presenza dalle piazze delle grandi città, dai sagrati delle chiese, dai villaggi, ovunque. L'antico quadro di miseria e di abbandono doveva diventare un ricordo; e se non lo era occorreva fare in modo che lo sembrasse. In fondo per il regime la differenza era minima.

Il 9 maggio 1937 (primo anniversario dell'impero) i salari degli operai vennero aumentati dal 10 al 12 per cento, e del 10 per cento gli stipendi degli impiegati non superiori alle 1500 lire al mese. Ma l'aumento non compensava il maggior costo della vita. In meno di dieci anni la tavola degli italiani era diventata più povera. Le famiglie operaie dovevano rinunciare anche a ciò che sarebbe stato indispensabile e accontentarsi di pane e poco companatico la mattina, il caffellatte per i bimbi, minestra abbastanza lunga a mezzogiorno, e pane (polenta d'inverno) con companatico meno costoso (stoccafisso, baccalà, saracche o mortadella) la sera. La carne, quando c'era, la domenica, con la pastasciutta. Una festa. C'era chi vedeva la carne una volta sola all'anno, per Pasqua. Perfino il pane in certe case era un alimento riservato agli ammalati e alle grandi ricorrenze. Sulle tavole povere del Settentrione non mancava la polenta, tutti ne potevano mangiare a sazietà, con poche salsicce alla brace che dovevano bastare per tutti, o insaporita con l'aringa appesa al filo al centro della tavola, verdura bollita, un po' di luganiga fatta in casa, qualche pezzo di coniglio. La sera minestrone di fagioli o di patate, o polenta bollita nel latte. Il vino ogni tanto, di quello grosso contadino, mezzo bicchiere, anche per i bambini. «Il vino fa sangue» ripetevano i vecchi. Quel poco che c'era non poteva far male.

Nel 1938 il consumo medio annuo di carne era di 9 chilogrammi a testa (in alcune province del Sud il consumo non arrivava al chilo all'anno), meno che nel 1929 quando se ne consumavano 13,50 chili, contro i 63 dell'Inghilterra, i 51 della Germania, i 40 del Belgio, i 39 della Francia. Il consumo dello zucchero era di circa 10 grammi giornalieri procapite; si consumavano 34,6 litri di latte, contro i 251 della Svizzera, i 110 della Germania, gli 87 dell'Inghilterra. Era diminuito anche il consumo degli ortaggi, dai 42 chili procapite nel 1929 ai 36 nel 1938; il consumo della frutta fresca era sceso da 41 chili a 34. Solo 150 grammi di pane nero a testa.

Sebbene una provincia dell'Etiopia conquistata si chiamasse Caffa, terra d'origine del nome del caffè, il 1° febbraio 1940 il caffè venne razionato e lo si poteva acquistare solo con la carta annonaria individuale distribuita dai Comuni. Ma appena l'Italia entrò in guerra venne nuovamente esteso il divieto di vendita di caffè, sia tostato, sia crudo o in bevanda. «Time» spiegava la curiosa circostanza con un irriverente motivetto che in italiano suona così:

Quando il nostro Vittorio era un semplice re
c'era il caffè;
da quando è diventato imperatore
il caffè ha perduto anche l'odore;
da quando ha avuto il trono d'Albania
l'odore del caffè è volato via.[7]

A partire dal 1942 diminuisce la produzione industriale. Scarseggiano le materie prime per via delle linee di comunicazione bombardate e dissestate. Ci si affida all'inventiva italica. Gli annunci economici offrono lanital al posto della lana, materassi autarchici, calze di rayon, frappeina, frappè senza latte, caffè senza caffè. Un giornale in buona fede annuncia: «La lana di coniglio è la lana degli italiani». Pubblicità immediatamente ritirata con gravi conseguenze per l'incauto inserzionista.

La politica di buon vicinato con il Vaticano imponeva qualche eccezione sulle restrizioni dei generi alimentari. Il 3 luglio 1942 il ministero dell'Agricoltura emana una circolare in cui dispone che «l'olio per la lampada al Sacramento nelle Chiese e il vino da messa debbono essere forniti alle Chiese ad ogni costo».[8]

VII

LA «BELLA FAMIGLIA»

Il numero è potenza

Sabato 19 dicembre 1936, a mezzogiorno, a palazzo Venezia, luogo deputato per gli incontri solenni, il Duce riceve le madri più prolifiche d'Italia, giunte da ogni provincia del Regno. L'Urbe aveva accolto con viva simpatia le coppie con più figli che avrebbero partecipato in rappresentanza delle 94 province italiane alla celebrazione della Giornata della madre e del fanciullo. Alla stazione Termini aveva funzionato fino all'arrivo degli ultimi treni il posto di ristoro affidato all'ONMI, Opera nazionale maternità e infanzia, e a un Comitato di patronesse.

Era un rito tra i più ostentati e malinconici, in cui era impossibile non scorgere in quello sciamare soddisfatto di ruralità felice una sopravvivenza di arretratezza e di antica miseria, quando avrebbe dovuto rappresentare uno dei massimi successi del regime. Era un appuntamento a cui Roma imbandierata e in festa per obbligo di calendario assisteva ironica e indifferente, come alla periodica inondazione del Tevere. Era la celebrazione finale e solenne della «bella famiglia», come l'aveva chiamata il Duce; ed era il Duce in persona a consegnare alle coppie prolifiche il premio di 6000 lire in contanti (il salario annuo di un operaio generico), il diploma di benemerenza per il buon allevamento della prole rilasciato dall'ONMI e la polizza di assicurazione di 1000 lire per l'ultimo nato.

La provincia della Spezia era rappresentata da Maria Ciuffardi da Ponzò, nel comune di Riccò del Golfo. Nata nel 1904, si era sposata il 29 settembre 1923, e in tredici anni di matrimonio aveva avuto sette figli. Ai giornali aveva detto che prima d'ora non aveva mai fatto un viaggio in ferrovia, però aveva aggiunto: «Per vedere il Duce sarei venuta a piedi». Veniva citato l'esempio di quattro coppie che avevano avuto complessivamente 38 figli. E tuttavia non ci si nascondeva una nota dolente. Nel 1936 c'era stato un regresso della natalità, rispetto al 1935, stazionaria la mortalità. *Si muore meno* titolavano i giornali. «Cinquant'anni fa, 32 morti all'anno su 1000 abitanti; oggi, appena 12. Ma la natalità purtroppo declina» (ci si riferisce a Milano).

La vita era più faticosa e si invecchiava presto. Una donna di cinquant'anni era considerata «vecchia» decrepita. Si diventava nonne a quaranta. E tuttavia le nascite nelle grandi città erano in declino allarmante. «La città non crea, ma consuma» scrive Giovanni Papini. «Tutte le città sono sterili. Vi nascono in proporzione pochi figli e quasi mai di genio. Nelle città si gode, ma non si crea, si ama ma non si genera, si consuma ma non si produce.»[1] L'analisi non pareva scientificamente ineccepibile.

Nonostante l'industria avesse alimentato un flusso costante e continuo di immigrati dal Sud, Torino nel 1926 era diminuita di 538 abitanti, Milano era aumentata di 22 abitanti e Genova di 158. Si trattava di tre grandi città industriali. Viceversa Palermo aveva 4177 abitanti in più; Napoli 6696 e Roma deteneva il primato con 7925. Ciò significa, diceva un rapporto governativo, che «mentre Milano, in dieci anni, crescerà di 220 abitanti, Roma crescerà di 80.000». All'urbanesimo industriale che portava alla sterilità, bisognava aggiungere «l'infinita vigliaccheria morale delle classi cosiddette superiori della società».

Su «Gerarchia» il Duce accusò Milano di avere, con Berlino e Stoccolma, il più basso indice di natalità: «Il fiero e nobile senso di civismo degli ambrosiani si è dunque rassegnato a questo primato di decadenza e di morte? Vogliono dunque essi che in un avvenire più o meno lontano piazza del Duomo, come già nel buio Medioevo il Campidoglio, diventi pascolo per armenti?». Il premio della fertilità era la «frustata» che avrebbe invertito la rotta. Ed era il «Corriere» a spiegare severo e ammonitore: «Il Regime, premiando le famiglie numerose, intende adottarle ad esempio, spronare le altre: quanti milioni di lire si sono distribuiti alle mamme prolifiche, ieri, in tutta Italia? Quanti nella sola Milano? Questa premiazione cessa ormai di avere un semplice valore simbolico per convertirsi in un aiuto effettivo, tangibile, su cui positivamente si può fare un calcolo. Non sembri, nella solennità sacra della giornata d'oggi, una nota stonata quella di chi contrappone all'affettuosa generosità del Regime e al complesso degli aiuti generosi che esso prodiga alle famiglie numerose, l'aridità egoistica dei molti, dei troppi che esitavano, come davanti a un grande pericolo, di fronte alla possibilità di moltiplicare la loro nidiata domestica. Nota stonata, semmai, in questi giorni nei quali si discorre intensamente del potenziamento della stirpe, migliorando la qualità dei nuovi virgulti e non trascurando la quantità, nota stonata è il quotidiano bollettino dello stato civile».[2]

Il mese di novembre 1936 si era chiuso con un bilancio positivo solo illusoriamente: l'eccedenza delle nascite sui decessi era di 47 unità. Ma se si teneva conto della fragilità dell'esistenza dei neonati e delle vite che andavano perdute nei primi anni, sarebbe apparso chiaro come l'eccedenza fosse un passivo notevole. La maggiore indiziata era Milano, che «doveva trovare in sé, nella sua anima ricca d'ogni sana energia, la forza per reagire contro l'ondata dell'isolamento a cui l'egoistica concezione moderna della piccola famiglia, o addirittura della nessuna famiglia, va inducendo molta gente ...».[3]

Chi non procreava nella misura richiesta era colpito con l'arma del disprezzo, lo si isolava come reietto e traditore dello sforzo nazionale, sul lavoro non faceva carriera – al pari dei celibi impenitenti, altra vergogna – e anche se meritevole restava al palo, perché chi aveva più figli valeva più di lui e poteva contare sulla riconoscenza del regime. Benché la passione virile del popolo non potesse essere messa in dubbio e le sue qualità amorose fossero universalmente riconosciute, il regime pretese dai coniugi il massimo dello sforzo che meritò ai più prodighi una sorta di titolo di nobiltà, ovvero, ricorda Emilio Radius, «l'aristocrazia delle famiglie numerose». Le legittime richieste dei mariti, se in altri tempi avrebbero avuto tiepida accoglienza, se non un dolce ma fermo rifiuto, parvero un dovere nazionale e il compimento di un ordine espresso direttamente dal Duce. Così, per vitali ragioni di sopravvivenza e spirito di potenza, giacché i due concetti erano strettamente legati, il fascismo sessuofobico e impiccione, come tutti i regimi autoritari aveva trovato il modo di intromettersi nella vita intima delle famiglie, entrare nei letti dei sudditi più ingenui e indifesi, e orientarne i comportamenti più riposti e segreti.

Le famiglie numerose avevano la tessera gratuita per viaggiare su tutti i mezzi pubblici cittadini, i capifamiglia godevano di privilegi straordinari negli impieghi statali, nei contratti collettivi di lavoro, nella concessione dei prestiti e di forti sconti sull'affitto degli appartamenti. Gli assegni familiari, già ragguardevoli, aumentavano in proporzione al numero dei figli. La prole divenne una risorsa per le famiglie povere (come l'arruolamento volontario, come l'emigrazione transoceanica) che altrimenti non avrebbero saputo come sfamare tante bocche. Ma gli sforzi del regime non erano coronati da pieno successo. Anzi si profilava un fiasco clamoroso. Così, dopo quella annunciata dal Duce nel famoso discorso dell'Ascensione nel 1927, bisognava dare un'altra «frustata demografica» agli italiani così da renderli consapevoli dei pericoli legati al calo delle nascite e della stretta connessione tra «numero» della popolazione e «potenza» della nazione.

Era questo il lato più agghiacciante della politica demografica. Il Duce aveva detto: «I piccoli di oggi, saranno i soldati di domani». La famiglia era la sua naturale riserva di caccia. L'ossessione del numero rivelava il carattere antimoderno e arretrato del fascismo. La logica del «numero è potenza» poteva avere ancora importanza per un paese che, come nel Terzo Mondo d'oggi, arruolava i contadini analfabeti allettati dalla paga, così come le famiglie contadine del Sud obbedivano alle ingiunzioni del regime per beneficiare della numerosa figliolanza. Ma era appunto una logica da paese povero, rimasto all'Ottocento, quando la potenza degli eserciti era commisurata al numero degli effettivi. Ma già allora c'era chi ci credeva poco, come il re di Napoli, che un giorno passando in rivista l'esercito in partenza per la guerra, esclamò: «Poveri guaglioni, quante legnate vi andate a prendere». L'esercito borbonico era il primo esercito della penisola, nel senso che aveva più soldati; ma il Borbone, molto prima di Mussolini, aveva capito che non era questo che contava.

Nonostante la martellante campagna i dati non erano incoraggianti. Complessivamente nel mese di dicembre 1936 a Milano il numero dei morti (1647) aveva superato i nati vivi (1390).

Erano le grandi città industriali del Nord a deludere le aspettative del regime. La sola speranza erano le campagne, le famiglie rurali, come con precisa scelta lessicale si preferiva chiamare le famiglie contadine. Bisognava sottrarre il contadino alle fallaci suggestioni della grande città. Così si mise in atto ogni sorta di propaganda per dissuaderlo a lasciare il paesello col falso miraggio di una vita migliore. In un discorso per la «bonifica» e il risanamento delle case rurali, il federale di Milano, Rino Parenti, addirittura prospettò un fosco e triste avvenire per quanti si fossero lasciati sedurre dalla vita in città: «Noi vediamo troppo sovente come naufragano i sogni di questi immigrati i quali non sempre trovano possibilità di lavoro e talvolta quando la trovano è a scapito della moralità». Ipotizzava per gli illusi un malinconico e fatale destino di perdizione: «Quanti ottimi giovani non si tramutano in spostati e fuorilegge che non trovano ospitalità che nei nostri dormitori, se non finiscono addirittura in carcere?».[4]

Il governo aveva promosso un programma di bonifica delle case coloniche e il Duce proclamò: «Le nuove case devono essere ampie e robuste, e tali da fermare il contadino e distoglierlo da ogni tendenza urbanistica».

Il primato della denatalità degli ultimi decenni si riscontrava tra i milanesi non immigrati e nelle classi più abbienti. Vennero mobilitati intellettuali e scrittori per convincere gli italiani a fare più figli. Silvio Negro scrisse sul «Corriere della Sera» un articolo intitolato: *Invito a nascere*, nel quale descrive il lieto evento, le prime ventiquattro ore di vita, l'organizzazione di una clinica, e siccome c'è la tendenza, specie tra famiglie povere, a partorire in casa con l'aiuto della levatrice di fiducia, spende una parola a favore delle cliniche di maternità, sfatando la leggenda secondo la quale «i neonati delle cliniche sarebbero brutti». Il professor Livio Livi, studioso della popolazione, si affrettò a esprimere la sua simpatia per «la chiara lungimirante politica demografica sviluppata dal Fascismo», e il suo omologo Guglielmo Tagliacarne dichiarò: «La forza del numero, nelle mani del Capo, si trasformerà in strumento di potenza».

La politica demografica portò inevitabilmente alla condanna delle teorie malthusiane sul controllo delle nascite, in perfetta armonia, peraltro, con le idee di Lenin che nel 1913 in un intervento sulla «Pravda», contro la pratica degli aborti procurati «negli Stati che si dicono "civili"», aveva bollato come «reazionario il neomalthusianesimo sociale».

«Il Popolo d'Italia», nel gennaio 1938, pubblicava dati che confermavano «la tragica decadenza della razza». Secondo l'Istituto centrale di statistica i nati furono 1.175.467 nel 1922; ed erano scesi a 1.071.061 nel 1928. Le nascite, nonostante la propaganda, erano diminuite in sei anni di ben 104.406 unità, con una natalità del 30,2‰ nel 1922 e del 26,1‰ nel 1928.

Il declino aveva una rapidità e una regolarità impressionanti. Ma queste cifre esigevano un'ulteriore interpretazione e cioè: che il 26,1 per mille era il risultato della fecondità di una parte sola dell'Italia settentrionale: quella rurale. Era ancora il risultato della fecondità di una parte sola d'Italia: quella meridionale. A trarre le allarmanti e fosche conclusioni era lo stesso direttore del «Corriere», Aldo Borelli, con tono più adatto all'incremento dei manzi di macelleria: «Da Roma in su la razza italiana è gravemente, forse irreparabilmente colpita; in maniera paurosa nei centri urbani, in forma più attenuata nei centri rurali; da Roma in giù la razza vive ancora e la sua fecondità serve, sempre più faticosamente tuttavia, a riparare l'enorme squilibrio prodottosi al Nord».[5]

Ogni argomento era buono per far ricredere i renitenti all'alcova. I giornali citarono l'esempio del facchino parmense, Giuseppe Varesi, di 55 anni, che deteneva il primato delle trasfusioni di sangue. Il Varesi, che non era più molto giovane, in cinque anni s'era offerto per ben 88 trasfusioni di sangue, donando complessivamente oltre 35 litri di sangue. Particolare non secondario, il Varesi era padre di dieci figli.

Gli incentivi alle famiglie numerose implicavano necessariamente che la donna stesse a casa e rinunciasse al lavoro. A questo scopo un provvedimento governativo limitò il numero delle donne nell'impiego pubblico e privato. L'angelo del focolare doveva stare in famiglia a fare i figli da offrire al Duce e alla Patria. Erano da additare come modello le famiglie con 15-18 figli. La fecondità della donna italiana era testimoniata dalle statistiche del 1931, che davano 630.000 madri con almeno 7 figli ciascuna, per complessivi 6 milioni di figli. Ma appena sette anni dopo questo traguardo sembrava irraggiungibile.

Si giunse a minacciare la soppressione dei comuni e delle province che avessero manifestato una seria decadenza demografica. Un decreto del 30 aprile 1930 aveva ristretto l'esenzione dall'imposta di successione all'ambito della linea diretta e dei coniugi; e l'esenzione era tesa a favorire l'incremento demografico. L'esenzione completa sulla successione fra genitori e figli venne concessa solo nel caso in cui i genitori avessero procreato più di un figlio. Con la legge n. 877 del 29 giugno 1940, contenente provvedimenti a favore delle famiglie numerose, l'aliquota dell'imposta venne ridotta per gli eredi che avessero più di quattro figli viventi.[6]

Nel mese di marzo 1936 c'era stato a Milano un boom di nascite, come non si era mai registrato: 1306 nati vivi; ma anche un numero enorme di morti: 1216, con una eccedenza dei nati sui morti di 90 unità, che non era poi molto, e 439 matrimoni celebrati.

In cinque anni, dall'ultimo censimento del 1931, la popolazione italiana era aumentata di soli due milioni. Il censimento del 1936 aveva confermato lo scarso incremento della popolazione e la «giovinezza del popolo italiano». Per ogni 1000 maschi, quelli di età inferiore a 15 anni erano in Italia 310, in Germania 270, in Inghilterra 260, in Francia 240.

Dal 1938 la tendenza si invertì a favore dei morti che erano mediamente il doppio dei nati. Ci fu quindi un'altra campagna di stampa per scongiurare il pericolo. Come esempio di sterilità, da non imitare, la stampa di regime citava volentieri l'Inghilterra, modello d'ogni nequizia, il vituperato «popolo dei cinque pasti», con più appetito a tavola che nell'alcova, benché nemmeno la tavola inglese fosse granché appetibile, viste le previsioni per il futuro tutt'altro che rosee. «L'allarme» riferiva con qualche soddisfazione il «Corriere» «è stato dato dalle statistiche. Un bel giorno l'Inghilterra, i cui domini terracquei sono quelli che tutti sanno, si è svegliata all'improvviso per sentirsi dire da sir Francis Joseph che, se l'attuale coefficiente di natalità non sarà migliorato, entro il 1965 la popolazione del Paese si troverà ridotta a poco più di 30 milioni, con la prospettiva di un ulteriore regresso di due milioni di unità per ogni quindicennio successivo. Punto finale della parabola: l'estinzione completa del popolo inglese per l'anno di grazia 2046, o giù di lì.»[7]

La profezia faceva il paio con quella espressa dal Duce in un discorso del 27 ottobre 1930: «Nel 1950 l'Europa avrà le rughe, sarà decrepita. L'unico Paese di giovani sarà l'Italia».[8]

Mai più scapoli impenitenti

Nei celibi incalliti il regime medievale vide i peggiori rinunciatari e i campioni dell'egoismo borghese e attuò misure governative per colpirli in modo da scoraggiare qualsiasi tentativo di imitazione, senza perdere la speranza di vederli un giorno accasati. Per mettere la testa a posto non era mai troppo tardi.

La tassa sul celibato venne inasprita a partire dal 1° gennaio 1936 (anche in rapporto al diminuito numero di matrimoni registrati l'anno prima).

Gli uomini erano stati suddivisi in tre scaglioni di età:

1) dai 25 ai 35 anni;
2) dai 35 ai 50 anni;
3) dai 50 ai 65 anni.

Considerato che il periodo più favorevole a contrarre matrimonio era quello che andava dai 30 ai 35 anni, gli scaglioni vennero modificati nel seguente modo:

1) dai 25 ai 30 anni;
2) dai 30 ai 55 anni;
3) dai 55 ai 65 anni.

In rapporto ai nuovi scaglioni venivano aumentate le aliquote della tassa corrispondenti a ciascuno di essi mediante «leggeri inasprimenti di lire 10 per il primo e terzo scaglione; di lire 5 per il secondo scaglione. A partire dal 1° gennaio 1936 la quota fissa dell'imposta personale sui celibi veniva pertanto così applicata: lire 115 per i celibi fra i 25 e i 30 anni; lire 155 per i celibi fra i 30 e i 55 anni; lire 85 per i celibi fra i 55 e i 65 anni.[9]

Come si vede la fascia intermedia era la più colpita perché la si riteneva quella maggiormente favorita a contrarre matrimonio e colpendola si dava l'esempio alle altre due a non adagiarsi troppo sugli allori, anche se la prima aveva tempo e la terza non ne aveva quasi più.

Altri provvedimenti a carico dei celibi vennero presi nel 1938 «a tutela della stirpe». I celibi vennero esclusi dalle cariche pubbliche, e come requisito essenziale per la nomina a podestà, vicepodestà, consultore, preside, vicepreside e rettore era prescritto lo stato di coniugato o di vedovo con prole. Potevano scordarsi di fare carriera nelle amministrazioni degli enti locali o solo di entrarvi coloro che non si erano costituiti una famiglia. In breve non vi fu settore della vita nazionale in cui fossero ammessi i celibi.

VIII
FACCIAMO FINTA DI ESSERE SANI

Italiani, non sputate per terra

In Italia si moriva ancora di malaria. Le cifre attestavano che la malattia era in diminuzione ovunque ma non al punto da non rappresentare più un pericolo mortale. Dai 4085 morti nel 1922 si era passati ai 3588 nel 1925. La Sardegna da sola deteneva il primato con 99 morti ogni 100.000 abitanti. La malaria «regnava sovrana» in oltre la metà dei comuni della Calabria ancora ricoperti di acque stagnanti e di acquitrini dove allignava la zanzara anofele. I ricoverati per malaria negli ospedali romani erano migliaia ogni anno. L'Agro romano prima d'essere risanato era una distesa immota di desolazione abitato da pastori abbrutiti e inselvatichiti che si cibavano di erbe e vivevano nelle grotte come nei secoli passati. Le bonifiche delle paludi pontine e degli acquitrini meridionali avrebbero portato in vent'anni a una drastica riduzione dei focolai, ma non alla completa scomparsa della malaria, ormai debellata in tutta l'Europa civilizzata. Ancora nel 1939, benché il chinino fosse noto da almeno due secoli come specifico per la cura della malaria, si pretendeva di combattere la malattia con la «Smalarina», la terapia senza chinino, secondo un avviso pubblicitario in voga quell'anno.

Era quasi debellata la pellagra, ma non completamente. La regione più colpita era il Veneto, insieme alle valli bergamasche: una malattia derivata da carenze di vitamine che continuava a mietere vittime tra le popolazioni di montagna che si nutrivano prevalentemente di farina di granoturco. Derivava dalla miseria come lo scorbuto e il tracoma. Non erano del tutto scomparsi il vaiolo e la rabbia.

Il vaiolo era sempre stato un flagello. Nell'Ottocento la malattia era così diffusa da aver dato corso al proverbio che tutti gli uomini si ammalavano di due malattie: il vaiolo e l'amore. Negli anni Trenta Milano era all'avanguardia nelle misure profilattiche e nelle vaccinazioni antivaiolose. In pochi anni la mortalità era drasticamente diminuita. Ma il vaiolo continuava a rappresentare un pericolo. A Milano le vaccinazioni e le rivaccinazioni, che nel 1933 toccarono il numero di 48.833, salirono di numero negli anni: nel 1934 si arrivò a 62.233; nel 1935 a 75.133; nel 1936 a 75.643; nel 1937 a 73.789; nel 1938 a 79.511 e nel 1939 addirittura a 235.315. Quest'ultima cifra elevata si doveva al fatto che quell'anno era stato deciso, a scopo prudenziale, la vaccinazione metodica della persone adulte.[1]

La malattia che faceva più paura e di cui non ci si nascondeva la gravità e la recrudescenza era la tubercolosi. Al contrario della malaria, terrore delle campagne in ogni epoca, la tubercolosi era una malattia tipicamente urbana molto diffusa all'inizio del Novecento, sia per carenze alimentari sia per scarsa conoscenza delle norme igieniche. Era anch'essa una malattia della povertà e dell'ignoranza. I dati erano allarmanti: 52.293 morti nel 1922, 59.000 nel 1925. Si dimezzeranno nel 1940. C'era il terrore esasperato del contagio e la convinzione che la malattia si trasmettesse per semplice contatto fisico. Le famiglie raccomandavano ai figli di non baciare nessuno, di non bere o mangiare se non in casa di persone fidate. La regione più colpita era la Venezia Giulia; quella meno colpita la Basilicata.

La farmaceutica Guido Rossi aveva messo in vendita lo sciroppo «Pulmosil» che, secondo una pubblicità degli anni Venti, «vince la tubercolosi». Il pubblico si fidava più dei prodotti «galenici», ossia sciroppi e polverine preparati nel retrobottega dal farmacista di fiducia, che delle «specialità» dell'industria farmaceutica; ma con una malattia contagiosa come la tubercolosi ci voleva ben altro.

Con l'istituzione dei Consorzi provinciali antitubercolari si diede inizio a una campagna di informazione, prevenzione e cura che si estendeva dalle scuole elementari ai luoghi di lavoro. Ci volle un'assidua attività di convincimento e propaganda per sradicare una delle più inveterate e incivili abitudini popolari: quella di sputare per terra. Sui tram e nei bar, in ogni luogo pubblico, i cartelli «È vietato sputare» contribuirono a debellare la tremenda malattia causata dal bacillo di Koch, che poteva essere trasmesso nell'aria dai residui essiccati dello sputo. L'assistenza e la ospedalizzazione dei malati di tubercolosi era gratuita e obbligatoria per gli ospedali e le cliniche attrezzate allo scopo, e doveva essere svolta indipendentemente da ogni competenza territoriale dei singoli istituti. Un compito rilevante veniva riservato alla scuola con la giornata del fiore e della doppia croce, i simboli della lotta alla tubercolosi da cui andava difesa l'infanzia. Le volontarie della Croce Rossa raccoglievano le offerte e rilasciavano un distintivo con la doppia croce da portare sul risvolto della giacca. I manifesti informavano sulle norme di profilassi: «La tubercolosi è molto contagiosa e per i neonati e per i bambini, ma scarsamente contagiosa per adulti, a meno che il contagio non sia grave e continuato»; quanto alla paura degli adulti sani di fronte ai tubercolotici, agli oggetti dei tubercolotici, era «inumana e ridicola». Combattere energicamente gli sputi e la polvere era un mezzo di difesa assai importante. Non si tossisca senza portare il fazzoletto alla bocca e non si sputi mai a terra. Buona norma per il tubercolotico espettorare nelle sputacchiere che il Dispensario antitubercolare forniva anche in forma tascabile.

Nel 1929 venne introdotta l'assicurazione obbligatoria contro la tubercolosi, poi estesa nel 1938 ai maestri elementari e ai direttori didattici.

Non si era estinta la piaga dell'abbandono dell'infanzia. Nel 1923, con uno dei primissimi atti del regime, il sistema della ruota che imperversava da secoli e permetteva alle mamme di sbarazzarsi dei figli affidandoli alla pietà delle chiese, dei conventi e degli ospedali, era stato abolito ed era stato sostituito con quello della consegna diretta dell'infante all'istituto di assistenza o all'ufficio appositamente incaricato. Scriveva il «Corriere della Sera» del 5 giugno 1930: «Ora il nuovo sistema sta facendo ottima prova: esso rende possibile un'opera di persuasione verso la madre per indurla a riconoscere quando lo possa la propria creatura o almeno ad allattarla, anche senza riconoscerla, nell'interno del brefotrofio o a domicilio; consente inoltre di accertare le condizioni sanitarie della madre e quindi anche quelle del bambino, specialmente nei riguardi dell'immunità dall'infezione luetica, vantaggi questi di natura morale e sanitaria veramente incalcolabili».[2]

Erano in aumento i tumori maligni e qui la regione più colpita era la Toscana, quella meno colpita la Sardegna.

L'alcolismo era una piaga sociale e il fenomeno era in aumento. Si andava dai 664 morti nel 1922 ai 1315 nel 1925; i quozienti più alti erano in prevalenza nelle regioni del Centro-Nord: Marche, Liguria, Veneto, Umbria, Piemonte, Abruzzi, Emilia. Le osterie in Italia erano 187.000. Se ne dedusse che erano troppe, così se ne chiusero 25.000 senza concludere granché. La misura, com'era prevedibile, non scoraggiò affatto gli interessati. I beoni ne presero atto e continuarono ad affollare quelle rimaste aperte; e in ogni caso ci si poteva sborniare a casa e il problema restava.[3]

Anche la mortalità legata a disturbi mentali era in aumento, così come il numero dei suicidi, benché dalle cronache dei giornali non risultasse.

Ma si moriva anche per malattie più comuni e frequenti dell'apparato respiratorio: bronchiti e polmoniti. Malattie da raffreddamento e specificamente legate al lavoro faticoso e disagiato dell'operaio e del contadino.

Olio di ricino e salassi

Contro i mali di stagione, raffreddori, influenze, emicranie, nevralgie non c'erano rimedi efficaci, a parte la Rodina consigliata dalla pubblicità. Il raffreddore si curava al modo antico aspirando i fumi di qualche infuso d'erbe. Se trascurato, un semplice raffreddore poteva degenerare in bronchite e in broncopolmonite e, specie nelle campagne, il medico condotto poteva arrivare troppo tardi. Se il paziente non moriva – e molto spesso moriva –, poteva intervenire la pleurite o la tubercolosi, malattia contagiosa, per cui era necessario il ricovero in sanatorio. Da quest'ultimo difficilmente si usciva vivi. Cavare il sangue «cattivo», come si faceva secoli prima con i salassi o le orribili mignatte, era ancora una pratica corrente e consigliata, mentre riduceva il paziente a una larva affrettandone la dipartita. L'appendicite, che non era la semplice operazione d'oggi, degenerava spesso in peritonite e il paziente moriva tra atroci dolori. Per il mal di pancia, mal di testa, inappetenza c'era un unico rimedio: l'olio di ricino. Lo si somministrava anche alle partorienti. Era semplicemente vomitevole, un incubo per intere generazioni di ragazzi. Ma si credeva facesse bene proprio perché era cattivo. Era l'idea della medicina amara dei tempi di Pinocchio. Questa almeno era la convinzione. La pubblicità vantava le doti dell'Euchessina che rispetto all'olio di ricino aveva il vantaggio di essere pratica, economica, perfino gradevole e ben tollerata anche dal più delicato intestino. L'olio di ricino non era tollerato da tutti e proprio per questo lo si somministrava agli oppositori e ai «sovversivi».

Le affezioni bronchiali si curavano con un impasto di farina di lino avvolto nella garza e applicato quasi bollente sul torace. Scioglieva il catarro e guariva i focolai d'infezione. Se sulla palpebra compariva il rossore di un orzaiolo si avvicinava l'occhio al collo di una bottiglia e se ne guardava il fondo: l'orzaiolo scompariva. In un seminario medico in Svizzera avevano sperimentato le prime lenti a contatto; ma il professore Pister, direttore della scuola superiore di ottica di Jena, «non profetizzava all'invenzione un luminoso avvenire...».

Col freddo comparivano i geloni, piaghe dolorosissime che arrossavano le mani e davano un forte prurito; una conseguenza della carenza di vitamine. Non c'erano rimedi. O meglio un rimedio c'era: l'olio di fegato di merluzzo, un altro calvario. Gli inverni erano più rigidi. Sarebbe stata necessaria una dieta più ricca di calorie. L'inizio d'anno 1940 fu tra i più rigidi a memoria d'uomo: -21 gradi nelle zone adriatiche, -14 a Brescia, -11 a Milano, Napoli era sotto la neve.

Una statistica del 1938 sulla mortalità infantile quantificava in 40.000 all'anno il numero dei morti nei primi anni di vita e tra le cause principali c'era l'insufficiente protezione dell'abbigliamento contro il freddo.

I giornali erano pieni di pubblicità di insetticidi e di rimedi contro la cattiva digestione e la stitichezza. A giudicare dalla loro insistenza gli ambienti non dovevano essere troppo salubri, infestati com'erano dalle mosche e dalle zanzare, dai pidocchi e dalle cimici; e gli alimenti parevano di non facile digestione. Si proponevano polveri contro varici, ulcere, acne, eczemi. «Il sangue viziato rode la pelle.» Consigli sull'uso del sapone e del dentifricio. Digerire bene, depurare il sangue, curare la dieta dei bambini.

Sebbene l'obesità non fosse così diffusa, le pillole Galton erano consigliate per dimagrire: «doppio mento, guance grasse, anche, ventre, sono presto ridotti e l'organismo ringiovanito. Scatola £. 20».

La pubblicità dell'Ischirogeno promette all'anziano, al vecchio, sorpreso dai malanni, di combattere gli acciacchi dell'età e di star bene. «L'Ischirogeno è una bevanda a base di fosforo, ferro, calcio, chinino, stricnina [*sic*] che rigenera le forze e l'organismo, debella ogni malanno e prolunga la gioia della vita. Basta ricordare soltanto i nomi di due illustri Medici: Albini e Cardarelli, che sono vissuti oltre i novant'anni usando l'Ischirogeno.»[4]

Concorrente dell'Ischirogeno è il Casali-Alpha in gocce, che assicura risultati rapidi decisivi nella cura dell'arteriosclerosi, esaurimenti, nevrastenie, ridona energia, forza, salute, «vi ridà ciò che il tempo vi toglie» è l'allettante prospettiva. Il medicinale Casali-Alpha in gocce regola le funzioni dell'organismo anche nei climi tropicali. Donde il facile slogan: «Casali-Alpha nell'Africa Orientale ogni goccia vale».

Tac, l'insetticida profumato

Prodotto dal laboratorio Guidotti e C. di Pisa, l'insetticida liquido Attila, profumato, promette di distruggere mosche, zanzare e tutti gli insetti nocivi in quattro minuti. «Il Flit uccide più presto» gli fa eco la Manetti & Roberts produttrice del concorrente insetticida a spruzzo. «Le zanzare rubano il vostro vigore, tormentano i vostri nervi e guastano il vostro lavoro e i vostri divertimenti. Sempre irritanti, spesso pericolose, non si debbono tollerare. Vaporizzate il Flit». «Il Flit è micidiale per mosche, zanzare, pulci, tignole, formiche, cimici e per le loro uova. Innocuo per le persone. Non macchia. Non confondete il Flit con altri insetticidi». Anche il Flit ha un concorrente insidioso: è Tac, l'«insetticida profumato».

La mostruosa prolificità delle mosche viene descritta dai giornali per dare maggiore impulso alla campagna d'igiene pubblica in cui è impegnato il regime nel 1938. «Dalla metà di aprile alla fine di settembre da una sola mosca potrebbero nascere più di 128 milioni di miliardi di altre mosche.» I giornali riferiscono dei buoni risultati raggiunti dalla direzione della Sanità nella lotta alle mosche. Milano si può considerare, in un certo senso, una città «demoschizzata» perché le provvidenze adottate hanno avuto per effetto di abbassare la quantità delle mosche. La lotta va però proseguita, intensificata, perfezionata. Ma l'impressione è che si vada incontro a un altro fallimento. Se ne parla sempre meno. Finché l'argomento scomparirà dai giornali.

La direzione generale della Sanità aveva pubblicato un fascicoletto dal titolo: *Istruzioni per impedire la moltiplicazione e la disseminazione delle mosche e relative disposizioni legislative e regolamentari*. Si raccomandava più igiene in cucina, il frequente smaltimento di rifiuti, e l'uso dei «pigliamosche», ovvero la comune carta moschicida.

Non è vietato fumare

Il fumo non era considerato un rischio per la salute. Anzi dava tono, sicurezza, era parte del fascino maschile. La moda rappresenta l'uomo elegante in doppiopetto e borsalino con la sigaretta, da quando è stata abolita la pipa inglese. La pubblicità si sbizzarrisce in ogni forma. Decanta le sigarette di Zara (manifattura tabacchi orientali - Zara): «Sono migliori di quelle estere, costano meno e sono italiane». Forte, aromatica, gusto americano, dolce, di fine gusto orientale. La pubblicità illustra la storia del tabacco attraverso i secoli. «I tempi moderni segnano il trionfo della sigaretta e del suo speciale fine tipo di tabacco. Ovunque impera il piacere squisito di una classica Macedonia extra. Mutano i tempi, le idee, i costumi. Ma rimane, ed anzi sempre di più si diffonde il piacere del fumo...» Le Popolari erano le sigarette più diffuse con le AOI. C'erano le sigarette Savoia e le OND (Opera nazionale dopolavoro). L'esercito passava le sigarette Milit, che era diventato l'acrostico di «merda italiana lavorata in tubetti».[5]

I più raffinati fumano le Tre Stelle, le Macedonia, le Turmac e le Giuba, dal fiume somalo.

Gli anziani fumavano il toscano che appèsta l'aria. I vecchi contadini continuavano a fumare la pipa di radica o di terracotta usando il trinciato forte.

Generalmente si fuma molto nei paesi più poveri e arretrati. Si fuma tanto nei paesi balcanici, in Russia, in Medio Oriente, in Cina, in Turchia. Infatti si dice: «Fumare come un turco». La Germania nazista invece combatte il fumo con una martellante campagna di dissuasione. Lo slogan più convincente pareva questo: «I soldati li vogliamo sani». Si fuma molto anche in Italia e dappertutto, con poche limitazioni; si fuma in ufficio, sui tram, sui treni, davanti al superiore, nelle case l'ospite non si fa scrupolo di accendersi la sigaretta, talvolta senza nemmeno chiedere il permesso; nei caffè avvolti in una cappa di fumo acre e stagnante si fa fatica a respirare. Il fumo si mescola all'odore del caffè e al vapore acqueo della macchina espresso, enorme, d'acciaio inossidabile e ottone, lucida come una locomotiva. Una sola eccezione. Accanto a Mussolini nessuno doveva essere colto nell'atto di fumare. Il regime, che si vanta di tutelare la salute pubblica, non pare consapevole dei danni provocati dal tabacco. Non c'è alcuna prevenzione o pregiudizio; del tabacco si apprezzano il gusto e le qualità rilassanti; e il numero dei fumatori è in costante aumento, anche a causa di una insinuante pubblicità sui giornali. Dato interessante se si considera che a fumare sono soprattutto gli uomini. «Le donne possono fumare? Una simile domanda fatta quindici o vent'anni or sono» scriveva in una nota di costume sul «Mattino» Matilde Serao «avrebbe scandalizzato le persone di idee più liberali. Oggi pare una domanda un poco oziosa. La verità è che la sigaretta può essere fumata da una signora, ma sempre in via eccezionale. Bisogna accettare una sigaretta, ma non fumarne dieci al giorno. Il fumo, anche della sigaretta, fa male alla bocca, e soprattutto ai denti delle donne, e lo sa Iddio se una donna ha sempre bisogno di una bocca bella e sana, per sorridere, per parlare, per baciare!»[6]

Le donne sanno che non sta bene e non è consentito; chi fuma lo fa di nascosto. Le donne della borghesia e le aristocratiche fumano di preferenza col lungo bocchino, con movenze feline, annoiate e fatali. Fumano le prostitute per ingannare l'attesa. Le mamme raccomandano alle figlie di non farlo perché fumano solo le «donnacce». Fumare, anche se a non tutte può piacere, è un completamento della moda elegante, un modo di atteggiarsi disinvolto, una posa. Ma mai in pubblico. Fumare per la morale corrente è permesso solo alle donne ricche e alle puttane.

Le donne del popolo non fumano; non fumano i preti e i ragazzi sorpresi a farlo ricevono energiche punizioni. Non si fuma nei musei e nei teatri, sarebbe vietato anche al cinema ma fumano tutti e nessuno dice nulla. Nei salotti altoborghesi e nell'ambiente del cinema gira la cocaina e parecchia. Meglio la sigaretta. Qualche limitazione venne introdotta in alcuni uffici milanesi in tempo di guerra. Agli impiegati non andò giù e chiesero a quale scopo veniva loro impedito di fumare durante il lavoro, in uffici dove non si riceveva il pubblico, non esistevano pericoli di incendio, né v'erano difficoltà di aerazione. Il divieto aveva determinato l'umiliante ripiego in uso dovunque: vale a dire, si fumava di sotterfugio.[7]

Dopo lunga e straziante malattia...

Come in tutti i paesi cattolici la morte era un evento da esorcizzare, ma al tempo stesso veniva rappresentata ed esibita con tutti i paramenti del dramma pubblico e del lusso. Il rito religioso la caricava di simboli ammonitori, paurosi, quasi vendicativi. Il dolore privato continuava con l'ostentazione degli omaggi floreali, delle partecipazioni, dei necrologi e delle virtù preclare del defunto. Anche la sepoltura doveva attestare l'importanza dei suoi meriti.

Necrologi lunghi e dettagliati decantavano vite laboriose spezzate da crudele destino: «Dopo lunga e straziante malattia, malgrado le cure prestate con affetto filiale dal dottor Cavezzali, l'anima eletta di Ermelinda Venegoni, nata Fighetti, raggiunse in cielo l'adorato compagno...». Seguiva l'elenco della affranta parentela con l'avvertenza finale: «Non si mandano partecipazioni personali».

Nei costumi tradizionali del popolo, specie al Sud, la morte conservava riti di superstizione pagana.

In Puglia le donne piangono intorno al feretro, in casa dell'estinto, per molte ore, con alte grida, chiamando il morto e declamandone i pregi con ritmo cadenzato. Quando il cadavere è ancora in casa, amici e parenti fanno a gara per mandare alla famiglia dell'estinto caffè e cioccolata con pan di spagna. Appena il morto è portato via dalla casa, gli amici e i parenti offrono il pranzo che molte volte acquista la proporzione e la sontuosità di un vero banchetto. Gli uomini in lutto per qualche mese non si radono la barba; in casa per circa un anno, nei lutti gravi, non si preparano le vivande di maggior lusso, i fritti e i dolci. La famiglia è in gramaglie, e per qualche tempo le finestre sono ermeticamente chiuse. Non si interviene né alle feste né ai ricevimenti.

A Manfredonia se un morente ha bisogno degli ultimi conforti religiosi, i congiunti avvisano il capitolo della cattedrale, il quale designa un prete che, vestito con paramenti sacri, porta la pisside con le ostie consacrate, mentre un chierichetto regge un ombrello di grande dimensione bianco con ricami in oro. Il prete è preceduto da un uomo vestito da un saio bianco che suona una campanella durante il percorso dalla chiesa all'abitazione del morente. Al suono della campanella i passanti si scoprono il capo in atto di devozione e accompagnano il sacerdote fino alla casa del morente. Se al corteo si aggiungono i ragazzi, la credenza popolare vuole che il morente non passerà a miglior vita, se invece il corteo è composto solamente di donne e uomini è segno di morte. Quando qualcuno muore, ne annunzia la dipartita la campana maggiore della cattedrale che suona tre tocchi se è donna, quattro se è uomo e continua poi a suonare a stormo. La morte dei bambini viene annunciata da diverse campane chiamate «gloria» e al loro funerale è usanza lanciare i confetti.[8]

Secondo il costume della terra di Romagna, i coetanei del morto, specie se giovane, usavano adornare la bara con i loro fazzoletti; e le massaie mettevano sul desco un piatto che sarebbe stato offerto, in nome dello scomparso, al primo povero che passava.

In Toscana le donne del popolo e le contadine in vedovanza portavano sul vestito nero a lutto una lunga collana d'oro dalla quale pendeva un medaglione con la foto a smalto del defunto marito.

Più complesso e noioso il cerimoniale dei lutti di corte che si dividevano in lutti da prendersi in occasione di decessi di appartenenti alla real famiglia e lutti per decessi di sovrani e principi non congiunti in parentela con la famiglia reale italiana. Se moriva un componente della famiglia reale, il congiunto più prossimo, moglie o marito, prendeva il lutto di 360 giorni, diviso in due periodi di 180 giorni, l'uno di lutto stretto (col velo nero e guarnizioni di crespo nero per la vedova) e l'altro più blando (senza velo nero e senza crespo nero); per la madre, il padre, il suocero e la suocera il lutto durava 180 giorni, sempre divisi in due periodi, e così per tutti gli altri gradi di parentela; per il fratello, la sorella, i cognati 90 giorni; per gli zii 30 giorni; per i prozii e cugini di primo grado 20 giorni; per gli zii e cugini di altri gradi di parentela 15 giorni. Se moriva una testa coronata straniera non imparentata con la famiglia reale il lutto prescritto era di 15 giorni estinguibile in un unico periodo; per i principi reali 10 giorni; per i principi del sangue, 7 giorni.[9]

E tuttavia, al culto macabro della morte e al senso di paura che nemmeno il conforto della fede riusciva a vincere, si affiancava l'ammirazione per chi riusciva a farsene beffe e godendosela senza pensarci troppo raggiungeva un'età ragguardevole, cosa che non era affatto facile con tutti i pericoli mortali che mettevano a rischio l'esistenza dell'uomo fin dalla nascita. Il fascismo al contrario era vita, slancio giovanile e disprezzava le comodità. I giornali fornivano resoconti di vite leggendarie e avventurose di uomini che, affrontando difficoltà d'ogni genere, avevano raggiunto felicemente i 90 e anche i 100 anni. E non era raro che questi vegliardi venissero descritti come accaniti fumatori, robusti bevitori, sobri mangiatori, amanti del rischio e del moto, in modo che il lettore potesse vedere in essi il perfetto ideale di vita fascista.

Il «Corriere della Sera» del 14 marzo 1930 raccontava la vita del capitano James Smith di Philadelphia morto in quei giorni a 124 anni. Nato in Inghilterra il 14 aprile 1806, era emigrato da giovane negli Stati Uniti. Aveva partecipato a quattro guerre. Fumatore accanito, non si accendeva meno di trenta sigari al giorno. Questo il cronista ci teneva a farlo sapere. Era anche un fortissimo bevitore, ovviamente. «Bevo ogni volta che lo desidero» diceva sorridendo il vecchio capitano. «Bevo vino vecchio e generoso.» Conservava una perfetta lucidità di mente ed era abbastanza agile. La mattina si alzava di buon'ora e faceva lunghe passeggiate tutti i giorni. Mangiava una sola volta nel pomeriggio.

Modelli di vita che solleticavano fatalmente l'istinto di emulazione. Era quanto prescriveva il canone salutista fascista. Molto moto, sveglia all'alba, mensa frugale. La realtà d'ogni giorno era ben diversa. Si mangiava poco non per scelta. Si fumava molto come in tutti i paesi poveri, privi di educazione sanitaria. Si beveva parecchio perché era l'unica soddisfazione. Ma era tutt'altro che una vita allegra e sana. Lo dicevano le statistiche nascoste agli italiani. La vita media in Italia era di appena 55 anni, la più bassa in Europa.[10]

IX

LIETI E OPEROSI

Qui si lavora e basta

Gli operai andavano in fabbrica al suono della sirena; e guai a chi timbrava in ritardo il cartellino. Non c'era la possibilità di recupero e si rischiava la sospensione. Negli stabilimenti a ciclo continuo c'erano tre turni di lavoro di 8 ore ciascuno (contro le 10-12 ore di prima). Vennero abbassati da 65 a 60 anni il limite massimo dell'età pensionabile. Vennero aumentati il sussidio di disoccupazione e di maternità e gli assegni familiari. Impiegati e operai erano assicurati contro le malattie (compresa la tubercolosi) e avevano diritto alle cure ospedaliere e alle medicine necessarie. Il trattamento medico era esteso anche al coniuge, ai figli e ai fratelli dell'assicurato.

Sul lavoro la disciplina era ferrea. Nei reparti passavano le guardie (spesso ex questurini) per controllare l'andamento del lavoro e la perfetta funzionalità degli impianti ma anche per vigilare sui furti e le manomissioni. Gli operai (ma non gli impiegati) venivano ulteriormente controllati a campione (e perquisiti) all'uscita. Dirigenti e impiegati uscivano da un'altra parte.

Dappertutto comparivano scritte ammonitrici: «Qui si lavora e basta»; «Qui non si parla di politica». La bestemmia era un reato. Agli ingressi, accanto al portaombrelli e all'accappatoio, c'era la sputacchiera in maiolica. Mentre non era vietato fumare, salvo nei depositi di materiale infiammabile.

Una volta assunti in fabbrica ci si restava tutta la vita. Generazioni di famiglie lavoravano nella stessa fabbrica e ne diventavano parte. Impensabile cambiare lavoro (anche perché era difficile trovarne un altro). Ci si contentava di quello che si aveva. Nella piccola pubblicità dei giornali c'erano le offerte e le richieste di lavoro e di impiego (cioè di lavoro manuale e di lavoro di concetto). Le domande di lavoro riguardavano gli operai e le persone di servizio. Molti cercavano un'occupazione nelle colonie. Dal «Corriere della Sera» del 1938: «Giovane di 30 anni, pratica di commercio, corrispondenza, lavori ufficio disposto recarsi Asmara»; «Signorina, offresi, presenza, pratica bar, albergo, oppure commessa, munita lasciapassare soltanto in Addis Abeba».

Nel lavoro era abolita ogni forma di confidenza anche tra amici, gli operai davano del voi all'intermedio (una figura professionale che stava tra l'operaio e l'impiegato), al capo operaio o al capo officina e ne erano ovviamente ricambiati perché ciascuno stesse al proprio posto. Ma il direttore e il capo ufficio personale quando convocavano un operaio gli davano del tu. Nelle aziende la sproporzione tra il numero degli operai e degli impiegati era enorme.

Su un migliaio di operai gli impiegati erano una decina; nelle piccole aziende il rapporto operai/impiegati era di cento a due.

Tra gli operai e gli impiegati c'era una distanza gerarchica insormontabile, la divisione sociale tra le due categorie era nettissima e visibile anche nel modo di vestire. Gli impiegati indossavano la camicia bianca e la cravatta per distinguersi dagli operai in tuta. Nei giorni festivi e il sabato fascista mettevano la camicia nera. In una società rigidamente divisa in corporazioni e classi, anche negli strati più modesti, difficilmente un impiegato di qualunque livello era amico di un semplice operaio. Tutto li divideva, anche il vocabolario: l'impiegato percepiva lo stipendio, l'operaio il salario o la quindicina. L'impiegato faceva gli straordinari per arrotondare il magro stipendio; l'operaio lavorava a cottimo, una parola che sapeva di fatica. Diventare impiegato, o anche solo intermedio, era il sogno di ogni operaio giovane, volenteroso e ambizioso.

Il fascismo aveva ristabilito il senso della gerarchia e del comando. La fabbrica doveva funzionare come una caserma. «Il funzionario» dice Leo Longanesi «prova finalmente la vanità di servire con zelo, sente di far parte di una macchina che fa la storia, non è più il burocrate vilipeso; ora è un milite dello Stato.»[1]

Le mezze maniche ottocentesche stavano scomparendo ma le impiegate e le telefoniste portavano ancora il grembiule nero che indicava la loro condizione subalterna. Negli stanzoni con i tavoli allineati uno accanto all'altro non si alzavano gli occhi dalle macchine per scrivere Olivetti.

È il momento della dattilografa, un lavoro che affascina le ragazze del popolo e le emancipa dalla scuola di cucito. Un motivo popolare fa:

Ticchettina dattilografa
Occhi azzurri e chiome bionde
Bene spesso si confonde
Nel guidare il ticchettà.

La fabbrica di Ivrea produceva 37.000 macchine per scrivere in un anno e proponeva già le prime telescriventi. Nella seconda metà degli anni Trenta i vecchi mobili di legno da ufficio cominciarono a essere sostituiti da mobili metallici, cromati, in tubo d'acciaio che a Ugo Ojetti parevano più adatti negli ospedali. Materiali nuovi, materiali autarchici; prodotti di una standardizzazione «povera e timida» imposta dalla necessità.

Negli uffici ministeriali c'erano i cartelli dei precetti fascisti che intimidivano il visitatore: «Visite brevi»; «Il fascista sale a piedi», nel senso che non prendeva l'ascensore; «Il camerata fiduciario riceve tutti», «Non fateci perdere tempo». Porte aperte ma nessuno che dicesse avanti. Quelli in coda si guardavano smarriti l'uno con l'altro. I non iscritti al partito avevano paura di venir scoperti. Era una piccola burocrazia di partito, improvvisata e alla buona. Si sentiva timbrare, scrivere a macchina con due dita come nelle caserme dei carabinieri, urlare quando nessuno accorreva al suono prolungato del campanello. Dappertutto piantoni, uscieri invalidi di guerra col distintivo dei combattenti e reduci e quello del fascio. Erano i miracolati del regime. Vivevano con uno stipendio da fame, ma contavano qualcosa. L'ufficio del fiduciario era tappezzato da gagliardetti di battaglia incorniciati; lo scaffale dei libri e delle scartoffie, alle pareti moschetti, pistole e pugnali con sopra un «Me ne frego» a lettere di scatola. Il fiduciario riceveva il pubblico con brusca efficienza, senza tenere alla forma, in camicia nera, scattante, in piedi, come voleva lo stile fascista, e in bella vista la scritta: «Chi tiene al suo cadreghino non è un fascista».[2]

Nessun progresso visibile invece nelle campagne. I contadini lavoravano con i sistemi dei secoli passati, il lavoro duro, l'aratro e l'erpice tirati dai buoi, dall'alba al tramonto, la paga magra. Per colazione, seduti sotto una pianta, un po' di formaggio con pomodori e cipolla, il pane fatto in casa e un bicchiere di vino rosso. Poi si ricominciava nelle ore più calde. Il mito della ruralità l'aveva inventato il fascismo per dare dignità a un lavoro che pochi, specie i giovani attratti dalla città, ambivano a fare. Ma per chi nasceva in campagna le alternative non erano molte e tutti dovevano dare una mano in casa. Il regime aveva promosso «il ritorno alla terra» e onorava il lavoro dei campi per convincere i contadini a non abbandonare le campagne.

L'Istituto nazionale delle assicurazioni «non estraneo a una delle più gigantesche direttive del regime, quella tendente a valorizzare al massimo grado la terra italiana, potenziando con ogni mezzo il lavoro agricolo, fonte basilare del benessere della Nazione, ha creato la polizza del rurale, che si indirizza specificatamente ai piccoli proprietari agricoli, ai coltivatori diretti, ai mezzadri, ai coloni». Ma i sistemi di lavoro restavano arcaici e faticosissimi. C'era qualche miglioramento dopo una visita di Mussolini alle campagne. In Sicilia aveva detto ai rurali: «Il progresso della vostra agricoltura va aiutato con un maggior impiego di macchine». E avvenne il miracolo. Le trebbiatrici passarono da 80 a 150; le trattrici da 250 a 350; le seminatrici da 100 a 250. Ma il Duce, sebbene avesse il dono dell'ubiquità oltre quello dell'infallibilità, non poteva andare dappertutto.

Il titolo di studio assicurava un impiego adeguato. Gli ingegneri e i tecnici specializzati trovavano facilmente lavoro. Il fascismo aveva istituito il liceo scientifico, le scuole tecniche e d'avviamento professionale per il commercio, l'industria e l'artigianato, e la nuova facoltà di scienze politiche (oggi decaduta), sulla preesistente scuola di scienze politiche d'epoca liberale, per preparare non solo gli alti funzionari dell'amministrazione pubblica, ma anche i dirigenti per le organizzazioni di partito e sindacali e per i mezzi di comunicazione di massa (giornali e radio).

Il direttore tecnico dello stabilimento era un'autorità e godeva di grande considerazione. Ma al di sopra di tutti, della stessa direzione e della dirigenza di fabbrica, c'erano i rappresentanti del partito e fascisti di provata fede. Non sempre la tessera era sufficiente per farsi assumere se non venivano riconosciute doti di sicura capacità (anche perché non esisteva il pericolo che qualcuno si rivolgesse ad altro partito).

In realtà anche parecchi «zucconi» e notori incapaci fecero carriera grazie al partito. Niente di nuovo. Nel 1924 «Il Becco giallo», giornale satirico, finché glielo permisero, fece questo ritratto di Roberto Farinacci, uno dei più tracotanti gerarchi del fascismo: «Nato 31 anni fa a Isernia. Non studiò in nessun posto, ma in sei mesi conseguì la licenza elementare, ginnasiale, liceale e laurea in "utroque" (non è un insulto). Ha ucciso in duello Basilio Puoti. Scrive cocomero con la "q"».[3]

Il fascismo aveva il culto del lavoro «lieto e operoso» e l'architetto Gio Ponti aveva esaltato la qualità del lavoro italiano e «l'Italia che lavora all'italiana».[4]

Nelle industrie siderurgiche e meccaniche il rumore era insopportabile, tra il sibilo dei laminatoi e i colpi dei magli e delle presse. Il fumo denso e giallo che si sprigionava dalle cokerie e dalle ciminiere degli altiforni invadeva e appestava gli squallidi quartieri operai costruiti a ridosso delle fabbriche e gran parte dei quartieri cittadini. Gli stabilimenti erano in città. Non esisteva alcuna prevenzione, nessun accorgimento a tutela della salute dei dipendenti, le garanzie sul lavoro erano scarse o inesistenti; gli incidenti mortali erano all'ordine del giorno e nessun sindacato corporativo protestava. Dopo trenta-quarant'anni e anche più di lavoro – giacché in fabbrica si entrava da bambini – gli operai andavano in pensione con i polmoni distrutti dalla silicosi.

In tempo di guerra le fabbriche vennero militarizzate e la disciplina interna amministrata dal tribunale militare. Un'assenza ingiustificata era punita con sei mesi di galera. In realtà una sorta di gerarchia militare c'era sempre stata: gli operai erano i soldati, gli impiegati gli ufficiali subalterni e il caposervizio (solitamente un ingegnere) era il colonnello.

L'operaio era in soggezione davanti al superiore, come la recluta di fronte all'ufficiale. Alla tutela del lavoratore in materia previdenziale il fascismo aveva provveduto emanando nel 1927 la Carta del lavoro che aveva segnato, secondo Bruno Biagi, sottosegretario alle Corporazioni, la «nuova civiltà fascista del lavoro»: civiltà d'impronta sociale che «è lontana dalle aberrazioni socialistica e comunistica, ma rifiuta anche i vieti principi e le viete formalità del liberalismo politico ed economico». Civiltà d'impronta sociale che «la Carta del lavoro considera come la esposizione dei diritti e i doveri dei cittadini produttori».[5]

Con la Carta del lavoro veniva trasformato il concetto di lavoro: non più oggetto ma soggetto dell'economia dirigista fascista.

Le analogie tra lo Stato marxista-leninista sovietico e lo Stato corporativo fascista erano più di quanto Biagi immaginasse.

Emil Ludwig disse un giorno a Mussolini che tra Italia e URSS, tra i loro due sistemi politici, vedeva molte somiglianze. Mussolini rispose che c'erano molte differenze. «Noi abbiamo la proprietà privata, i Russi no. Noi abbiamo messo il capitalismo sotto controllo, i Russi l'hanno soppresso. Da noi il partito dipende dal governo, là il contrario». «In lei» replicò Ludwig «le due cose (partito e governo) sono legate in una unione personale, e presso Lenin era la stessa cosa». «Io non nego le somiglianze» rispose Mussolini.»[6]

Il comunismo era solo un «fascismo» maturo.

In quegli stessi anni Palmiro Togliatti scrisse a chiare lettere che il nemico di classe non era il fascismo, al quale si riconosceva il carattere «proletario» delle origini, ma la grande borghesia, la grande industria, i «pescicani» (contro i quali si scagliava anche il fascismo), che «avevano incoraggiato la guerra d'Africa, e messo fascisti e antifascisti gli uni contro gli altri, per sfruttarci con maggiore libertà». I comunisti facevano proprio il programma fascista del 1919, considerato «un programma di pace, di libertà, di difesa degli interessi dei lavoratori», e nell'appello del 1936 «ai fratelli in camicia nera», Togliatti esortò fascisti e comunisti «a unirsi nella lotta alla grande borghesia parassitaria».[7]

Scriverà più tardi il professor Francesco Flora, smentito per dovere d'ufficio dai comunisti, che «Mussolini guardava rapito al comunismo russo, rubò al comunismo russo il saluto romano, la funzione del partito nella vita dello stato, le adunate, le parate, l'opera della maternità, il dopolavoro».[8]

Benché le aziende avessero l'obbligo di sottoporre i dipendenti a periodiche visite mediche non si faceva abbastanza per tutelarne la salute, l'integrità fisica e la sicurezza sul posto di lavoro, esattamente come in URSS e nei paesi totalitari poco sviluppati dove vigeva un sistema di lavoro inumano e arcaico. Non si poteva andare troppo spesso al gabinetto senza destare sospetti e passare per scansafatiche. Nelle ritirate c'erano cartelli che dicevano: «Non più di cinque minuti a bisogno». Gli ambienti di lavoro erano pericolosi e malsani. I macchinari vecchi e poco sicuri. L'officina era una selva di pulegge e di cinghie di trasmissione che spesso si spezzavano e colpivano l'operaio. Il concetto fascista di «civiltà» del lavoro restava primordiale. Ma per altri versi la legge era all'avanguardia. Alle madri lavoratrici veniva garantito il diritto alla conservazione del posto di lavoro; ed erano previsti permessi per l'allattamento della prole e l'obbligo per le aziende con più di 500 operaie di adibire un locale a camera per l'allattamento durante il lavoro. Tutte le lavoratrici dipendenti (escluse quelle che percepivano un salario superiore alle 800 lire mensili) erano assicurate per «l'evento maternità» presso l'Istituto nazionale fascista di previdenza sociale (da cui è derivato l'attuale INPS epurato soltanto della parola «fascista»), che versava alla madre un assegno di 300 lire: la metà pagata entro la prima settimana di puerperio e l'altra metà al termine del periodo di riposo. Questa indennità veniva corrisposta per compensare la perdita economica che la lavoratrice subiva, visto che il datore di lavoro era tenuto a pagare l'intero salario per il primo mese di permesso di gravidanza, mentre per i due mesi successivi previsti dalla legge la retribuzione veniva dimezzata.

In caso di aborto naturale (l'aborto procurato era considerato un reato grave) la lavoratrice riceveva dall'INFPS un contributo di 100 lire. Le donne e i fanciulli venivano esonerati da mansioni particolarmente gravose e pericolose, e se i compiti risultavano faticosi e insalubri avevano diritto a una riduzione dell'orario di lavoro rispetto a quello normale e a periodi di riposo intermedio; fermo restando che l'assunzione dei minori era subordinata all'adempimento degli obblighi scolastici. Così fu più difficile assumere «in nero» e impiegare bambini in età scolare. Solo negli opifici del settore tessile laniero e serico nel 1922 lavoravano 95.000 bambini dai 6 agli 11 anni. Nel biellese su 80.000 addetti, 40.000 donne sottopagate e 20.000 bambini, di cui 3000 tra i 6 e 7 anni, lavoravano 12 ore al giorno. Con la nuova legislazione del lavoro, e l'ONMI che vigilava sulla corretta applicazione delle norme, la piaga del lavoro minorile venne in gran parte eliminata e le famiglie costrette a mandare i figli a scuola.

Profitti di regime

L'onestà dei funzionari fascisti era una totale fantasia. Le isole destinate al confino dei condannati rimasero prive d'acqua potabile (e a volte di elettricità) perché il denaro profuso per la costruzione di acquedotti sulla terraferma e nelle isole minori del Sud era finito per la maggior parte nelle tasche degli uomini di partito e dei loro amici. Anche le opere del regime, come le strade, le autostrade, le ferrovie, i mostruosi edifici eretti in Italia e nell'impero, l'ampliamento della Roma imperiale, i villaggi disabitati delle paludi pontine, contrabbandati come modelli di città avveniristiche, e che oggi cadono a pezzi, furono occasione di illeciti arricchimenti per gli speculatori d'ogni specie. Roma, capitale burocratica, riguadagnò il primato perso dopo il 1870 di città più popolosa su Milano capitale dell'economia e della finanza, e il numero degli impiegati e dei burocrati d'origine meridionale occupati nei ministeri aumentò a dismisura. Nel giro di pochi anni ci fu quella che è stata chiamata la «meridionalizzazione della burocrazia».

I dipendenti statali erano una caterva ma al regime sembravano pochi. Al 1° luglio 1930 il personale della magistratura e delle cancellerie si componeva di 8680 funzionari, più 660 avventizi. Gli insegnanti (esclusi i maestri) erano 12.303, più 1670 fuori ruolo; gli impiegati civili 50.000, più 6982 fuori ruolo. Gli ufficiali di tutte le armi erano 23.676, con 3693 richiamati, e 55.141 sottufficiali, i carabinieri e i militi 76.000, gli operai militari 28.830. Nell'amministrazione dei monopoli di Stato gli impiegati erano 2343 e gli operai 25.639. Secondo fonti attendibili non governative, i militi della strada erano 6000 ma il regime ne ammetteva solo 398. È probabile che anche le altre cifre fossero stimate al ribasso. Gli impiegati di ruolo delle poste e telegrafi erano 27.633 e quelli a contratto 1266. I dipendenti delle ferrovie erano 152.907, con 2705 avventizi e 5244 militi. Il quadro non comprendeva le altre categorie dislocate nel resto del paese (amministrazione finanziaria, strade, agricoltura, foreste, pesca) e i dipendenti degli enti locali.[9]

A Benedetto Croce, che faceva l'elogio della onesta burocrazia piemontese e della «dignità morale» del Regno di Sardegna, Giovanni Ansaldo replicò che negli organi statali non ce n'era quasi più traccia spiegando «come fosse andata completamente perduta l'affluenza di aristocratici e di piccoli proprietari del Nord alla carriera amministrativa e giudiziaria, e come l'affluenza di "paglietti" – e fossero "paglietti", il guaio è che spesso sono "scauzoni" – nella stessa carriera sia progredita vertiginosamente, fino al giorno d'oggi, in cui chi percorresse soltanto le prefetture del Regno, crederebbe che l'Italia è governata esclusivamente dai nativi delle regioni dal Tronto in giù».[10]

Nelle periferie delle grandi città furono create «zone industriali» fittizie al solo scopo di far colpo sui visitatori, con fabbriche finte che «non dovevano costruire nulla».

Oltre ai titoli nobiliari dispensati a piene mani dal regime, fu consentito ai gerarchi e ai dignitari di conseguire titoli di studio e lauree senza eccessivo sforzo. Roberto Farinacci, ras di Cremona, di cui la satira dubitava che sapesse scrivere una lettera senza errori di ortografia, ottenne la laurea in giurisprudenza che gli consentì di avviare una lucrosa attività forense.[11]

Nel 1925 vennero aboliti i sindaci elettivi che furono sostituiti dai podestà di nomina governativa. I cittadini non ebbero più voce autonoma né rappresentanza politica; e i podestà non più vincolati al voto popolare coltivavano i loro interessi personali senza dover rendere conto a nessuno. Giustino Fortunato in una lettera a Umberto Zanotti Bianco, antifascista liberale, scriveva: «L'Italia non è compatibile con un governo modernamente democratico e liberale. Il nazionalismo ha vinto il fascismo, improntandolo di tutto se stesso...».[12]

I cattivi esempi delle alte sfere non incoraggiavano certo il paese ad assolvere i propri doveri civici. L'evasione fiscale aveva raggiunto punte altissime ma il governo faceva finta di ignorarlo per non dover ammettere il proprio fallimento e i giornali avevano l'ordine di non parlarne.

Ministri e gerarchi approfittavano della loro posizione per arricchirsi ma la corruzione non veniva denunciata.

Costanzo Ciano era forse l'uomo più ricco d'Italia. Negli anni in cui fu al governo aveva accumulato un patrimonio personale di un miliardo di lire (un miliardo di allora).[13] Nei pressi di Firenze aveva acquistato tre proprietà del valore complessivo di 80 milioni. Le maniglie della villa che stava costruendo in quella proprietà erano di corallo e le incorniciature delle finestre in tartaruga. Solo questi accessori erano costati 800.000 lire.[14] Anche suo figlio Galeazzo, benché non ne avesse bisogno, s'era arrangiato. Un anno dopo la sua morte vennero requisiti agli eredi i 114 appartamenti che possedeva a Roma.[15]

A differenza dei plutocrati americani, che avevano raggiunto il potere attraverso la ricchezza, i gerarchi fascisti avevano seguito il percorso opposto.

Pietro Badoglio non si rivelò avido solo di titoli altisonanti. Entrato in Addis Abeba nel 1936 compì nel Ghebbì dell'imperatore spodestato ruberie varie che culminarono nel furto dei famosi vasi cinesi appartenuti al negus, venduti poi a un marajà indiano per 26 milioni di lire, come scrisse «La Stampa» di Torino. Milioni che andarono a ingrossare il suo cospicuo patrimonio personale comprendente anche la villa principesca fattagli regalare dallo Stato per iniziativa del governatore di Roma, Bottai.

Fuggendo da Roma, insieme alla Corte, all'alba del 9 settembre 1943, aveva con sé una valigia contenente 10 milioni di lire italiane, 800.000 franchi svizzeri, e un vaglia per 200.000 franchi svizzeri prelevati sul fondo della presidenza del Consiglio. Quella valigia, «nella confusione della partenza», andò poi misteriosamente perduta.[16]

Bruno Biagi, che per anni aveva inneggiato alla «moralità» fascista, caduto il regime venne epurato e processato per «profitti di regime».

Era riemersa la secolare consuetudine della prebenda, della sinecura, del ladrocinio come nell'epoca feudale con la quale il fascismo aveva parecchio in comune non solo per la tendenza agli abusi e alle prepotenze di signorotti locali ma anche per la mentalità e i costumi sociali. La ruberia era ammessa e largamente praticata (e questo lo si sapeva) e non c'era pericolo che fosse denunciata dalla stampa asservita; ma per avere la più completa assicurazione di impunità venne introdotta nel nuovo Codice penale del 1930 la norma che sopprimeva la facoltà di prova nei giudizi per diffamazione a mezzo stampa. Nessuno (se mai qualcuno ne avesse avuto il coraggio) si sentì di rischiare una condanna per il reato di calunnia dato che non era ammessa nessuna prova o testimonianza del ladrocinio compiuto.

Lo scandalo per corruzione fu reso impossibile e nessuno avrebbe avuto la libertà, deprecata da Gentile, di accusare ingiustamente un «galantuomo». Mussolini, da buon giornalista, aveva dettato le norme etiche dello Stato e dettato la linea di comportamento per i giornali. «Libertà di critica intelligente e profonda» aveva detto nel 1928 «purché non si tocchi politica e regime. Ma i giudizi devono restare liberi...»[17]

Era come pretendere che il muto parlasse.

X
IL FASCISMO È PICCOLO BORGHESE

Dal salotto alla fabbrica

Arrogante, vanitosa e lustra, con un filo d'inquietudine e un che di provvisorio. Così sarebbe apparsa la borghesia romana a passeggio in un pomeriggio qualsiasi dell'estate 1940: «grand commis» di Stato, trafficoni, cinematografari, ministri, consiglieri che «portavano a spasso in bicicletta le loro candide divise istoriate», tra due ali di sfaccendati seduti a gustare coppe di gelato ai caffè di via Veneto. I capelli neri, appiccicati di brillantina, con la riga in mezzo alla Vittorio De Sica. La gioventù portava scarpe e giacche made in USA, beveva whisky e pronunciava parole americane nell'accento romanesco, che dà a tutto un tocco di sufficienza e di noia. «Se vedemo ar picchinicche.» Ci si salutava così dandosi appuntamento a Capracotta. Le località turistiche erano modeste e caserecce ma ci andavano in pochi. Non si esibiva ancora la fuoriserie. Si andava su e giù in bicicletta. Non era nemmeno borghesia, perché a Roma una vera borghesia non esisteva; ma solo il generone che s'adattava a tutto.

Davanti al Flora, racconta Indro Montanelli, un intellettuale Pasquino faceva la parodia del Duce. Gli «otto milioni di baionette» su cui Mussolini aveva dichiarato di poter contare nella difesa dei confini italiani diventavano più realisticamente «otto milioni di biciclette». I gerarchi seduti ai tavoli ascoltavano e si divertivano. Cominciavano a riderne anche loro.

Di notte la città era deserta. Ma una vita più intima e segreta si svolgeva nelle case di lusso, nei salotti più in vista della capitale, nei palazzi patrizi dove si radunavano gli intellettuali, gente di cinema, ospiti delle grandi famiglie dell'aristocrazia papalina, che cominciava a sentire odore di bruciato, ma più che tramare ci si scambiava i letti.[1] La società era anche questa: pigra, arrogante, opportunista, detestabile, giunta ormai al capolinea, comunque rappresentativa del circo Barnum che andava in scena ogni giorno. Ma ce n'era un'altra più semplice, riposta e rispettabile; ma non meno reale: quella delle campagne con le brume del mattino e le stalle ariose; quella dei contadini pazienti e umili che con qualunque tempo o regime avrebbero portato a vendere i loro prodotti in città.

Il 30 aprile 1940 c'era mercato a Modena. I sensali col feraiolo alla carabiniera andavano al foro boario in calesse, tenendo le redini sotto il mantello e i piedi fra le zampe della vitella, legate a mazzo. «Alle sette i contadini hanno già fatto il governo della stalla, le piccole industrie artigiane riprendono l'opera, folte schiere di giovani inforcano le biciclette per recarsi nelle fabbriche in città. Sulla via Emilia la "grande Proletaria" ricomincia con occhio sveglio la sua giornata agricola e militare. La strada recita il nuovo credo del popolo, echeggia dai muri il verbo mussoliniano; le citazioni riepilogano come in un quadro sinottico il Ventennio rivoluzionario che viviamo, ci ammoniscono che nulla è stato detto invano. Ogni scritta è un martello che ribatte un chiodo».[2]

Tra questi due estremi c'è la massa intermedia delle diverse categorie sociali di un paese in caotica trasformazione con taluni connotati immutabili. Ma l'Italia è anzitutto un paese di contadini.

Nel 1931 su una popolazione di circa 43 milioni di abitanti i coltivatori diretti sono 2.943.000, gli affittuari 858.000; i mezzadri e i coloni 1.631.000, gli altri agricoltori salariati, braccianti, giornalieri di campagna 2.475.000. Il totale della popolazione legata direttamente e immediatamente alla terra è di quasi otto milioni (7.900.000).

Ma in una suddivisione per classi sociali i coltivatori diretti (con terra propria) appartenevano alla piccola borghesia e i contadini dipendenti alla classe operaia insieme ai lavoratori dell'industria.

Gli imprenditori sono 523.000, i commercianti 841.000, gli

artigiani (proprietari e dipendenti) 724.000, gli operai salariati 4.283.000, il personale di servizio e di fatica 849.000, le forze armate dello Stato 541.000 (comprese le forze di polizia), gli appartenenti alle professioni e arti libere 553.000, gli impiegati pubblici e privati 905.000.

Sempre nel 1931 i possidenti e i benestanti che vivono di rendita sono 201.000, gli studenti 1.945.000, le casalinghe 11.244.000. I proprietari di casa sono solo mezzo milione, i commercianti 700.000, ma parecchi avevano dovuto chiudere bottega.

Un'altra distinzione va fatta per l'artigianato, d'importanza primaria per l'economia. Tenendo presente il totale dei censiti e calcolando all'incirca in 250.000 il numero dei dipendenti e dei coadiuvanti degli artigiani, si ha un totale di circa un milione di soggetti che traggono il loro sostentamento e quello delle loro famiglie dall'attività artigiana. Considerando poi che l'artigianato presenta delle caratteristiche familiari che non trovano riscontro in nessun'altra attività e che esso è assai diffuso nei centri rurali, piuttosto che nelle grandi città, è legittimo pensare che dietro a ciascuno di questi soggetti, stesse una famiglia di almeno altre quattro persone in media. Ne deriva che complessivamente il numero delle persone che vivevano in Italia di artigianato fosse di almeno 5 milioni. La Federazione artigiana aveva dovuto costituire un'organizzazione estesissima e capillare. Alla data del 31 maggio 1938 c'erano in Italia 23 sindacati nazionali, 2017 sindacati provinciali (comunità), suddivisi a loro volta in 4057 associazioni di mestiere. Questi organi locali erano diretti da 1736 capi comunità e da 3928 capi mestieri. Per coadiuvare i capi di comunità e mestieri erano stati costituiti 38.657 direttori di comunità e 2161 consulte di mestiere, composte rispettivamente di 1058 membri e di 7181 consultori, mentre per assicurare i servizi della Federazione fin nei più piccoli agglomerati di popolazione ove esistevano artigiani, erano in carica 6854 fiduciari comunali, 1086 fiduciari frazionali e 2943 comitati d'esperti. Quindi, c'erano più presidenti, fiduciari, capi ed esperti sparsi a ragnatela nel paese che artigiani stessi.[3]

Gli industriali che figurano con la cifra imponente di

523.000 sono quasi tutti titolari di piccole e medie aziende. La piccola azienda va da un minimo di 50 a un massimo di 500 operai; la media dai 500 ai 5000-6000; la grande sopra i 6000.

L'Italia è un paese a economia mista, con una forte agricoltura. Lo conferma nel 1936 il censimento sulla composizione delle classi sociali: il 51,8 per cento della popolazione è legato all'agricoltura; il 21 per cento all'industria; il resto è rappresentato dalla piccola e media borghesia delle professioni, degli impieghi, degli artigiani; e l'1,6 per cento dall'alta borghesia imprenditoriale e agraria.[4]

L'agricoltura «è alla base di tutto», dice Mussolini, ma non basta a sfamare tutti. I contadini erano i più poveri in un paese povero. Dal 1929 al 1934, in coincidenza con la grande depressione, l'agricoltura italiana, arretrata e con mezzi moderni scarsi e inadeguati, attraversò uno dei periodi più critici della sua storia, col crollo dei prezzi dei prodotti agricoli, l'aumento della disoccupazione e la fuga in massa dalle campagne. Due milioni di braccianti erano in cerca di lavoro. La popolazione rurale non aveva cibo sufficiente e i primi a soffrirne erano i bambini. Non si sapeva nemmeno come vestirli, le scarpe erano un lusso che nessuno poteva permettersi. Si registrò un certo progresso nella produzione cerealicola quando venne ingaggiata la prima «battaglia del grano», che diverrà una risorsa propagandistica del regime, più che la definitiva soluzione di un grave problema. L'Italia continuava ad aver fame e a produrre meno grano del suo fabbisogno, però la strombazzata «battaglia del grano» del Duce dava l'impressione che alla fine avremmo avuto più pane del necessario. Lo diceva anche in una rivista Wanda Osiris: «E se [Mussolini] ti dice: va', vai tranquillo».

Ma è la piccola borghesia «del tutto ineducata ai costumi delle classi più abbienti, sospettosa di essere tenuta in poco conto ed ansiosa di elevarsi al di sopra dell'ostentazione del lusso tradizionale»[5] a costituire la principale base di consenso per il regime. Erano i piccoli impiegati, i maestri elementari, i professori e gli avvocati di provincia che avevano avuto un ruolo di comando in guerra e ambivano ad averne uno altrettanto autorevole e avventuroso nella società dei primi anni Venti frastornata e in preda alle fazioni del dopoguerra. Avevano scoperto il potere della divisa, e la divisa, o meglio l'uniforme, fu la chiave del successo del fascismo che aveva colto negli italiani una debolezza, o meglio un antico desiderio di decoro e di autorità. Nessuno voleva più tornare ai vecchi impieghi, alla scarsa considerazione, ai miseri stipendi tra «lo sperpero dei nuovi ricchi e i crescenti salari dei lavoratori organizzati». Così gli ex combattenti, gli arditi, gli ufficiali di complemento, i soldati irrisi nella divisa, trovarono di che sfogare il loro risentimento abbracciando il nuovo movimento d'avventura e diventarono squadristi benemeriti, ufficiali della milizia, piccoli funzionari di partito.

«Quando sono in divisa» diceva un gerarca «mi sembra di essere qualche cosa.»[6]

La divisa assicurava l'impiego, un bello stipendio, l'autorità, l'ammirazione delle ragazze, il timore della maggioranza. I più ambiziosi erano gli eterni scontenti, quelli che aspettavano l'occasione giusta e che la guerra aveva addestrato al rischio e all'avventura. Capetti e gregari in divisa si imposero perfino di imitare il Capo: camminare, parlare, dondolarsi sulle gambe come lui, sputar sentenze come lui, «fottere» come lui. «Si era formata una moda, uno stile e perfino il tipo del fascista» diceva Margherita Sarfatti.

Così, in perfetta simbiosi con essa e i suoi gusti corrivi e mediocri, il fascismo promosse la classe media che non aveva mai contato e aveva collezionato solo delusioni e umiliazioni. Legioni di piccolo borghesi spinti dalle loro mogli marciarono alla conquista di un nuovo «status symbol», divennero dirigenti ministeriali, responsabili di partito: frequentavano i salotti importanti e avevano l'automobile. Leo Longanesi, che pure ne condivise i gusti e gli ideali, ne parla con supremo disprezzo: «Ecco la piccola borghesia. Essa è molto ignorante, ma di una ignoranza particolare, è un gradino più su, come si usa dire, di quel famoso gradino che si raggiunge posando un piede nelle scuole governative: legge poco, non sa distinguere un bel quadro da uno brutto, beve lo Strega ed ammira i mobili Ducrot, legge Luciano Zuccoli ed ama gli affreschi di Sartorio, ha molti difetti, ma possiede un istinto infallibile...».[7] Non era la sola.

Luigi Salvatorelli faceva un'ulteriore distinzione. Divideva la classe media in piccola borghesia tecnica: i professionisti tecnici che «fanno parte dei processi produttivi ed aderiscono, quindi, intimamente alla struttura della società capitalistica», e piccola borghesia umanistica: «impiegati dello Stato e degli altri enti pubblici, minori esercenti le cosiddette professioni liberali, ecc.», la cui mentalità «si riassume in una sola parola: retorica».[8]

La classe media, più del proletariato, più ancora dell'alta borghesia che, fatte le debite eccezioni, ostentò sempre un atteggiamento di superiorità e di disprezzo nei confronti del fascismo plebeo, fu fascista per naturale disposizione, mentalità, interesse. Tutto la rendeva uguale e complice del fascismo, poco o nulla l'estraniava dai suoi fasti ridicoli e provinciali. Forse in virtù della sua natura incredula, scettica e cinica, come l'aveva abituata una storia di umiliazioni, non credeva alle smargiassate del regime, all'Italia grande potenza (quando mai s'era vista?) o forse faceva solo finta di crederci, ma essa «amava il fascismo minuto, l'autoritarismo spicciolo, non il fascismo sorto a sfidare il mondo».[9]

Amava le parate perché appagavano la sua vanità di mettersi in mostra, di apparire e di stare in palcoscenico, non più da comprimaria ed eterna seconda; amava la gerarchia che aveva distribuito precisi ruoli di comando e conferito ai gradi di ciascuno un pomposo senso di rispetto e di potere.

Il fascismo, come nessun altro regime, creò un numero imprecisato di fondazioni, istituti, ordini, accademie, associazioni, commissioni, corporazioni, sindacati per venire incontro ai desideri di tutti di diventare presidente, direttore, segretario, commissario, membro di qualcosa. Quella disposizione nazionale alla corporazione, alla conventicola, all'ordine professionale non si è esaurita e molte istituzioni fasciste sopravvivono.

Si ambiva perfino a diventare capocaseggiato togliendo ogni incombenza all'amministratore di condominio. L'uniforme, la feluca, le palme, l'aquila, lo spadino, un buon stipendio, le gratifiche, le sovvenzioni sotto banco ai giornalisti a compenso dei loro bassi servigi, divennero l'aspirazione di tutti, compresi gli antifascisti. Dall'Accademia d'Italia, fondata a imitazione dell'Académie française, rimasero esclusi soltanto Benedetto Croce e pochissimi altri professori di scuola liberale.

Le convinzioni cattoliche della piccola borghesia coincidevano perfettamente con la morale fascista che esaltava la famiglia numerosa con premi alla madre e ai figli; ricompensava la virtù del sacrificio; onorava il lavoro umile dei campi e dell'officina, e il pane massimo «dono di Dio» e gioia della mensa.

La grande borghesia, più sorniona, abile e prudente, aspettava che l'infatuazione passasse e tutta la sua «opposizione» consisteva nel confidare nel re e nella monarchia che non risultava fossero in contrasto col regime. La verità è che i grandi industriali acclamavano pubblicamente il Duce (ma ne ridevano nelle loro belle case riscaldate) e soprattutto lucravano col regime. Insomma facevano i loro interessi come li avrebbero fatti col governo successivo. Le sole irregolarità che si consentivano erano quelle di non dover prendere la tessera di partito, di leggere i libri proibiti in Italia e i giornali stranieri, che permettevano di elevarsi sopra la mediocrità dello stagno italiano, e fare le vacanze all'estero. Era una «dissidenza» costosa che non tutti si potevano permettere. Una dissidenza tutto sommato innocua, di puro obbligo elitario. Nulla di serio. I grandi borghesi, industriali, finanzieri, latifondisti, se mai ce ne fu qualcuno contrario davvero, non costituirono mai una minaccia per il fascismo. Si conoscevano invece i pubblici elogi e le apologie dei rampolli più giovani e meno schizzinosi. Nel 1940 Alberto Pirelli esaltava la guerra. Lo stesso senatore Agnelli aveva dato moltissimo per la propaganda fascista, sovvenzionando i giornali più radicali del regime.[10] Edoardo Agnelli, figlio del fondatore della FIAT, morto tragicamente, assunse la direzione del consiglio provinciale dell'Opera nazionale dopolavoro di Torino, avendo come vice Vittorio Valletta. Tutti indistintamente furono trattati con ogni riguardo e tutti indistintamente, dopo la guerra, salvarono il loro patrimonio. Solo l'aristocrazia d'origine subalpina, borbonica e papalina, sprovveduta e con pochi studi, nel suo inarrestabile declino patrimoniale e sociale, senza grandi poteri effettivi e ruoli di prestigio, che non fossero di pura rappresentanza e di folklore, stava col re e col fascismo come lo sarebbe stata con chiunque avesse garantito la sua precaria e inutile sopravvivenza.

I nobili del littorio

Il fascismo da «socialista» e proletario divenne gerarchico e aristocratico. Non solo distribuì ai suoi seguaci titoli cavallereschi ma anche titoli nobiliari, arrogandosi un compito che era solo del re. Venne svuotato d'ogni prerogativa regia l'articolo 3 dell'Ordinamento dello stato nobiliare italiano che diceva: «Sono concessi dal Sovrano i titoli di Principe, Duca, Marchese, Conte, Visconte, Barone e Nobile».

Non fu la sola invasione di campo. Il fascismo, *motu proprio*, creò baroni, marchesi e perfino duchi e principi col titolo trasmissibile. Mussolini nobilitò tutta la famiglia, tranne se stesso forse perché incerto sulla dignità del titolo più consono da attribuirsi. Quelli di re e di papa erano già occupati. Sua figlia Edda venne fatta contessa, senza predicato; il genero Galeazzo Ciano venne fatto conte di Cortellazzo, col predicato.

Non era ancora finita la campagna d'Africa che Mussolini aveva proclamato re Vittorio Emanuele III «imperatore d'Etiopia». Imperatore lo rimase solo cinque anni, quanto durò l'impero, ma sulle monete, sui francobolli e sulla carta intestata del Quirinale continuava a comparire col titolo decaduto.

Così il fascismo da aristocratico divenne anche feudale. Nei primi tempi s'era addirittura pensato di costituire una nobiltà speciale, un ordine aristocratico del Littorio, come aveva fatto Napoleone in Francia creando una nuova aristocrazia, dopo aver tentato di distruggere l'antica; ma vi si rinunciò per non accentuare i contrasti con la Corona. Il re non l'avrebbe sopportato. E tuttavia non vi fu più limite alla valanga di titoli di nobiltà concessi ai fascisti, agli amici dei fascisti, agli industriali amici dei fascisti, ai militari fascisti e agli arricchiti di guerra.

Aveva cominciato la monarchia cedendo alle ambizioni di generali e ammiragli e anche di semplici arricchiti che uno straccio di titolo erano disposti a comprarlo. Così il generale Armando Diaz, vincitore della guerra, ebbe il sospirato titolo di duca della Vittoria e un congruo vitalizio; l'ammiraglio Thaon di Revel, capo della flotta, ebbe il titolo di duca del Mare; un ricchissimo italiano residente in Brasile, Francesco Matarazzo, di modesti studi, produttore di caffè, venne fatto conte e anche tutti i suoi numerosi figli, secondo una consuetudine frequente nel Mezzogiorno, si facevano chiamare conti.

Giuseppe Volpi, spregiudicato uomo d'affari veneziano, governatore della Libia e senatore del Regno, pretese il titolo di conte di Misurata, cioè di un villaggio libico, poi divenne ministro fascista. Di nobili fasulli ce n'erano già parecchi in giro. Il conte Carlo Sforza si faceva passare per conte ma non lo era. Diceva di discendere dagli Sforza di Milano ma era figlio di un archivista del ministero dell'Interno. La famiglia Sforza, cui apparteneva, non era di Milano, ma di Montignoso in provincia di Massa Carrara. Sforza era repubblicano ma a un congresso antifascista e antimonarchico nel 1944 a Bari alle guardie dell'ingresso che non volevano farlo passare urlò stizzito che era «collare dell'Annunziata», l'onorificenza con la quale era diventato cugino del re.

Guglielmo Marconi era vanitosissimo e gli piaceva fare sfoggio di decorazioni e di uniformi. Brigò per avere il titolo di marchese, per sé e la seconda giovanissima moglie, più giovane di sua figlia, sposata dopo essersi fatto annullare in Vaticano il primo matrimonio. Diventato marchese, amico del fascismo e accademico, si atteggiò anche a fervente cattolico e andò a baciare l'anello di papa Pacelli e a farsi fotografare e filmare in Vaticano.

Dopo la guerra il maresciallo Pietro Badoglio si fece nominare marchese del Sabotino. (Anche suo figlio Mario si firmava «marchese del Sabotino», pur non essendo un titolo trasmissibile.) Fu collare dell'Annunziata e, dopo la conquista abissina, viceré d'Etiopia e duca di Addis Abeba. I fascisti militanti più erano di umili origini e più tenevano al titolo.

Napoleone aveva dato alla sua nobiltà titoli di città straniere conquistate: Massena duca di Rivoli, Lefebvre duca di Danzica, Lannes duca di Montebello ecc. I gerarchi fascisti come

De Vecchi, Grandi, Ciano, Balbo non avendo conquistato nulla ebbero titoli di fiumi, come Giacomo Acerbo barone dell'Aterno, o di valli, come Cesare Maria De Vecchi conte di Val Cismon. De Pinedo aveva fatto il giro del mondo in aeroplano: venne fatto marchese da Mussolini, un titolo attribuito un tempo ai feudatari messi a guardia dei confini. Gabriele d'Annunzio venne nominato principe di Montenevoso, cioè principe di una montagna. In passato nessuno aveva pensato di nobilitare Manzoni, Carducci, Rossini o Verdi e tanto meno col titolo di principe. Cavour era conte dalla nascita e rimase conte. Un qualsiasi titolo nobiliare per Garibaldi sarebbe apparso ridicolo. In Inghilterra, dove pure esistevano tradizioni e titoli feudali, uomini come Wellington, vincitore di Napoleone, diventavano duchi, mai principi. Nella Francia monarchica e imperiale e in Spagna il titolo di principe se non era ereditario veniva riservato ai soli membri della famiglia reale. Era la prima volta, da quando Caligola aveva fatto senatore il suo cavallo, che in Italia, se si esclude l'inflazionata e sbrindellata nobiltà borbonica, diventava principe il discendente dei d'Annunzio e dei Rapagnetta di modesta condizione provinciale. Ma l'Italia assomigliava agli italiani e il fascismo vanaglorioso e imbelle ne era il modello più rappresentativo e calzante.

«Il fascismo» scriveva Giustino Fortunato a Giovanni Ansaldo nel 1930 «è proprio l'Italia, di ieri e dell'altro ieri, così come sarà, indubitatamente, l'Italia di domani e di domani l'altro.»[11]

E tuttavia anche le origini dell'antica aristocrazia europea erano raramente rispettabili. Gli eserciti professionali al servizio di chi pagava meglio erano formati da predoni, briganti, assassini che diventarono nobili. Certo v'erano anche famiglie nobili che avevano avuto tradizioni di onestà e dignità. Ma erano più numerose quelle che avevano usurpato titoli e ricchezze con i più brutali e classici metodi dell'assassinio politico, del tradimento e delle guerre tra famiglie.

Tutte le istituzioni, anche le peggiori, diventano col tempo rispettabili. In passato la feudalità non era un mero titolo ma una specifica funzione, nel senso che il titolo non era tanto un segno di nobiltà quanto un attributo di potenza. I duchi erano comandanti di eserciti, i marchesi avevano il controllo dei posti di confine, i conti e i baroni erano padroni di feudi e avevano giurisdizione.[12]

Mussolini non ebbe bisogno di un titolo altisonante perché ne aveva già uno esclusivo e unico ed era quello di Duce, dal latino *Dux* condottiero romano, da cui era derivata la denominazione di duca.

XI

VITA NELL'IMPERO VERDE CHIARO

Giocare al dominatore

L'Italia fascista, con gli ultimi territori acquisiti, poteva vantare un impero coloniale di 3.484.870 chilometri quadrati con 13.089.880 abitanti, contro i 10.252.093 chilometri quadrati con 36.583.000 di abitanti dei possedimenti francesi in Africa, e i 7.869.599 chilometri quadrati con 51.524.000 di abitanti di quelli africani della Gran Bretagna.[1]

Il mappamondo appariva in gran parte rosa, il colore delle colonie britanniche, i possedimenti francesi d'oltremare erano color lilla; quelli italiani d'Africa di color verde chiaro. I possedimenti coloniali avevano gli stessi colori usati per la madrepatria.

Secondo il sistema romano, l'Italia cominciò con l'affermare il proprio dominio in Etiopia costruendo 2800 chilometri di strade. Per le grandi opere pubbliche in AOI venne varato il piano sessennale per la valorizzazione dell'impero. Ottomila chilometri di strade costruite in Somalia. Una profusione enorme di risorse quando si sarebbe potuto investire più proficuamente nei territori abbandonati d'Italia, specie in quella meridionale. Il ministro degli Scambi e delle valute, Guarnieri, lamentava che «l'Impero stava ingoiando l'Italia». La strada Massaua - Addis Abeba, 1600 chilometri, venne costruita in diciotto mesi. La Kombolcha-Assab, 480 chilometri, in sei. In Eritrea, nostra più antica colonia, furono costruiti 1450 nuovi edifici. Uno sforzo enorme.

Il ministro degli Interni aveva calcolato che all'adunata del 9 maggio 1936, per l'annuncio del Duce della fondazione dell'impero, «i partecipanti siano stati 30 milioni». Centomila donne dell'Urbe avevano gridato: «Duce, i nostri figli ti appartengono». Il nuovo clima imperiale imponeva un radicale cambiamento nel rituale e nel vocabolario. Il sovrano Vittorio Emanuele III assunse per sé e per i suoi successori il titolo di Re Imperatore; il principe ereditario Umberto quello di Sua Altezza Reale e Imperiale, come un tempo i granduchi di Casa d'Austria. L'Associazione turistica italiana pubblicò in mezzo milione di esemplari la prima *Guida dell'Africa Orientale Italiana* e il suo presidente, il senatore Bonardi, ne offrì la prima copia al Duce. Il quotidiano «La nuova Eritrea» dell'Asmara, cambiò testata in «Corriere dell'Impero». In Italia venne fondato il giornale «L'Impero».

La vita di colonia appariva affascinante e desiderabile dall'Italia; dava un'aura di mistero e di potere. Dava modo di atteggiarsi a dominatori, come gli inglesi, ritenuti maestri nel genere. Si immaginavano ricevimenti esotici tra stuoli di servitori che non costavano nulla; le bellezze locali erano facili e disponibili, si contraevano matrimoni a tempo, tanto per salvare le apparenze; e poi grandi battute di caccia avventurosa nel deserto, nella savana, come al cinema. «I residenti e gli ufficiali fanno la bella vita, sempre all'aria aperta, accampati, guerreggiando, cacciando» diceva il re-imperatore al generale Enrico Caviglia. «La vera vita. Qui si soffoca negli uffici.»[2]

In effetti c'erano molti vantaggi e la vita era una continua sorpresa. Ma i disagi e le scomodità non mancavano. E nemmeno il pericolo, specie per gli ufficiali e i soldati. Non tutti si adattavano. Il clima era troppo caldo e malsano. Le malattie frequenti, e quando erano gravi bisognava tornare in Italia per curarsi. Imperversavano la malaria e le altre malattie tropicali; e parecchi ne portavano i segni per tutta la vita. Il «mal d'Africa» non era sempre un'espressione romantica.

A partire dal 1° giugno 1936 era entrata in vigore la legge per l'ordinamento e l'amministrazione dell'Africa orientale (Etiopia, Eritrea, Somalia).

L'AOI veniva divisa in cinque grandi territori omogenei dal punto di vista etnico, geografico e storico. Ciascuna delle grandi stirpi dell'Africa italiana aveva un proprio territorio e un proprio governo retto da un governatore. Gli Amhara, i Galla, i Sidamo, i musulmani di Harar, erano organizzati in singole circoscrizione, mentre i Tigrini e i Dancali del Nord e i Somali del Sud tornavano a far parte rispettivamente dell'Eritrea e della Somalia.

Il negus, oppressore della minoranza musulmana, aveva proibito l'arabo e imposto l'amarico. Il nuovo ordinamento italiano dava alla religione islamica le massime garanzie. In Africa orientale e in Libia il regime lasciava che lo statuto personale, il diritto di famiglia, il diritto successorio e le pratiche religiose dei musulmani venissero regolate dalla Sharia (legge sacra islamica) e attribuiti alla competenza di particolari organi giurisdizionali musulmani (cadì, tribunali sharaitici), i quali però non erano sottratti alla superiore azione di sorveglianza e di controllo dello Stato italiano. La legge italiana sanciva il rispetto delle leggi locali «qualora non fossero in contrasto con la morale, l'ordine pubblico e i principi generali della nostra civiltà». Le moschee vennero riaperte al culto. L'insegnamento della lingua araba venne reso obbligatorio in tutti i territori musulmani dell'impero. Non fu un gesto conciliante fatto a caso. Il fascismo s'era proclamato protettore dell'islam e ambiva a sostituirsi alla Francia e all'Inghilterra nell'Africa mediterranea e in Medio Oriente. L'islam, benché debole e disunito, come tutti i deboli aveva il culto della forza e ora identificava la forza aggressiva nelle potenze fasciste contrarie all'Occidente, e ne condivideva l'odio antiebraico. La coscienza del dominatore, giusto ma inflessibile, esigeva di catalogare l'indigeno nei suoi tratti più irrimediabilmente ingenui e primitivi, semplice come un bambino, a cui si doveva insegnare tutto, e di stabilire le differenze insormontabili. Virgilio Lilli, inviato del «Corriere» in Africa orientale, descriveva gli ascari come «dei signorini neri smilzi, con gracili gambe e teste piccine rasate. Oggi comprano dieci camicie al mercato, domani vanno all'assalto gridando con voci di contralto di ragazze: "Savuia" con la "u"».

Parlavano la lingua italiana coniugando i verbi solo all'infinito «per quel nostro iniziale errore di parlar loro all'infinito, abitudine del popolo italiano quando deve esprimersi con genti straniere, derivata forse dalla dominazione straniera. "Mangeria, mangeria", le p sono b, le t sono d, tutta la fonetica è disossata. "Io stare contento." Stare per essere. Pretendono che l'ufficiale sia eroico, "leone", la dura disciplina è indice di forza. Solo così la rispettano. Un trattamento più morbido sarebbe preso per debolezza; e non stimerebbero più il superiore. I nemici sono da uccidere, anche i prigionieri dopo crudeli sevizie. Fanno ciò che farebbero a loro se si trovassero alla mercé del nemico. Ogni cedimento alla pietà sarebbe un gesto esecrabile e chiunque lo commetta perde la faccia...».[3]

Chiaro messaggio a mantenere un contegno duro e dignitoso, nella diversità di ruoli «tra la razza che domina e quella dominata». Se eri gentile e «democratico» ti avrebbero preso per un coniglio. Gli inglesi sì, che erano rispettati. E benché se ne parlasse male, erano il modello preferito.

Così venne bandita una severa crociata contro il pericolo della mescolanza tra le razze (meticciato). Nelle scuole elementari si insegnava che «i popoli superiori non debbono avere vincoli di sangue con i popoli assoggettati, per non venir meno a un'alta missione di civiltà, per non subire menomazioni di prestigio e per non porre in pericolo la purezza della nostra razza».[4]

Erano perciò indispensabili le leggi razziste e l'assoluta separazione della razza bianca dagli indigeni, spiegava una nota del ministero dell'Africa italiana. «Queste leggi non rappresentano un atteggiamento ostile verso la popolazione indigena ma sono fatte, al contrario, per l'integrità della loro razza. In virtù di cattive esperienze fatte da altri paesi in altre colonie africane, l'Italia ha potuto fin dal principio della fondazione dell'Impero evitare che il suo popolo diventasse un popolo di meticci. ... Il mezzo più efficace sarà quello di lasciar emigrare nell'AOI solamente le famiglie e non i singoli. L'Italia non ripeterà l'errore commesso dall'America coll'istituzione di una Università per negri vicino Washington, allevando così proletariato spirituale negro...»[5]

Nel 1939 la Libia, dichiarata diciannovesima regione italiana, divenne parte integrante del territorio metropolitano col nome di «Quarta Sponda» (le quattro sponde erano: ligure, tirrenica, adriatica e libica), suddivisa in quattro province: Tripoli, Misurata, Bengasi e Derna, governate da prefetti, completamente subordinati all'autorità del governatore generale residente a Tripoli, la capitale, e questi al ministero dell'Africa italiana. Il Fezzan, nel Sud del paese, rimase territorio militare.

Non fraternizzare con gli indigeni

Conquistato l'impero, c'era ora il problema più grosso, osservava Vittorio Gorresio: «Popolare l'Impero di italiani».[6] Popolarlo senza «imbastardirsi». «Umanità sì, promiscuità no» è l'ordine da Roma. «Astenersi da sdolcinature e tenerezze riguardanti gli abissini.» Non doveva trasparire alcun «episodio sentimentale», alcuna «fraternizzazione»; nessuna familiarità. Quindi abitazioni separate, ritrovi separati, scuole separate, postriboli separati, trasporti pubblici separati, separati persino dal barbiere. A Addis Abeba, capitale dell'impero, circolavano 394 auto pubbliche: 329 per i nazionali e 65 per gli indigeni.[7] Venne dichiarata guerra al «madamismo» e allo «sciarmuttismo», da «sciarmutta», ragazze di vita locali, «pena provvedimenti di fortissimo rigore», ma provvedimenti disciplinari ce ne furono pochi e non tali da scoraggiare la balda gioventù littoria. Dopo l'arrivo degli italiani ci fu in Etiopia un incremento della prostituzione indigena che si affiancava a quella proveniente dalla madrepatria. Nonostante gli ammonimenti e i rischi di sanzioni, gli italiani «fraternizzavano». Gli ufficiali avevano tutti la «sciarmutta» quasi sempre minorenne, perché nei paesi caldi la donna sfiorisce presto. Nei manifesti, nelle copertine delle riviste coloniali le negre (non c'era l'accortezza postcoloniale di chiamarle «nere») esibivano i seni nudi e nessuno si scandalizzava. Sarebbe stato inconcepibile per una bianca.

Il 30 dicembre 1937 venne introdotto il delitto di «madamato» a tutela della dignità della razza. La Corte d'appello di Addis Abeba sentenziò che «regali, convivenza, letto, mensa, esclusività e permanenza di relazioni sessuali con un'indigena erano elementi costitutivi del reato di madamato». La definizione della Corte ricordava i versi di Loysel, a proposito del possesso di stato matrimoniale:

Boire, coucher, manger ensemble
C'est mariage, ce me semble.

Un matrimonio di fatto.

La nuova legge italiana costrinse i nativi a cambiare certe vecchie abitudini. L'adultera solitamente veniva condannata a essere colpita da quaranta fino a ottanta nerbate e doveva fare una lunga penitenza prima di contrarre un nuovo matrimonio. I fidanzamenti venivano fatti mediante una caparra che veniva raddoppiata a favore di uno o dell'altro dei contraenti se il matrimonio non avveniva. Era rigorosamente vietato l'onanismo per evitare il concepimento con artifizi. Ma in che modo si intendesse contrastare il fenomeno non era ben chiaro. Nessuna donna durante le mestruazioni poteva entrare in chiesa. All'adultera era interdetto assistere alle cerimonie religiose. La donna commetteva adulterio se, contro la volontà del marito, scherzava con altri, andava a caccia mentre il marito era assente, oppure dormiva in un'altra casa durante la notte. Nei matrimoni incestuosi i due venivano condannati a morte; il matrimonio fra parenti stretti era punito con bastonate e il taglio del naso dei coniugi. Così pure veniva tagliato il naso a chi sposava una minorenne; se uno prendeva la fidanzata di un altro, anche se la donna era consenziente gli si tagliava il naso. Se un uomo rapiva una donna era punito con la morte «se questa è votata a Dio», in altro caso gli venivano tagliati e i capelli e il naso; se il rapitore era uno schiavo veniva bruciato vivo. Se la padrona fornicava con lo schiavo le venivano tagliati i capelli e mozzato il naso e lo schiavo ucciso; ma se era il padrone che fornicava con la schiava, la schiava era venduta dal magistrato. La donna che si procurava l'aborto era percossa ed esiliata. La pederastia era condannata e coloro che la praticavano erano condannati a morte se avevano più di dodici anni d'età.[8]

Con la nuova legislazione furono risparmiati molti supplizi alle donne. Ma le nuove norme imposte non furono considerate favorevolmente dagli etiopi, come la schiavitù abolita per legge e la giustizia sommaria esercitata dal ras locale. I musulmani, in base al programma di amicizia italo-arabo di cui era fautore il fascista cattolico Bernardo Barbiellini Amidei, ras di Piacenza, direttore del quindicinale bilingue «L'Avvenire arabo», avevano invece una specie di autonomia dal governo coloniale riguardo a lingua, fede, giustizia, antiche usanze e tradizioni.

Primi a essere discriminati furono gli ebrei in base alle leggi razziali emanate in Italia. Etiopi, eritrei e somali erano sudditi coloniali. Solo i musulmani libici potevano ottenere lo «status civitatis», ovvero la cittadinanza italiana speciale, una cittadinanza di serie B. C'erano tre ordini di cittadinanza in Libia: i cittadini metropolitani italiani (coloni italiani e funzionari); i cittadini italiani speciali (capi e notabili libici); i cittadini italiani libici (il resto della popolazione indigena). A differenza dei sudditi dell'Africa orientale, senza cittadinanza, i libici potevano alloggiare in ogni tipo di albergo, nessuno escluso, viaggiare in prima classe sui mezzi di trasporto pubblici, frequentare gli stessi postriboli degli italiani, sempre che se lo potessero permettere.

Il regime favoriva l'emigrazione di massa nelle colonie; e fu un evento molto pubblicizzato l'esodo dei «Ventimila» coloni che Balbo fece trasportare in Libia su un unico convoglio nell'ottobre 1938.

I coloni che accettavano di trasferirsi godevano di privilegi speciali. Non pagavano tasse. Ricevevano cure mediche e istruzione gratuita per i loro figli. Nei villaggi rurali erano presenti un medico, un'infermiera e una levatrice. Da sei a otto maestri elementari, a seconda della consistenza numerica della comunità, insegnavano ai figli dei coloni. L'insegnamento scolastico era obbligatorio dai sei ai dodici anni. La vita era modesta nei villaggi. La messa la domenica, il pomeriggio al dopolavoro, la radio, le carte o le bocce, come avrebbero fatto al paese. I giovani e le ragazze andavano a ballare. I libici vivevano per conto loro. Non c'erano rapporti in comune, salvo che sul lavoro quando italiani e indigeni lavoravano nella stessa azienda. La religione imponeva regole e abitudini diverse, e anche leggi non troppo concilianti in materia di promiscuità. Nella primavera 1939 sei nuovi villaggi vennero destinati ai musulmani libici. Avevano nomi ispirati all'enfasi cerimoniosa dell'islam: Mansura (Vittoriosa); Chadra (Verde); Nahiba (Risorta); Gedina (Nuova); Mamhura (Fiorente di coltivazione); Nahima (Deliziosa). Italiani e libici si radunavano insieme, schierati militarmente, in occasione di qualche visita ufficiale.

Il 12 marzo 1937 il Duce arriva a Tobruk in Libia per inaugurare la grandiosa litoranea che va dal confine tunisino a quello egiziano.

L'inviato del «Corriere della Sera» Emilio Cecchi descrive la scena: «Il poeta arabo Abdussalam Mohammed Omar, di Derna, turbante bianco, gonfalone turchino, gravemente, recitò, voltato a Mussolini; e a voce martellatissima: "Quante volte ti abbiamo sentito. / Tu sei ora leone e ora usignolo. / Tu lotti per le nostre aspirazioni; / lotti per la nostra difesa. / Sei il nostro fortilizio che non crolla. / Quando tu lancerai il grido di pace / o di guerra, te lo giuriamo, noi saremo / con te"».

Sei giorni dopo Mussolini è a Tripoli per ricevere la spada dell'islam in oro massiccio intarsiata.[9]

I libici avevano imparato a cantare in arabo *Giovinezza*.

Parte seconda

OBBEDIRE CON IL CORPO E CON LA MENTE

XII
LE DONNE SONO UNA RAZZA DIVERSA

Un fiore attende di essere colto

La donna deve ubbidire, ma nella società fascista non è considerato un disonore. Sebbene non conti nella gerarchia del comando e risenta dei pregiudizi e del conformismo morale di un mondo arretrato, la donna ottiene uno speciale riconoscimento dal fascismo che ne riscopre a fini di consenso e di crescita demografica le virtù tradizionali: la devozione, la fedeltà, lo spirito di sacrificio, «custode della casa e degli affetti, incitatrice alle nobili opere, consolatrice nel dolore, madre dei nostri figli»;[1] e saranno le donne le più appassionate ammiratrici del Duce: il prototipo del «conquistatore», l'eroe da romanzo che incanta ogni cuore femminile.

La storia ne prenderà atto. C'erano solo due donne – le milanesi Regina Teruzzi e Giselda Brebbia – alla fondazione dei Fasci di combattimento il 23 marzo 1919 a Milano; e tuttavia nel 1943 le donne in camicia nera saranno oltre quattro milioni.

Si calcola che Mussolini ricevesse dalle trenta alle quarantamila lettere di donne al mese, milioni di missive inviate tra il 1922 e il 1943. Donne d'ogni condizione e mestiere. Suppliche, richieste di aiuto, dichiarazioni d'amore, inni, poesie. Eccone qualche esempio:

Mussolini di nome Benito
dove sei ito, dove sei ito?
Creatura in movimento
grandi idee in gran fermento:
Nostro prode cavaliere
Tu cavalchi per le ere.
Presto madri si diviene:

Italiane, vi sovviene
dare al Duce nuovi nati
da fascisti battezzati.

L'anonima e volenterosa poetessa affida il proprio entusiasmo alla musa e altro non chiede. Ma Jole da Falconara un desiderio ce l'ha: «Sono sarta ma disgraziate vicissitudini mi hanno privata della macchina da cucire. È grande la richiesta e solo la grande immensa necessità mi dà il coraggio di formularla: fatemi avere un'altra macchina da cucire...».

Scrive una massaia prodiga di figliolanza e di titoli: «Duce maestà, la mia casa con un grande numero di figli della lupa che non sanno cosa mangiare e il padreterno ha voluto farci un altro dei suoi regali mandandoci un altro figlio che così fanno otto di vivi...».

«Fino alla vostra venuta in città» scrive una signora più esplicita «ero la donna più infelice del mondo. Malmaritata con un uomo freddo come un canapo stretto alla gola, e di tanti anni avanti a me, temevo di non conoscere più nella vita, l'amore...»

Si cambia argomento. Una tranviera di Milano lancia un avvertimento: «Essendo stata assunta da alcuni mesi come bigliettaia ho la possibilità di girare per la nostra Milano in lungo e in largo vedendo un mucchio di cose belle e brutte, sentendo i discorsi della gente... Le cose, Duce, non si mettono bene...».

E non è finita; incalza da Pinerolo la nobildonna Sofia B.: «Al galoppatoio di Baudenasca, un tempo fucina di virtù militari, oggi si combinano incontri galanti e si costruiscono tresche sotto gli occhi di tutti».

Ma c'era anche chi svelava retroscena positivi, come Raffaella T. da Udine: «Vi ricordate che nel discorso tenuto a Udine qualche tempo fa un'aquila volò a lungo sulla piazza dove stavate parlando tanto che furono molti a paragonarvi sui giornali a "un'aquila che sovra gli altri vola"? Duce, quell'aquila non veniva affatto dai massicci alpini. Era nella gabbia del dottor F.B. di Palmanova e furono i fascisti a liberarla».

Il 13 dicembre 1925 Mussolini visita Siena. L'indomani Michela C. scrive senza sottinteso alcuno: «Ora qui, in terra di Siena, c'è un fiore che attende di essere colto».

Severina di Venegono manda una bomboniera bianca di confetti: «Ho vent'anni e mi sposo il 3 febbraio corrente. Saluti fascisti».

L'Italietta in orbace scrive e non fa meraviglia. Scrive la grande città e la remota provincia. A margine d'ogni lettera c'è una nota del Duce, che non sottovaluta questo campionario di varia umanità. Le donne sono la sua forza, benché ne faccia moralmente strame: quelle che non lo tradirebbero mai.[2]

La donna è protagonista della scena, ma è solo la finzione di un'accorta regia. Non c'è foto ufficiale o rappresentazione pubblica in cui essa non compaia nella veste più gradita di madre di famiglia, «predisposta all'abnegazione e al sacrificio», di vedova in gramaglie col petto decorato nell'atto di ricevere l'elogio del Duce o di giovane italiana in camicetta nera che sfila nelle parate o volteggia alle parallele negli esercizi ginnici. Il cliché moralistico è perfino scontato: la donna perbene non fuma, non esce da sola, non entra in un bar o in un ristorante se non accompagnata, ha bisogno dell'autorizzazione del marito per andare a scuola di tango, non guida l'auto, perché «son cose da uomini». Le donne automobiliste in Italia alla fine del 1937 sono 13.988, una minoranza trascurabile. Non ci sono vie di mezzo: c'è la donna di casa o la donna di vizio. Ma queste norme non valevano per tutte. Erano forti le differenze di classe e di cultura.

Nei paesi di provincia e nei sobborghi agricoli, il «capoccia», il capofamiglia più anziano, dirigeva le donne nel lavoro dei campi e nelle faccende di casa; ed esse lavoravano duro senza fiatare contro un trattamento che le relegava al gradino più infimo della famiglia. Le signore della borghesia cittadina di Milano, Torino o Roma invece godevano di una libertà che le donne del popolo nemmeno si sognavano. Guidavano l'auto, leggevano le riviste alla moda, fumavano da lunghi bocchini, ed era questa la massima espressione di libertà, che ad altre era proibita. Ma in strada nemmeno le più emancipate avrebbero osato fumare. Sarebbe stato uno spettacolo riprovevole, che avrebbe degradato anzitutto loro. Anche lo smalto alle unghie suscitata commenti critici, giacché si associa questa usanza alle donne di facili costumi.

La mascolinizzazione della donna fascista, criticata dalle riviste e da una vasta opinione, era considerata diretta conseguenza della maggiore disponibilità di tempo libero che aveva indotto diverse rappresentanti del gentil sesso a prendere abitudini fino ad allora rimproverate alle donne straniere, come il fumo, i nuovi balli sfrenati, l'eccessiva attenzione alla moda e l'uso sconsiderato della bicicletta. Veniva ritenuta una vera e propria provocazione tanto l'indossare gonne troppo strette e corte, quanto l'uso dei pantaloni, indumento maschile per eccellenza. In questa campagna in difesa della moralità pubblica si distingueva il cardinale Schuster, arcivescovo di Milano, che indirizzò ai confessori l'ordine di negare l'assoluzione alle ragazze che «vanno in bicicletta con le vesti scomposte, commettendo grave peccato di impurità e di scandalo».[3] La campagna di «purezza», promossa dal Vaticano, nel silenzio-assenso del regime, giunse al punto di sollecitare la delazione e la denuncia anonima delle ragazze che infrangevano la regola della buona creanza. Cominciò a sorgere qualche dubbio sulla bontà delle iniziative moralistiche della Chiesa quando si confrontarono gli anatemi contro i pantaloni lunghi femminili con le raccomandazioni del regime volte a generalizzare l'uso dei calzoni corti per bambini e ragazzi fino al sedicesimo anno d'età, per conseguire i due obiettivi principali: economizzare sui tessili, secondo il programma di autarchia, ed «evitare quegli atteggiamenti da "uomini in erba" che i pantaloni lunghi contribuiscono ad eccitare».[4]

Nel paese bigotto, in cui il moralismo cattolico si associava all'istinto repressivo e sessuofobico del regime, vigeva una netta separazione dei sessi nelle scuole d'ogni ordine e grado, nelle accademie, nei circoli ricreativi, nelle adunate, nelle esercitazioni e nelle gare sportive: persino i littoriali degli universitari fascisti avevano corsi separati maschili e femminili. Col «Foglio di disposizioni» n. 1227 del 29 dicembre 1930-VIII, Starace vietò alle squadre giovanili femminili di eseguire gli esercizi ritmici in teatro «per evitare volgarità o eventuali incidenti». Gli esercizi ritmici dovevano svolgersi soltanto in palestra e negli stadi, perché, spiegava la segreteria del partito, «in teatro stanno bene unicamente le ballerine».

Il solo momento in cui gli uomini e le donne potevano comparire insieme era nelle grandi manifestazioni di partito.

La madre oscura regala soldati

Eppure la donna italiana figura nelle organizzazioni femminili del partito, lavora nelle redazioni dei giornali, va alla scuola professionale, frequenta l'università. Senza promuoverne l'emancipazione, rispetto alle vecchie abitudini che la mortificavano, il fascismo esaltò il ruolo della massaia rurale, costante richiamo della propaganda di regime; anche gli storici marxisti hanno riconosciuto la funzione «modernizzatrice» delle organizzazioni di massa del fascismo che, in virtù della medesima visione collettiva, avevano parecchie somiglianze con analoghe organizzazioni del comunismo sovietico.[5]

E tuttavia l'uomo viene prima, la donna deve accontentarsi di stargli dietro – come secoli addietro quando la donna seguiva il guerriero, lo assisteva, lo confortava – perché il suo compito primario è procreare per l'avvenire della nazione, come spiega Wanda Gorjux, nel suo libro *Augustea* del 1933: «Il fascismo è una nuova civiltà che ha bisogno di soldati: questi soldati non può donarli che lei, la madre oscura». Compresa nel suo ruolo di devozione e di madre esemplare che «diventa espressione di forza della razza e segno di gioia per la Nazione», la donna non si sogna di competere con l'uomo. Il suo destino di brava massaia è nella casa. Mussolini ne ha fatto, forse senza volerlo, un ritratto banale, denigratorio e desolatamente moralistico di cui nessuno s'è risentito: «Essa è analitica, non sintetica. Ha forse mai fatto dell'architettura in tutti questi secoli? Essa è estranea all'architettura, che è la sintesi di tutte le arti, e ciò è un simbolo del suo destino. Naturalmente essa non deve essere una schiava, ma se io le concedessi il diritto elettorale mi si deriderebbe. Nel nostro Stato essa non deve contare». Lo Stato fascista non aveva paura di dichiararsi antifemminista.[6]

«Il femminismo» spiega Giovanni Gentile, ministro della

Pubblica istruzione «è un'illusione egalitaria ... l'ideale falso e ridicolo della donna-uomo, della suffragetta o del terzo sesso.»[7]

Nel 1926 Grazia Deledda vinse il premio Nobel per la letteratura ma con scarsi benefici per la condizione femminile in Italia.

La donna non poteva sperare di fare carriera e di emulare il maschio. La politica non era per lei; le alte cariche le erano precluse. Non diciamo ministro, ma nemmeno sottosegretario di ministero minore, né capo divisione o responsabile di livello analogo, non direttore di banca o di associazione nazionale; la donna è maestra d'asilo, direttrice di scuola elementare, ispettrice dei Fasci femminili, responsabile di giornali femminili e delle Opere maternità e infanzia, dattilografa, telefonista, infermiera.

Quando la principessa Maria José diventa donna tra le donne indossa la divisa di crocerossina. Nelle scuole di avviamento professionale dodici ore settimanali sono dedicate ai «lavori donneschi», contro le sette di italiano, storia e geografia, tre di aritmetica, computisteria, scienze, due di economia domestica, una di canto corale, una di ginnastica, e una di religione (facoltativa). Non v'erano altri orizzonti. Mete più ambiziose lasciavano perplessi. Arturo Lanocita, cronista di punta del «Corriere della Sera», conduce un'inchiesta tra le studentesse dell'università per sapere come vivono, se sono simpatiche, se sono brave. Il giornalista è accompagnato da un fotografo che coglie alcuni aspetti della giornata della studentessa. Scontata la conclusione. «Non è un mistero che i maschi giudichino con sospetto e poca simpatia l'ingresso delle donne all'università, donne che starebbero meglio a casa a occuparsi dei lavori donneschi.» Si fece eccezione in tempo di guerra quando le donne dai quattordici ai sessant'anni vennero mobilitate dal servizio civile per sostituire gli uomini nei posti di lavoro. Le massaie dovettero prepararsi a nuovi compiti: cuciniere, stiratrici, sarte, impiegate; per la prima volta si videro tranviere e bigliettaie in gonnella. Vennero banditi concorsi riservati esclusivamente alle donne per iniziative economiche e autarchiche, per esempio il concorso n. 1 «per l'essiccazione di frutta e verdura e per la conservazione di frutta senza zucchero»;

oppure il concorso n. 4 «per la filatura e la lavorazione della lana di cane», che è risultata di buona resa e soffice come quella di pecora. Il 21 aprile 1941 venne inaugurata a Milano la mostra autarchica dal titolo: «Come noi massaie combattiamo le nostre battaglie».

Eppure fino a poco tempo prima illustri clinici avevano avallato tesi aberranti e offensive. Nel suo libro *Principi di psicologia razziale*, Mario F. Cannella ricordava come «la diversità razziale dell'uomo e della donna non fosse solo un'opinione degli scienziati, ma una credenza e un sentimento diffusi». La donna non si era distinta nell'arte e nella scienza, nella tecnica e nella filosofia, nella politica e nella religione, perché in essa «mancavano quelle doti intellettuali e spirituali che avevano permesso al genio maschile di raggiungere le vette più eccelse».[8] Su «Gerarchia» il professor Nicola Pende, dell'Università di Bari, firmatario del decalogo razzista pubblicato da «La difesa della razza» di Telesio Interlandi, spiegava che non era forse un caso che «la più grande scrittrice italiana dal dodicesimo al quattordicesimo secolo fosse santa Caterina da Siena e la più grande pittrice del '400 santa Caterina da Bologna, perché senza una speciale fortuna ereditaria o una grazia divina non sarebbero mai diventate donne di genio».

Circoscritta nella sua dimensione familiare, la donna godeva di privilegi indiscussi e di illimitati favori. Viaggiava gratis in tram e aveva un premio quando si sposava o metteva al mondo un figlio, godeva di speciali sconti sui treni e di facilitazioni d'acquisto nei grandi magazzini e nei negozi. Non c'era differenza tra «signore» e donne del popolo.

XIII
UN MATRIMONIO INDISSOLUBILE E FECONDO

La «sagra della nuzialità»

Il matrimonio coronava il sogno d'ogni donna. Era contenta lei ed era contento il partito. Ma per sposarsi bisognava essere in due e all'uomo che a volte riluttava, e al quale il regime rendeva la vita impossibile facendolo sentire un reprobo o un disertore, veniva ricordata la massima di Hegel, il filosofo dello Stato: «Non è uomo chi non è padre». Una frase che feriva il suo orgoglio di maschio. E così era sistemato anche lui. Il costume sessuale fascista era troppo preso dall'esaltazione propagandistica della madre per consentire all'uomo – e figuriamoci alla donna – rapporti amorosi fuori del matrimonio. Per gli sfoghi e i bisogni maschili più impellenti c'erano le case di tolleranza. Ma il «frutto dell'amore» non poteva che nascere nella regolarità della famiglia. Il mito della madre prolifica marciava di pari passo con l'immagine dell'uomo virile, ardito, combattente, impavido fecondatore. Dai giornali scomparvero le inserzioni dei medici specializzati nella cura dell'impotenza, quasi a sottolineare che nella nuova Italia fascista c'erano solo uomini validi e virili. Se la donna sterile era un essere inutile, un maschio incapace di avere i figli era un'onta imperdonabile.

Non scomparve la pubblicità dei prodotti per la cura delle malattie veneree e dei profilattici consigliati sia come mezzo per prevenire le malattie più diffuse, sia come anticoncezionali nei rapporti occasionali. Ma la famiglia non doveva fare economie. Era vietata la propaganda delle misure contraccettive: la pratica più diffusa di controllo delle nascite, più in città che nelle campagne, più al Nord che al Sud, era l'aborto procurato con mezzi primitivi e pericolosi, senza l'assistenza dell'ostetrica che non poteva avallare misure illegali.

Dopo il '38, con le leggi razziali, i matrimoni misti, tra cristiani ed ebrei e tra italiani e africani delle colonie, erano vietati e puniti dalla legge. I figli illegittimi, i «bastardi», nati fuori del matrimonio, e i meticci o i mulatti, nati dall'unione tra bianchi e neri, non avevano cittadinanza.

Il decalogo del fascista diceva: «Ogni individuo che procrea un meticcio offende la dignità della razza e condanna il proprio figlio a uno stato di inferiorità fisiologica, morale e sociale».

Da sempre, a chi si sposa si dice: «Auguri e figli maschi». Durante il fascismo tale augurio era particolarmente apprezzato: tutte le società primitive basate sulla conquista e sulla guerra prediligono il maschio.

Il regime militarista aveva bisogno di figli maschi. Ma per farli occorrevano le donne che la società poneva a baluardo della famiglia. Così il fascismo non fece distinzione tra neonati maschi e femmine. Era benvenuto sia il fiocco rosa sia il fiocco azzurro. La coppia veniva premiata per la prole numerosa, non aveva importanza di che sesso fosse.

Tuttavia il maschio restava il preferito in certe regioni del Sud. In Puglia quando nasceva un maschio, la donna più anziana di casa, la suocera o la madre della puerpera, si affacciava alla finestra gridando a squarciagola: «Màscule, màscule, o che pizze di figghie màscule». Se invece nasceva una femmina ogni manifestazione di gioia era abolita.

L'usanza di adornare col «fiocco augurale» la porta della casa allietata da una nuova culla l'aveva lanciata nel 1929 una levatrice bolognese, e il fascismo la fece propria con la distribuzione del fiocco augurale nella campagna demografica del 1933. Il fiocco, già d'uso popolare, divenne un emblema ufficiale del regime diffuso in tutta Italia. Restava qualche vecchia abitudine. A Torino, per esempio, accanto al fiocco offerto dal partito e dalle donne fasciste, capitava di vedere un fiocco particolare, simile all'altro, o foggiato come un mazzetto di fiori, della famiglia. È probabile che il fiocco nascesse, per antitesi, dal crespo nero che in qualche paese si applicava alla porta di casa in segno di lutto; ma l'uso del crespo nero alla porta non era poi così comune in Italia e sembrava piuttosto un'usanza venuta dalla Germania o dal Nord Europa. All'inizio il fiocco augurale era bianco. Bianco come il velo della sposa e il vestitino del battezzando. Divenne in seguito azzurro per i maschietti e rosa per le femminucce.

Al Sud le tradizioni erano più forti e radicate. Il matrimonio impegnava l'onore della famiglia. La madre preparava il corredo della figlia che doveva andare a nozze cominciando a mettere da parte il necessario quando la figliola era in tenera età. Con i risparmi giornalieri e facendo sacrifici la mamma comprava ogni sorta di indumenti, tela, abiti, scarpe, ma anche i mobili e il necessario per la cucina. Alla sposa non doveva mancare nulla; più una famiglia era povera e più voleva fare bella figura e non badava a spese. Una quindicina di giorni prima dello sposalizio, tutto il corredo della sposa veniva esposto su grandi tavoli per mostrarlo agli amici e parenti dello sposo e ai conoscenti.

Nelle campagne di Manfredonia l'esposizione del corredo si chiamava «la cunzegne dell' rròbba dell' zite», la consegna dell'appannaggio della genitrice alla figliola per le prossime nozze. In quell'occasione si distribuivano agli invitati dolci e liquori. La devozione religiosa sconfinava talvolta in pratiche di superstizione pagana. Nel Salernitano le partorienti, nei casi difficili, ricorrevano all'intercessione di san Francesco, cingendosi con la sacra corda. Le fanciulle da marito pensavano portasse fortuna passare tra due frati incontrati per strada.

Con i Patti lateranensi del 1929 lo Stato dovette rinunciare a molte sue prerogative, specie in materia matrimoniale, subordinando le leggi civili agli indirizzi della Chiesa. Fu questa la fase più delicata della trattativa con la Santa Sede. Mussolini, un po' preoccupato, ne aveva informato il re Vittorio Emanuele III: «Non nascondo alla Maestà Vostra che l'ostacolo più grave da superare nel Concordato è la clausola concernente il matrimonio. Qui lo Stato retrocede di molto e quasi vien fatto estraneo alla Costituzione e alle vicende della famiglia». In base all'articolo 34 del Concordato reso esecutivo con la legge del 27 maggio 1929 lo Stato italiano riconosceva effetti civili «al sacramento del matrimonio disciplinato dal diritto canonico». Le pubblicazioni venivano fatte sia in chiesa sia nella casa comunale. La legge del '29 modificava inoltre il Codice civile del 1865 con il riconoscimento degli effetti civili solo al matrimonio cattolico (non così per matrimoni di altre religioni); rispetto poi a quello civile la legge interveniva abbassando l'età matrimoniabile (per l'uomo da 18 a 15 anni, per la donna da 16 a 14); eliminava l'assenso dei genitori per il figlio maschio tra i 21 e i 25 anni. Più tardi venne vietato ai dipendenti pubblici di contrarre matrimonio con persone di nazionalità straniera.

Gli atei e gli anticlericali potevano sposarsi con rito civile davanti al podestà. Il divorzio non c'era. Le coppie sposate solo civilmente potevano sciogliere il loro matrimonio andando a divorziare a San Marino. Ma erano pochi – anche senza essere praticanti – quelli che si sentivano di sfidare le convenzioni.

Dopo la celebrazione del matrimonio il sacerdote consegnava agli sposi una copia dell'enciclica di papa Pio XI *Casti Connubii* che ammoniva i coniugi che i rapporti sessuali erano consentiti all'unico scopo della procreazione, proclamava la sacralità e l'indissolubilità del matrimonio e la superiorità dell'uomo sulla donna sancita anche dal nuovo Codice civile e dal Codice penale del 1930 che nel titolo undici riguardante «i delitti contro la famiglia» puniva più severamente l'adulterio della donna dove per l'uomo, se non aveva dato troppo scandalo, aveva un occhio di riguardo. Del resto era noto il detto: «Peccato di pantalone, pronta assoluzione». Nessuna coppia di fidanzati conviveva senza sposarsi.

I processi per bigamia, concubinato e adulterio, che pure testimoniavano una realtà di fatto, anche se la stampa ne dava raramente notizia, venivano celebrati sempre a porte chiuse nella convinzione che una materia così scabrosa non meritasse la pubblicità di un pubblico dibattimento.

Il fascismo non auspicava un ritorno alla schiavitù femminile, spiegava «Critica Fascista», ma solo un freno a quella che sembrava una «esagerata libertà di cui godono oggidì le donne». Fra i due sessi non poteva esistere parità di diritti perché c'era squilibrio di doveri e la natura stessa aveva dato alla donna compiti e funzioni diversi da quelli che aveva dato all'uomo. Il matrimonio era il momento cruciale in cui la donna proclamava la sua inferiorità e prometteva obbedienza e fedeltà al marito. Non era previsto il contrario.

«La funzione, il nostro sacro compito di moglie e di madre richiede essenzialmente comprensione e sacrificio. Comprensione perché il sacrificio possa essere nascosto e tacito. Il sentimento e la volontà sono le qualità che si richiedono per l'adempimento del nostro compito. Ma perché noi possiamo essere un giorno in grado di educare i nostri figli nel costume fascista è necessario che noi medesime ci educhiamo coll'esperienza. E poiché il Fascismo si rivela nelle piccole come nelle grandi cose, io credo che esso abbia la sua realtà nell'intimità della famiglia come nelle organizzazioni politiche e nelle maggiori realizzazioni del regime». È Tullia Romagnoli Carettoni che parla, futura senatrice comunista.[1]

Della madre, massima sublimazione della femminilità, si fece un vero e proprio culto. Il 14 novembre venne proclamato giornata della madre e ogni sera i figli, dopo averla baciata, dovevano pregare per lei. Pietro Pancrazi scrisse nella terza pagina del «Corriere» un elzeviro sull'amore materno in letteratura. «L'Illustrazione Italiana» dedicò il numero di Natale e Capodanno 1934-35 alla maternità e alle madri di uomini celebri. Il sommario conteneva questi servizi: Alessandro Della Seta: *La madre nella civiltà greca e romana*; Giovanni Papini: *Da Eva a Maria*; Roberto Papini: *Maternità umana*; Sileno Fabbri: *L'Opera Nazionale Maternità e Infanzia*; Lidia Morelli: *Una giornata col tuo piccino*; Lidio Cipriani: *La maternità nei primitivi*; Carlo A. Girardon: *Amor materno degli animali*; Bianca De Maj: *Madre* (novella).

L'Opera nazionale maternità e infanzia, fondata nel 1925, proteggeva le mamme, i bambini, i fanciulli, gli adolescenti allo scopo di prevenire le cause di mortalità, massime nei periodi della gestazione, del parto, del puerperio e della prima età del bambino; proteggeva fisicamente e moralmente il fanciullo fino al diciottesimo anno; assisteva moralmente e materialmente le gestanti e le madri abbandonate «nell'intento umano e civile di sorreggere le vittime dell'errore e anche della colpa...».[2]

Il 30 ottobre 1933 si svolse per la prima volta a Roma la «sagra della nuzialità», con la celebrazione in quella sola giornata di 2620 matrimoni collettivi premiati ciascuno con 500 lire e una polizza assicurativa. Nel 1935 i matrimoni collettivi celebrati a Roma furono 3150 «festeggiati cameratescamente nelle sedi dei gruppi rionali».

Ai matrimoni collettivi non mancava mai la testimonianza di alte personalità del regime. Nel 1937 donna Rachele Mussolini volle assistere a Predappio alla celebrazione di 53 matrimoni nella giornata del Natale di Roma.

La provincia di Littoria, «la provincia vergine e sana, compiutamente fascista», aveva celebrato l'annuale della marcia su Roma con 540 sposalizi, dei quali 70 nel capoluogo. «È il terzo aspetto della vita fascista:» scriveva Roberto Forges Davanzati «la nuzialità indissolubile, forte, feconda».[3] Ma il numero dei matrimoni celebrati nel 1935 (283.603) fu inferiore di 25.549 a quello dei matrimoni contratti nel 1934 (309.152). Un dato che sorprese il governo. Eppure sposarsi conveniva.

Gli sposi in viaggio di nozze usufruivano del 50 per cento di sconto sui biglietti d'ingresso nei musei e nelle gallerie d'arte. Dal luglio 1932 avevano usufruito delle speciali riduzioni ferroviarie 90.151 coppie di sposi in viaggio di nozze da e per Roma, delle quali 2562 provenienti dall'estero e da località di confine.[4]

C'erano agevolazioni anche per l'iscrizione alle organizzazioni di partito: per esempio per far parte dei Fasci femminili occorreva aver compiuto il ventunesimo anno d'età; se la giovane contraeva matrimonio però poteva chiedere di essere iscritta ai Fasci femminili o alle sezioni dipendenti anche prima. Era un'eccezione che il regime faceva volentieri per favorire le giovani coppie.

Nel 1936 l'ISTAT pubblicò un'indagine sulla fecondità della donna in Italia, dalla quale risultava che le donne coniugate più feconde erano quelle della Puglia con una media di 4,99 figli; seguivano le donne della Lucania, del Veneto, della Campania; le meno feconde erano quelle della Liguria con una media di 3,19 figli, del Piemonte con 3,27, della Toscana con 3,50, del Lazio con 3,77. Fra le città con oltre 500.000 abitanti primeggiava Napoli con una media di 4,22. Le donne nel complesso più feconde risultavano quelle dell'Italia meridionale con 4,61 e insulare con 4,52, mentre la media complessiva del Regno era di 4,11.

I dati raccolti per i comuni con più di 100.000 abitanti e per quattro comuni con 500.000 e più abitanti (Roma, Milano, Torino e Genova) erano notevoli per le elevate percentuali di donne con meno di 3 figli e per le basse percentuali di donne con un elevato numero di figli. Secondo l'indagine la prole più numerosa si aveva tra gli addetti all'agricoltura e i giornalieri di campagna; mentre agli impiegati, agli ufficiali e simili corrispondeva il grado minimo di fecondità, tanto nell'Italia meridionale quanto in quella centrale. E infatti il Duce nella sua visita di stato in Lucania aveva espresso la sua viva simpatia al «popolo di Matera, laborioso e prolifico».[5]

Bella presenza sposerebbe

Parecchi matrimoni, anche nelle grandi città, si combinavano con gli annunci pubblicitari. Il costo era di lire 3 a parola, minimo dieci parole, massimo trenta.

La piccola pubblicità dei giornali offre un campionario umano illimitato. Nella ricerca dell'anima gemella sia gli uomini sia le donne, di ogni età e condizione, cercano anche una congrua e reciproca sistemazione. La dote, il reddito e l'eredità sono condizioni importanti. Si tratta di gente non più tanto giovane con le idee ben precise; e sono più gli uomini che ricorrono all'avviso sul giornale. L'uomo cerca generalmente la donna affettuosa, piacente, quando non dichiaratamente bella e illibata, e di adeguati mezzi economici quando non facoltosa proprietaria; la donna, a volte giovane, a volte vedova matura, piacente, il che vuol dire non bella, aspira alla moralità e alla rispettabilità borghese di una posizione sicura. Dal «Corriere della Sera» del 2 maggio 1930: «Distinto 27enne, 90.000 [annue], sposerebbe signorina, vedova con dote, anche provinciale, difetto fisico esteriore. Inanonimi». Dal «Corriere» dell'8 maggio: «Avvenente 30enne distinta, affettuosa, diplomata pianoforte, desiderosa vita familiare, sposerebbe ovunque anche anziano ricco». Dal «Corriere» del 9 maggio: «Milionario giovane, automobile, fine musicista, sposerebbe 18enne-23enne povera, veramente bella, residente Milano».

Per i reduci della guerra d'Africa era un vanto presentarsi come ex combattenti dell'AOI negli annunci matrimoniali. Dopo il 1940, però, gli avvisi matrimoniali quasi scompaiono. C'è la guerra e si ha meno voglia di sposarsi. Il 29 marzo 1941 vennero celebrati a Milano solo 5 matrimoni, il numero più basso degli ultimi anni. I morti erano generalmente in eccedenza sui nati.

Negli annunci compariva spesso la parola massaia, garanzia di virtù domestica. Dal «Corriere della Sera» del 29 settembre 1937: «Illibatissima, massaia, graziosa, 33enne, 50.000 contanti, sposerebbe sanissimo, professionista, statale, ufficiale, massimo 43enne. Inanonimi. Tratta fratello avvocato, residente Roma».

Dal «Corriere» del 27 gennaio 1938: «Professionista 34enne, presenza, milanese, ereditiero, sposerebbe signora o vedova, anche lieve difetto esteriore, dote 150.000». C'era chi puntava a trovare un lavoro migliore: «Ingegnere 40enne, sano, contanti 200.000, immobili 300.000, reddito professionale 50.000 annue, sposerebbe signorina bella, sana, aliena mondanità. Preferiscesi figliola ingegnere o avente impresa». Il titolo nobiliare poteva esercitare un discreto fascino: «Marchese 35enne, alto, sanissimo fisicamente simpatico [*sic*], sposerebbe distintissima, colta, bella, figlia facoltoso industriale»; oppure: «Dottore 30enne, aristocratico, sposerebbe signorina alta, molto bella, buona, ricca». Dal «Corriere» del 25 gennaio 1942: «Avvenente, buona, sposerebbe facoltoso, preferibilmente nobile milanese, disinteressato».

C'era chi si mostrava più romantico e meno venale: «Laureato 31enne distintissimo, posizione sicura Milano, 30.000 annue aumentabili [in effetti non sono molte], sposerebbe 18-23enne affettuosa, amante casa, diplomata pianoforte, anche nullatenente purché veramente bella. Gradirebbesi fotografia». E il 30 novembre 1940: «30enne industriale, studi superiori, vegetariano, ottima posizione, sposerebbe signorina qualunque condizione purché vegetariana». Con i grassi animali e la carne che scarseggiavano la pretesa non era priva di senso.

Un avviso del 2 marzo 1941 dice: «32enne, moralissima, agiata, indipendente, sposerebbe mutilato, massimo 40enne, sano, ricco, religioso». C'era chi non transigeva sulla questione della razza. Dal «Corriere della Sera» del 20 settembre 1941: «Rimpatriato 41enne, mastro albergo, emiliano, celibe, piacente, sposerebbe piacente indipendente, anche straniera, ariana».

Negli annunci matrimoniali gli equivoci erano frequenti. Il 17 luglio 1936 a Milano scoppiò un caso di cui si occuparono le cronache.

«Vedova ancora piacente, 80.000 contanti, appartamento proprio, sposerebbe maturo sano, senza difetti fisici, buone condizioni finanziarie, purché alto e robusto».

L'annuncio era troppo seducente perché gli aspiranti sani, senza difetti fisici, alti, non si offrissero numerosi, dichiarandosi pronti a sposare la vedovella. La quale, fatta una prima cernita delle proposte, fermò la sua attenzione su un gruppo di aspiranti ai quali rispose con una lettera circolare. Ci pensassero bene, considerassero che si trattava di una cosa seria e tenessero presente che condizione assoluta era la prestanza della persona e l'alta statura: chi, dopo la matura riflessione, non si sentisse di impegnarsi a quel modo o avesse millantato proporzioni fisiche non corrispondenti alle esigenze poteva ancora ritirarsi; chi, invece, giudicava di poter coscienziosamente entrare in trattativa, si trovasse alle 16 al parco, in viale Francia, dinanzi all'ingresso della Triennale, tenendo nella destra il giornale sul quale era apparsa l'inserzione, nella sinistra un fazzoletto. Si recarono all'appuntamento otto pezzi d'uomini, maturi ma grandi e grossi come corazzieri, che si tenevano impettiti per non perdere nemmeno un centimetro di statura. La vedovella, che non si aspettava tanto, tenendosi in disparte con un'amica, non ha il coraggio di avvicinarsi e gettare il fazzoletto della sua scelta. Così il gruppo si assottiglia perché più d'uno, stanco di attendere e credendo a uno scherzo, si allontana. Restano in tre, e fra questi c'è un uomo alla cui solenne figura aggiunge autorità un grosso paio di baffi che lo renderebbero preferito dalla vedova. L'amica della vedova, più audace, si fa avanti e si dirige verso di lui. È una bellissima giovane donna e il terzetto dei rimasti, i quali la credono la candidata, si precipitano verso di lei. La malcapitata tenta di spiegarsi, ma non può, data l'accanita gara a cui si abbandonano gli altri. L'accorrere della vedova, i suoi tentativi di chiarimento non fanno che ingarbugliare le cose e le grida sono così alte da richiamare i vigili. Al commissariato Castello i tre uomini e le due donne mettono in chiaro le rispettive posizioni. Viene anche chiarito che quello dei baffoni sarebbe il prescelto, mentre l'omone cerca di non mostrarsi troppo deluso quando vede che ad aspirare alla sua mano non è la giovanissima e bella figliola, ma la vedova piacente, il che vuol dire piuttosto matura. Gli altri due sconfitti si ritirano; la giovane amica si ricorda di un improvviso impegno. Il grosso uomo, un bravo pensionato delle ferrovie, si allontana con la vedova discorrendo animatamente e arricciandosi i baffi. Non si sa come sia finita. Però, vedendoli per strada, facevano proprio una bella coppia.

Camerati, in camera!

La casa di tolleranza, luogo di sfogo virile, traguardo sospirato e temuto, s'addice allo stile fascista. Come il ballo delle debuttanti, era la grande prova del giovane fascista gettato nel vortice della vita. Prima doveva passare di lì. E ciò non avveniva senza la solennità del caso. Le donne e la guerra erano le due prove fondamentali, non poteva esserci l'una senza l'altra, perché si equiparavano nel medesimo significato di conquista. Senza entrambe non s'era uomini, ma statali, mezzecalzette, segaioli, imboscati. Il linguaggio di caserma prediletto dal fascismo era il solo adatto per chi disertava il casino. Non dar libero e compiaciuto sfogo all'esuberanza giovanile non era da fascisti: era un residuo ipocrita di perbenismo borghese.

Bordelli, postriboli, lupanari (da lupa romana, prostituta), ma la voce popolare li chiama casini. Ce n'erano per tutte le tasche e le esigenze; gli orari ampi e generosi tenevano conto delle disponibilità delle diverse categorie di clienti. Al mattino gli studenti che marinavano la scuola; al pomeriggio i borghesi; più tardi, dopo il lavoro, gli operai, i contadini che venivano apposta in città con una scusa qualsiasi, infine i militari che usufruivano di sconti particolari. Per i gerarchi e i ministeriali c'era una saletta riservata.

Il regime fascista aveva ereditato i casini dallo Stato liberale e non aveva ritenuto di doverne modificare il sistema, né che esso fosse in contrasto con la sua politica della famiglia.

Le relazioni extraconiugali, l'adulterio, il tradimento mettevano in pericolo l'unità e la serenità della famiglia, i casini al contrario ne erano un presidio di salvaguardia e di solidità. Il regime ne aveva solo perfezionato l'organizzazione e il controllo sanitario con centri medici specializzati. Attraverso gli uffici d'igiene le prostitute dovevano sottoporsi ogni due mesi al test di Wassermann per la sifilide, e alla visita medica completa; mentre non c'era alcuna garanzia che il cliente non fosse affetto da qualche malattia venerea; e qui rimediava solo l'esperienza della prostituta, col suo colpo d'occhio infallibile.

Nel 1930 c'erano a Roma diciannove case di tolleranza, quasi tutte nel centro storico, tra il Corso e Campo de' Fiori. A Milano ce n'era una miriade, dai casini del malfamatissimo Bottonuto, già attivo nell'Ottocento scapigliato, a quelli più pretenziosi, con la carte da parati, i divani di velluto, di Brera e del Carrobbio: il San Pietro all'Orto, il Filelfo, il Disciplini, il Cilinder, (il Cilindro) al Verziere, lo Scudino di via San Cristoforo ecc.

A Firenze tra le case più note il Paradisino e Villa Rina in via Piagentina; tre in via dell'Amorino, due in via dei Federighi. Le tariffe su scala nazionale andavano dalle 5, alle 10, alle 20 lire, ma nei casini di lusso di Roma o Milano si arrivava anche a 1000 lire.

L'ingresso era controllato da una donna anziana che stava alla cassa, la maîtresse, solitamente un'ex prostituta, autorevole, spiritosa, sboccata ma mai eccessivamente volgare, sollecita con i giovani, sarcastica con chi veniva a perdere tempo. Controllava che il cliente avesse l'età minima prescritta di diciotto anni, tre mesi e un giorno. Gli stabili dei bordelli erano proprietà di privati, i cosiddetti «tenutari», che non comparivano di persona, ma controllavano l'attività attraverso segretari e amministratori.

A loro andava il 60 per cento della «marchetta», ossia della tariffa stabilita per ogni città dalla questura, il cui importo doveva comparire bene in vista sul banco della maîtresse. Quest'ultima e il personale di servizio arrotondavano il misero salario con le mance delle ragazze alle quali andava il 40 per cento della «marchetta». Ma dalla loro spettanza dovevano detrarre la pensione e altre spese di casa. Il rinnovo della quindicina era un evento che richiamava la folla degli habitué.

I casini aprivano alle 10, con brevi pause per il pranzo e la cena, e restavano aperti fino a mezzanotte al Nord e fino all'una da Roma in giù. Di norma era proibito ai clienti trascorrervi la notte, ma pagando una forte somma si poteva aggirare l'ostacolo.

Il casino era anche un passatempo, l'atmosfera ovattata conciliava la riflessione. Un luogo di terapia e di strategie studiate sul divano tra effluvi di profumo forte e veli fruscianti di odalische. Fu nei casini che si misero in mostra le migliori qualità regionali. Erano rinomate le bolognesi, e persino il cinema ne farà uno stereotipo abusato.

I fascisti ci andavano per organizzare le spedizioni punitive. Nessuno ti disturbava, nessuno ti chiamava al telefono. La maîtresse, digiuna di alta politica, a un certo punto si spazientiva: «Camerati, in camera!». Le spie, i delatori, i poliziotti in borghese, che si sarebbero riconosciuti lontano un miglio, dovevano orecchiare e riferire. Il capo della polizia Arturo Bocchini non ignorava che al casino tra le altre cose si «mugugnava» e fiorivano le barzellette antifasciste. Se Dio vuole il casino consentiva anche questo. Era il luogo più trasgressivo che si conoscesse: si tradiva la moglie con il consenso dello Stato, ci si sfogava contro la stupidità dei gerarchi. Al capo del governo giungevano ogni mattina i rapporti dei questori sull'ordine pubblico e fu lo stesso Mussolini a mandare una velina «gialla» (di speciale importanza) sui casini con questa nota a margine a Bocchini: «Occhi aperti sui casotti. Possono darci delle noie. Puntare specialmente sulle fallofore straniere. Francesi in prima linea. Torchiate i loro sfruttatori. Mettere in guardia le padrone senza spaventarle. Esigo vigilanza e frequenti ragguagli in merito». «Casotto» era sottolineato due volte. «Fallofore», tre. «Esigo» una volta.[6]

Si perse una certa atmosfera internazionale, quando giunse la proibizione littoria di adoperare mano d'opera straniera, come ritorsione alle sanzioni. In compenso ai nomi d'arte di Sonia, Wanda, Regina, Fedora si aggiunsero in epoca imperiale Tripolina, Adua, Addis Abeba, Massaua, Asmara. Da 10 lire la marchetta schizzò a 160. E meno male che questo tipo di carne non era razionata! Parecchie scelsero di andare in Africa. A Addis Abeba nelle migliori case la marchetta era di 10 lire. Case italiane per italiani, mica per negri. Il turno in Africa era di sei mesi. Villa Impero all'Asmara era frequentata da soldati italiani, ufficiali in divisa o in borghese, ma sempre in giacca e cravatta. Si guadagnava bene. Le ragazze si permettevano quattro camerieri negri, «ma per l'amor di Dio non s'azzardassero a toccarci nemmeno con un dito, a noi».[7]

XIV

PICCOLI BALILLA CRESCONO

«Voi siete l'aurora della vita»

«L'Italia è chiamata la culla del genio, ed ha sparso in ogni tempo una grande luce sul mondo. Anche voi, fanciulli, vedete ora questa luce: si accese per la prima volta in un villaggio di Romagna e continua a risplendere dalla Città Eterna.» Così recitava il libro di lettura della quinta classe elementare, anno 1940, nel racconto conclusivo intitolato *Dio*. Dal genio di Dante, Leonardo e Volta a Guglielmo Marconi, «mago degli spazi, dominatore dell'etere»; da Goffredo Mameli, difensore della Repubblica romana, ai giovani eroi fascisti Ottolini, Locatelli e Minniti; da Marco Polo alle conquiste dell'Impero e alla marcia di Gondar; dallo squadrismo eroico di Giovanni Berta alla bontà di Rosa Maltoni, madre di Mussolini. Condottieri, scienziati, splendidi eroi, umili gregari, ma tutti fascisti. Dante era «il profeta della Patria, l'anticipatore del Fascismo». Dunque «squisitamente fascista». In questa storia d'Italia fatta per brevi racconti e con le epigrafi più riuscite del Duce, c'era solo una meravigliosa e fatale continuità d'intenti e il popolo italiano, descritto come buono e meritevole, esempio di virtù artistiche e di valore militare, depositario di questo straordinario passato storico, era chiamato a più arditi e gloriosi cimenti. Difficile pensare che il Dio evocato nel titolo non fosse lo stesso Duce trasfigurato nella divinità. Dal *Libro fascista del Balilla*, di Vincenzo Meletti, adottato nel 1934 in tutte le scuole elementari del Regno, gli allievi apprendevano che «Mussolini, figlio del popolo, venuto dalla miseria, l'uomo più grande e più buono del mondo, in un decennio aveva fatto diventare l'Italia la prima nazione del mondo».

Quanto allo Stato democratico che «governava l'Italia era, caro Balilla, lo Stato del disordine e dell'anarchia, in cui ogni cittadino, dimenticando i doveri, reclamava solo diritti e pretendeva dai governanti privilegi a danno degli altri. C'era il Parlamento, formato dalla Camera dei Deputati e dei Senatori, che era diverso da quello di oggi e rappresentava un'altra piaga della Nazione, perché, a forza di lunghi discorsi, di litigi, di chiacchiere, impediva al Governo di fare buone leggi. Adesso invece le leggi le fa in maniera sbrigativa [*sic*] direttamente il Governo, cioè il Consiglio dei ministri e il Gran Consiglio del Fascismo, senza bisogno del Parlamento, che viene informato in ultimo a cose fatte».

La *Dottrina del Fascismo*, scritta da Benito Mussolini, venne tradotta in albanese e adottata come libro di testo nelle scuole medie dell'Albania.

Era questo il senso dell'evento miracoloso che si voleva trasmettere agli scolari, insieme all'orgoglio e al vanto di appartenere a una simile Nazione e ubbidire a un simile Uomo (tutti rigorosamente maiuscoli). I Balilla erano i più indifesi e i più ambiti dalla propaganda che ne aveva fatto il simbolo più vigoroso e promettente della nazione. «I bimbi d'Italia si chiaman Balilla.» Goffredo Mameli, senza intenzioni, aveva fornito al fascismo lo slogan più azzeccato. Il nome veniva da Giovanni Battista Perasso, il ragazzo genovese che nel 1776, lanciando in Portoria un sasso contro i soldati austriaci, aveva dato il via all'insurrezione popolare. Perasso divenne l'eroe protofascista in cui ogni ragazzo italiano doveva specchiarsi. Il pittore Mario Mafai lo glorificò dipingendo una *Testa di Balilla*. Balilla era anche la marca di una birra. La preghiera del Balilla diceva: «Concedimi una grazia: dare alla Patria il braccio, l'anima e, se occorre, la vita»; la preghiera della Piccola italiana si limitava a chiedere la protezione del «Duce, che in me, mamma di domani, vede la fonte e la certezza della Patria».

Infine il Balilla giurava:

> Nel nome di Dio e dell'Italia giuro di eseguire gli ordini del Duce e di servire con tutte le mie forze e se è necessario col mio sangue la causa della rivoluzione fascista.

Il truculento giuramento era risparmiato alle Piccole italiane.

L'Opera nazionale Balilla, fondata nel 1926, trasformata nel 1937 nella Gioventù italiana del littorio, GIL, e posta alle dirette dipendenze del segretario del partito, Starace, inquadrava militarmente i bambini, maschi e femmine, a seconda dell'età. Il periodo preparatorio (di carattere prevalentemente morale e disciplinare) cominciava a sei anni con i Figli della Lupa – la lupa che allattò i gemelli della fondazione di Roma –, con pantaloncini, bretellone bianche e la M mussoliniana sul petto; e proseguiva dagli otto ai quattordici anni con i Balilla e le Piccole italiane; tra i quattordici e i diciotto anni gli Avanguardisti e le Giovani italiane; con i diciotto anni il giovane valido e iscritto nelle liste di leva era già soldato. «Voi siete l'aurora della vita; siete la speranza della patria; voi siete, sopratutto, l'esercito di domani» li aveva salutati Mussolini.

L'iscrizione alla GIL non era obbligatoria ma era meglio farne parte visto che vi appartenevano quasi tutti. Nel 1942 gli iscritti alla Gioventù italiana del littorio erano 8.745.589. I Balilla indossavano calzoncini corti, calzettoni ruvidi, camicia nera e mantellina grigio-verde militare, foulard azzurro annodato al collo e in testa il fez nero alla bersagliera. La Piccola italiana indossava la gonna nera, la camicetta bianca e il berretto a maglia di seta artificiale.

La divisa di Balilla si comprava già pronta e costava circa 20 lire, ma questo era il prezzo politico perché nel 1928 alla Rinascente si pagava dalle 27 alle 39 lire, a seconda della taglia, escluso il fez che costava 5 lire e 90 centesimi; poi a casa la mamma faceva le modifiche necessarie. La divisa delle Piccole italiane costava dalle 45 lire in su, più lire 4,90 per il berretto.

Il 16 giugno 1935 venne istituito il sabato fascista dedicato all'addestramento militare e politico all'insegna dell'obbedienza e della disciplina. Al mattino i ragazzi andavano a scuola con la divisa di Balilla e se c'era la visita del direttore o di un gerarca dovevano cantare in coro *Fischia il sasso*, l'inno dei Balilla:

Fischia il sasso, il nome squilla
del ragazzo di Portoria
e l'intrepido Balilla
sta gigante nella storia.

Il più bravo leggeva ad alta voce una pagina dal libro di letture; gli scolari delle prime classi invece recitavano qualche filastrocca imparata durante l'anno. Al pomeriggio partecipavano alla ginnastica e alle esercitazioni militari alla Casa del Balilla per prepararsi al saggio finale sportivo-militare che si svolgeva ogni anno a Roma davanti al Duce allo stadio dei Marmi. I Giovani italiani andavano a esercitarsi al «Campo Dux».

Giovinezza era l'inno ufficiale del fascismo, e i giovani ne rappresentavano l'avvenire. Il fascismo si compiaceva di incarnare l'impazienza, la generosità e le energie delle nuove generazioni. Così alla vita italiana venne impresso un ritmo più veloce e selettivo. «Largo ai giovani» divenne il motto del fascismo che disdegnava la vita comoda e le pantofole. I gerarchi dovettero mettersi a dieta e andare di corsa. Starace dava l'esempio gettandosi nel cerchio di fuoco. Il Duce mostrava il torace, falciava il grano e dava il colpo di piccone iniziale. Era il primo rurale d'Italia. Grande importanza venne data alla cura del corpo per il miglioramento della salute e della razza, per vivere collettivamente, per prepararsi ai sacrifici e alle sofferenze e, se necessario, ad affrontare la prova più alta alla quale l'uomo potesse aspirare: la guerra.

Alla scuola, aveva detto il ministro dell'Educazione nazionale Giuseppe Bottai, «è affidato il compito di formare il corpo e l'anima delle nuove generazioni del fascismo». Una frase che non prometteva nulla di buono ma che imbaldanzì l'orgoglio e l'amor proprio dei giovani prediletti dal fascismo.

Nel 1928 fu istituita la Scuola superiore di educazione fisica per la formazione dei professori nel quadro di un vasto programma ginnico-sportivo-politico. Nelle scuole di ogni grado fu introdotta l'educazione fisica e giovanile e negli anni Trenta nelle scuole medie venne reso obbligatorio l'insegnamento della cultura militare. Del resto il motto della GIL era: «Credere, obbedire, combattere».

Silenzio perfetto, chi tace un confetto

In tempo di guerra anche gli scolaretti vennero mobilitati. Nella scuola Costanzo Ciano di Rivolta d'Adda, raccontavano i giornali, «erano stati preparati una cinquantina di pacchi per i combattenti: dalle cascine più lontane gli scolaretti sono giunti recando il segno del loro amore e della loro fede, i piccoli grandi doni che si sono aggiunti agli indumenti di lana preparati dalle bimbe delle scuole: le radio-bugie calunniatrici del nostro Paese hanno avuto per effetto di intensificare questa raccolta, e i pacchi si sono arricchiti di sigarette, cartoline, matite, carta da lettere, cioccolato, lamette di rasoio, tutta una fioritura di cose che diranno ai soldati d'Italia l'affetto e l'ammirazione dei bimbi».[1] Le Giovani italiane avevano istituito in alcuni rifugi antiaerei laboratori per la confezione di indumenti militari durante gli allarmi. Anche le alunne del liceo Parini di Milano confezionavano gli indumenti per i soldati.

I Balilla furono in prima linea nella battaglia autarchica. Un bambino nudo di quattro-cinque anni, simbolo di innocenza, venne raffigurato mentre faceva pipì sulla scritta «Le sanzioni». L'elenco dei paesi sanzionisti formava l'acrostico: «Noi ce ne freghiamo» e «Tireremo diritto». Fu in quella occasione che Mussolini ebbe l'idea di arruolare anche i neonati e li chiamò «Figli della Lupa», affinché gli italiani sapessero che eravamo tutti figli di Roma. L'espressione sarebbe apparsa meno austera e impegnativa se il suo inventore avesse ricordato o saputo che «figlio della lupa» ha – in Tito Livio – il suo corrispettivo nel romanesco «figlio di mignotta», derivato da «figlio di madre ignota», ovvero «figlio di m. ignota», nella forma abbreviata nei registri dell'anagrafe romana.

All'età di sei anni i bambini andavano a scuola, maschi e femmine in aule rigorosamente separate. Le poche classi miste erano composte di elementi ritenuti poco dotati e insofferenti di disciplina che venivano individuati e isolati dal resto della scolaresca. I maschi in grembiule nero, il colletto bianco applicabile e il colore del fiocco che variava a seconda della classe (rosa in prima, celeste in seconda, rosso in terza, verde in quarta, blu in quinta). Le femmine in grembiule bianco o a righine rosa, con fiocco rosa o bianco.

L'insegnante, anch'essa nella divisa prescritta dal ministero, prima di iniziare le lezioni, invitava la classe alla preghiera, dalle pareti incombevano i ritratti del re e del Duce separati dal crocifisso che il fascismo aveva fatto mettere in tutti gli edifici pubblici, dalle scuole ai tribunali.

Il silenzio in aula doveva essere assoluto. La disciplina era una virtù fascista.

Silenzio perfetto
chi tace un confetto
chi dice parola
va fuori di scuola.

Il capoclasse vigilava sul buon comportamento della scolaresca. Al ginnasio i professori sconsigliavano l'uso del confidenziale tu, che comunque divenne preferibile al lei quando se ne scoprì l'origine servile e spagnolesca.

Il banco di legno rigido per due portava i segni di generazioni di scolari, nomi e date, incisi col temperino. Si scriveva col pennino, a cuore o a campanile, il calamaio si portava da casa o era incorporato nel banco e riempito ogni giorno dalla bidella. I quaderni tutti uguali, a righe per il tema d'italiano e a quadretti per gli esercizi di aritmetica, avevano la copertina nera traslucida, trentasei pagine, col bordo rosso, un foglio di carta assorbente, e si acquistavano in cartoleria oppure li regalava il patronato scolastico ai ragazzi bisognosi. La merenda nell'ora di ricreazione si faceva in palestra, nel cortile o nei lunghi e squallidi corridoi della scuola con quello che ognuno s'era portato da casa; per i ragazzi più poveri la refezione scolastica era gratuita: pane, burro e marmellata. Gli allievi venivano periodicamente visitati nell'ambulatorio scolastico. Il medico prescriveva di solito lo sciroppo per la tosse e come ricostituente l'olio di fegato di merluzzo, l'incubo per generazioni di ragazzi gracili: la misura era un cucchiaio al giorno, tenendo pronto uno spicchio di limone per cancellarne il disgustoso sapore di pesce. Nei casi di grave deperimento organico, anemie o inappetenze il giovane veniva iscritto nelle liste per il soggiorno nelle colonie marine o montane, nei campeggi estivi e invernali, gestiti dalle organizzazioni fasciste, dove l'assistenza e la cura erano assicurate da personale specializzato.

Il mito di Mussolini che «lavora sempre e non dorme mai»

era il tema dominante dei «pensierini sul Duce». La luce nel suo ufficio a palazzo Venezia non si spegneva mai. Gli episodi della sua vita povera erano commentati con ammirazione. La sua straordinaria comprensione delle cose non finiva di stupire. Tutto il mondo ce lo invidiava. Le maestre erano le più appassionate e intrepide dispensatrici del suo genio. In una poesia per la quinta classe elementare intitolata *Il Duce*, Paolo Buzzi aveva scoperto che la fronte di Mussolini si adattava mirabilmente alla forma dell'elmetto. Si raccontava che Mussolini ferito nella prima guerra mondiale avesse detto: «Sono orgoglioso di aver arrossato col mio sangue, nell'adempimento del mio più rischioso dovere, la via di Trieste». Agli allievi delle scuole superiori davano temi di questo genere: «Se dovessi fare un viaggio dove andresti?». I più scrivevano: «A Roma perché è una città molto ricca e ci abitano il Re, il Duce e il Papa. A Roma, inoltre, c'è la Milizia».

Nell'anno scolastico 1940-41, 70.600 alunni, dei quali 41.800 maschi e 28.800 femmine, frequentavano la prima classe della scuola media; 2570 classi risultavano funzionanti in tutte le province del Regno. Rispetto all'anno precedente il numero delle classi era aumentato di 600 unità. Il regolamento limitava a 30 il numero massimo degli alunni che potevano essere ammessi in ciascuna classe. Il pagamento delle tasse scolastiche era ripartito in quattro rate uguali. Con la guerra, nelle scuole superiori l'insegnamento del francese venne sostituito da quello del tedesco.

L'indottrinamento dei giovani era un compito che richiedeva assoluta dedizione e fedeltà. L'obbligo del giuramento di fedeltà al regime, già osservato dai maestri delle scuole elementari, venne esteso anche ai professori delle scuole medie inferiori e superiori, e l'8 ottobre 1931 anche ai professori universitari. Milleduecentododici professori giurarono, soltanto tredici rifiutarono.

A scuola di gerarchi

Dopo aver asservito i professori universitari, più docili del previsto, il regime fece dei GUF, i Gruppi universitari fascisti, la scuola di conformismo totalitario e dei littoriali il banco di prova dei futuri quadri dirigenti del partito. Lo Stato andava rinnovato radicalmente spazzando i residui del vecchiume borghese che ancora lo intossicavano. Mussolini voleva creare in Italia le nuove generazioni di laboratorio: 20.000 capi (condottieri, insegnanti, ingegneri, banchieri, industriali, 5000 ufficiali, 3000 magistrati, 10.000 funzionari allevati nel culto del littorio), giovani con attitudini al comando e imbevuti di dottrina. L'università sarebbe diventata una fucina di gerarchi che avrebbero rinnovato l'apparato burocratico-istituzionale e completato la fascistizzazione dello Stato.

«... una scuola di fede e di esperienza rivolta a temprare le energie fisiche e spirituali delle nuove leve che hanno già chiaramente dimostrato di possedere quelle virtù che la Rivoluzione ne [*sic*] esige in ogni momento dai suoi militi» scriveva *Libro e moschetto* nel 1939. La prosa (errore grammaticale compreso) era di Gaetano Afeltra. Gaetanino, come lo chiamavano gli intimi, aveva ambizioni letterarie ma Indro Montanelli, dopo aver letto alcune sue novelle, gli aveva detto: «Gaetanino, lascia perdere, non è pane per i tuoi denti». Anche il suo presunto «antifascismo» era una pura leggenda. Ma è vero che sapeva coltivare le amicizie che contavano. Suo fratello Cesare, morto nel '40 a 37 anni, più vecchio di lui di 12, giornalista del «Mattino» e del «Giornale d'Italia», era poi approdato al «Corriere della Sera». Dirigeva l'ufficio stampa dell'ente Risi, l'ente preposto alla tutela della risicoltura in Italia. Nel 1942, chiamato dal fascistissimo direttore Borelli, Gaetano prese il suo posto non solo al «Corriere» ma anche all'ente Risi.[2]

Gli universitari fascisti coadiuvati dai loro professori risposero alle attese e ai richiami del regime con uno slancio mirabile di dedizione e, nel più assoluto disprezzo della democrazia, discussero ed elaborarono le più aberranti dottrine del fascismo, dalla necessità morale della guerra, alla politica imperiale, al culto della forza e della superiorità razziale, alla persecuzione degli ebrei.

Alla fine del 1942 le forze giovanili d'Italia, Germania e Giappone si riunirono a Venezia per discutere quale fosse il posto che sarebbe loro spettato nel «grande quadro della rinascita mondiale». Su «Roma fascista», settimanale dei Giovani universitari fascisti dell'Urbe, Eugenio Scalfari scrisse: «Il convegno di Venezia ha un significato essenzialmente politico; esso riunisce le forze migliori del Tripartito, quelle che sono depositarie e garanti dell'avvenire delle tre nazioni, quelle cui spetterà il compito gigantesco del consolidamento dell'Impero come fattore nuovo nella storia del mondo. ... Un impero del genere è tenuto insieme da un fattore principale e necessario: la "volontà di potenza" quale elemento di costruzione sociale; la "razza" quale elemento etnico, sintesi di motivi etici e biologici che determina la superiorità storica dello stato nucleo e giustifica la sua dichiarata "volontà di potenza"».[3]

Fu dai littoriali, nella gara tra le migliori intelligenze, che emersero i più fanatici assertori dello Stato totalitario fascista imbevuto di imperialismo e razzismo.

I littoriali cominciavano con la formula del giuramento:

Combatterò per superare tutte le prove, per conquistare tutti i primati.
Con il vigore sui campi agonali, con il sapere negli arenghi scientifici.
Combatterò per vincere nel nome d'Italia.
Così combatterò come il Duce comanda.
Lo giurate voi?
In coro: Lo giuro!

L'idea di una olimpiade del fascismo in cui i giovani più brillanti che s'erano maggiormente distinti nei GUF potessero confrontarsi dibattendo temi di natura politica, culturale e artistica era venuta ad Alessandro Pavolini, ispirato da Giuseppe Bottai che l'aveva messa in pratica. Pavolini era federale di Firenze e veniva dall'esperienza «strapaesana» del «Bargello», il settimanale della Federazione fascista fiorentina, che si faceva interprete delle aspirazioni deluse della provincia e delle nostalgie del «bel fascismo» toscano delle origini «sempre in fervore e sempre in ardenza». Pavolini voleva portare nei littoriali lo spirito battagliero e giovanile del «Bargello». «Che la marea della giovinezza salga e che la vecchiaia putrefatta vi si anneghi» scriverà «Rivoluzione fascista» nel 1936.

Solo i giovani vissuti e educati nel clima della rivoluzione potevano «ringiovanire» il fascismo, recuperarne lo spirito rivoluzionario delle origini, che altrimenti si sarebbe perduto nella stanchezza e nelle comodità. In questo senso, scrisse «Roma fascista», «i littoriali sono l'autocoscienza della Rivoluzione».

Non fa dunque meraviglia che la prima edizione dei littoriali della cultura e dell'arte, in onore di Pavolini, si svolgesse dal 22 al 29 aprile 1934 proprio a Firenze, città fascistissima.

Il 12 maggio i vincitori dei primi littoriali fiorentini vennero ricevuti a Villa Torlonia. Il Duce si fece trovare in groppa a un destriero mentre stava dando una dimostrazione di abilità nel salto al galoppo. «Appena sceso dal cavallo bianco, ha carezzato la fronte della bestia ed è venuto tra noi...» scrisse ammirato su «L'Italia letteraria» Leonardo Sinisgalli, primo premio di poesia, «ho potuto avvicinarmi sempre più, fino a sentire la sua voce. Poi l'ho visto sorridere apertamente. Si parlava tra noi della sua salute, del suo fiato, del suo occhio. E non riuscivamo a vincere la forte commozione che ci veniva dalla presenza del suo corpo tra i nostri corpi».[4]

Mario Figa Talamanca (poi autorizzato a cambiare il nome in Figà) fu secondo in dottrina fascista. Pietro Ingrao, in divisa dei GUF, fez e stivali, si classificò terzo con una poesia sulle paludi pontine, *Coro per la nascita di una città*, che comincia così:

E come cattedrale nella selva
come isola trionfante sulle acque.
Nuvole d'oro i frumenti...

Ai vincitori veniva consegnata l'ambita M d'oro.

Ai littoriali universitari parteciparono molti dei giovani che poi diventarono personaggi noti nel dopoguerra, politici, poeti, scrittori, giornalisti, naturalmente sotto altre insegne e, in apparenza, in opposte ideologie. Credettero davvero quei giovani, dalla metà degli anni Trenta alla guerra, che il fascismo antiborghese e proletario fosse una sorta di superamento del socialismo. Diventando «antifascisti» e aderendo al PCI la maggior parte di loro non rinnegò affatto il fascismo, ritenuto una forma più efficace e moderna di socialismo. Qualcuno ammise di essersi sbagliato, altri, facendo leva sulla giovane età, dissero di essere stati ingannati o fraintesi.

Parevano però troppo convinte e meditate queste parole

scritte da Pietro Ingrao nel 1939 per poter credere che si fosse espresso male: «A noi hanno insegnato che il Fascismo si chiamava rivoluzione e ci hanno incantato le parole di Mussolini che questa rivoluzione non era affatto chiusa. Toccava ai giovani continuarla...».[5]

Per le commissioni d'esame vennero arruolati i più bei nomi della cultura, preferiti ai funzionari di partito, per dare ai corsi preparatori una illusione di indipendenza e autonomia: ma erano tutti di sicura fede fascista o iscritti al fascio e tutti indossavano la camicia nera. Per le scienze Enrico Fermi e Giancarlo Vallauri accanto a razzisti notori come Nicola Pende e Sabato Visco; per la musica Ildebrando Pizzetti, Ottorino Respighi, Riccardo Zandonai e Gian Francesco Malipiero; per la pittura Carlo Carrà, Ottone Rosai, Mario Sironi, fino all'immancabile Cipriano Efisio Oppo; per la critica letteraria Goffredo Bellonci; per la poesia Corrado Govoni, Giuseppe Ungaretti, Binio Sanminiatelli, Antonio Maraini; per il cinema, un'arte nuova e – dirà Mussolini – «tipicamente fascista», Goffredo Alessandrini, Alessandro Blasetti, Raffaele Matarazzo, Luigi Chiarini e, sebbene passassero per fustigatori del costume fascista, Filippo Sacchi e Sandro De Feo; per gli studi demografici furono commissari fino al '40 il professor Livio Livi, il professor Libero Lenti, noto editorialista del «Corriere della Sera» e il professor Paolo Fortunati, poi senatore comunista; per il corporativismo il giovane docente dell'Università Cattolica di Milano Amintore Fanfani. La camicia nera era obbligatoria anche per i professori durante gli esami. Ma non tutti la indossavano, rischiando la denuncia degli studenti più zelanti. «Il Fascismo per insegnarlo non basta conoscerlo ma bisogna viverlo» scriveva lo studente Giorgio Bocca da Cuneo che così proseguiva: «Non tutte le colpe allora al professore di filosofia. Sarà opportuno trovare invece dei fascisti veri forniti d'una buona cultura ed incaricarli di questo insegnamento e giungere poi in un secondo periodo a formare in scuole create all'uopo dei professori di dottrina del Fascismo in modo che l'insegnamento sia efficace, appassionato, sincero ... Anche tra i professori universitari esistono poi le grandi intelligenze le quali, quando si toccano argomenti propri del Fascismo o trascorrono distratti o commentano con delicata ironia. Sono gli stessi professori che si rifiutano di indossare nei giorni d'esame la camicia nera».[6]

La seconda edizione dei littoriali si svolse a Roma nell'aprile 1935, in coincidenza con l'inaugurazione della città universitaria. Era presente Mussolini. Starace in orbace e stivaloni si esibiva nel predisporre l'ordine dei posti per la solenne cerimonia d'apertura. I partecipanti erano inquadrati in cinque centurie e altre venti comprendevano i goliardi dei GUF dell'Urbe. Nella composizione narrativa vince il primo premio Alfonso Gatto; Ernesto Caballo si aggiudica il titolo di littore di poesia con una breve composizione sui Ballila. Pietro Ingrao è secondo. Per la critica letteraria il titolo di littore viene assegnato ad Antonio Amendola, figlio dell'esponente liberale antifascista, Giovanni Amendola, massacrato dai fascisti.

Ai littoriali veneziani del 1936 la gioventù fascista preferisce la guerra d'Abissinia. «Sentiamo l'impresa africana molto più di una qualunque crociata latina» scrive Indro Montanelli.[7]

Il battaglione «Curtatone e Montanara» raccoglieva gli universitari volontari:

> Meglio aver perduto il lauro littoriale
> che rinunciare all'Africa Orientale.

scrive la rivista «Vent'anni» dei GUF di Torino.

Nel 1937 a Napoli gli argomenti sono ispirati al clima imperiale e al tema dominante della guerra: Luigi Firpo è terzo in narrativa e ottavo in poesia, Giorgio Bassani sesto in poesia, Luigi Comencini sesto nel cinema, Mario Zagari quinto e Aldo Moro settimo in dottrina del fascismo. Ai littoriali di Palermo del 1938, ispirati ai temi dettati da Starace, «Razza, autarchia, impero», Aldo Moro è quinto ed Enzo Paci nono in dottrina del fascismo, Mario Alicata ottavo in letteratura.

Le due ultime edizioni dei littoriali si svolsero a Trieste e Bologna nel '39-40. C'era grande euforia, l'entrata in guerra dell'Italia pareva solo questione di tempo. L'affluenza entusiasta testimoniava della grande fiducia nella vittoria finale. A Trieste nell'aprile 1939 si svolsero – separati per temi da quelli maschili – anche i littoriali femminili.

I littoriali triestini dominati dal tema del razzismo «quale principio spirituale e politico della Rivoluzione» furono vinti da Teresio Olivelli, Vincenzo Buonassisi arrivò secondo. Olivelli, fascista cattolico, iscritto alla Federazione universitaria cattolica italiana, volontario in guerra, poi partigiano e, per tragico destino, morto in campo di concentramento nel 1945, con un ragionamento complicato e contorto opponeva un razzismo «buono», umano, spirituale, italiano basato sui valori del cattolicesimo, al razzismo biologico, pagano e ovviamente «cattivo» dei tedeschi, senza riuscire a chiarire in che cosa consistesse la differenza.

Il razzismo tenne banco anche ai littoriali bolognesi del '40. Questa volta li vinse Vincenzo Buonassisi che sul tema della razza s'era a lungo esercitato scrivendo che «l'ebreo, estraneo per educazione familiare e tradizione alla fede littoria, era l'agente patogeno della società e andava eliminato senza pietà». L'ebreo era la quinta colonna del bolscevismo-giudaico.

Sul tema della letteratura di guerra s'era invece distinto Giaime Pintor.

Le donne all'università erano una minoranza e frequentavano per lo più facoltà «femminili»: magistero, lettere, lingue. L'università era ancora un mondo separato, tutto maschile, chiuso e ostile alle donne come diceva un elegante ritornello cantato in coro dai goliardi:

Noi non vogliamo donne
all'università
ma le vogliamo nude
distese sul sofà.

Il fascismo avrebbe voluto sradicare la goliardia come fenomeno «borghese» inadatto al nuovo clima di austerità. Ma si continuò nelle vecchie abitudini discriminatorie per non contraddire il carattere «maschilista» e virile del regime. I littoriali femminili, iniziati nel 1939, si svolsero in sedi separate e in date diverse. Nessuna promiscuità era consentita e «questo principio di netta separazione aveva squisito significato morale e garanzia di fiducia per le famiglie che affidano volentieri alle cure del regime l'educazione dei propri figli».[8]

Nei due anni successivi i littoriali furono esclusivamente femminili, dal momento che gli uomini erano in guerra. Milena Milani vinse i littoriali di Sanremo del '41 con una raccolta di poesie d'amore: talune a sfondo erotico ai dirigenti dei GUF parvero «indegne dei sentimenti di una giovane, della sua moralità», e per questo motivo quelle più scabrose vennero ritirate. I temi da preferirsi erano esclusivamente femminili: la donna nella scuola; l'opera della donna nell'Africa italiana per l'affermazione del principio della razza; il posto della donna nell'economia rurale; la maternità nell'arte dell'Ottocento e in quella contemporanea; e c'era anche il concorso sugli abiti per i bambini. La Milani infranse anche il tabù della superiorità maschile rivendicando parità di diritti per la donna. Su «Roma fascista» fece l'esaltazione della «Femminilità armata» e della guerra alla quale la donna doveva partecipare, non nelle retrovie, ma maneggiando il moschetto, «ordigno che distrugge e rinnova».[9]

Fu una tempesta di breve durata. L'anno dopo a Salsomaggiore si svolsero i littoriali femminili del lavoro, che sarebbero stati i primi e gli ultimi. Furono così chiamati perché riguardavano la donna e la sua missione. Non partecipavano le universitarie, appartenenti al ceto della borghesia cittadina e intellettuale; concorrevano le donne del popolo, le contadine, le massaie rurali, docili e intimidite dalla messinscena, venute da tutta Italia nel loro costume regionale. L'argomento era il ruralismo, caro alla politica del regime e tema mitico ossessivamente ripetuto per esaltare il lavoro dei campi, la salubrità della vita rustica, la serenità campestre che giovava al vigore della razza. Riconosciuto che la donna aveva una naturale predisposizione per l'attività agricola (le erano permesse poche altre mansioni), era lei, specie in tempo di guerra, che doveva restare a casa e nei campi per sopperire alle deficienze della mano d'opera, per riempire i vuoti. «Oggi il pollaio, la conigliera, domani se sarà necessario la stalla e il gregge: ora l'orto, domani il campo; non ha limiti la fatica quando la sorregge e la fortifica l'amore.»[10]

XV

ITALICHE DIMORE

Contro «i piccoli fasti degli interni borghesi»

Nel 1931, secondo un censimento ufficiale, l'88 per cento delle case italiane non aveva il «gabinetto di decenza», come si esprimeva il linguaggio corrente; a Milano le vecchie case di ringhiera avevano i servizi igienici e l'acqua potabile in comune nel ballatoio o in cortile, e d'inverno, quando la temperatura scendeva sotto zero, era particolarmente disagevole fare la coda per aspettare il proprio turno. Era fortunato chi aveva in casa o sul terrazzo un bugigattolo adibito a gabinetto, che i vecchi toscani chiamavano pudicamente il «luogo», consistente in una buca alla turca e un secchio d'acqua. La carta igienica non aveva grande commercio; appesi a un gancio c'erano pezzi di giornale e quasi mai il lavandino per lavarsi le mani. Furono gli inglesi a introdurre nel continente il «water closet», un vaso di maiolica e sciacquone, con l'uso dell'acqua corrente nel gabinetto. Ma all'inizio in Italia non ebbe molta fortuna. Poche case avevano l'acqua corrente, quella necessaria alla famiglia bisognava attingerla al pozzo e alla fonte pubblica con le brocche di rame che le donne anziane vestite di nero portavano in equilibrio sulla testa. Una vasca da bagno in lamiera porcellanata con quattro zampe costava 200-300 lire. Ma anche nelle case dei benestanti le vasche da bagno erano una rarità, e la doccia non c'era: il concetto dell'igiene era ancora molto relativo, il bagno si faceva la domenica. Ci si lavava in fretta, con un grosso pezzo di sapone fatto in casa, e mai il mattino, ma la sera per sfruttare d'inverno il tepore della casa, stando in piedi nella tinozza, e non sempre si faceva un bagno completo. Che il gabinetto non fosse il luogo confortevole che conosciamo oggi, lo dimostrava l'abitudine borghese di chiudervi i ragazzi per punizione.

In campagna, il cesso era una necessità meno impellente, bastava scendere presto al mattino e scegliersi un luogo appartato: c'era l'uso di scavare grandi fosse biologiche e metterci di traverso qualche tavola di legno. Ma in città le abitudini cambiavano in fretta e ai giovani sposi che volevano ammodernare la casa il catalogo della Rinascente offriva la «latrina da camera», l'ultimo ritrovato in fatto di decenza: un doppio secchio con coperchio a valvola che impediva la fuoriuscita di cattivi odori, a 35 lire il modello semplice, a 69 lire il modello lusso. Gli apparecchi da bagno, dapprima quasi tenuti nascosti come indecenti e di cattivo gusto, negli anni Trenta divennero essenziali per una migliore abitabilità e igiene della casa con la nuova definizione di «sanitari». La Richard Ginori li faceva disegnare da Gio Ponti, i grandi magazzini Standard (non ancora Standa) da Ettore Sottsass senior. Negli apparecchi in ghisa porcellanata o in porcellana si tendeva a far scomparire il particolare idraulico.

Nel 1939 la rivista «Domus» proponeva una serie di apparecchi sanitari modernissimi realizzati dalla società SVAO di Milano: lavabi, orinatoi, vasi porcellanati neri.

Il bidet o «bidello», come veniva chiamato, lo possedevano in pochissimi e non le persone morigerate. Il bidet, inventato dai francesi e usato prevalentemente nei paesi cattolici, era quasi sconosciuto nel Nord Europa, e lo è tuttora in Gran Bretagna, dove l'abitudine del bagno completo al mattino rendeva assolutamente inutile l'uso di quello strano oggetto per «abluzioni locali». La borghesia fascista lo tollerava come strumento adatto alle persone malate, come il «pappagallo» per chi non poteva alzarsi dal letto. Era venduto alla Rinascente per 60 lire; ma chi cedeva alla tentazione della pubblicità, e lo comprava per il gusto di averlo, lo faceva quasi di soppiatto e vergognandosene. Per i benpensanti era un'offesa al pudore e le signore, e in particolar modo le fanciulle innocenti, avrebbero fatto bene a non servirsene. Le parti intime del corpo si continuavano a chiamare le «vergogne», e non bi-

In alto: un'immagine emblematica della ricostruzione fascista: Mussolini dà il primo colpo di piccone per la bonifica del Basso Lazio (1935).

Sopra: i lavori di demolizione in via Tor de' Specchi a Roma per isolare il Campidoglio (1929).

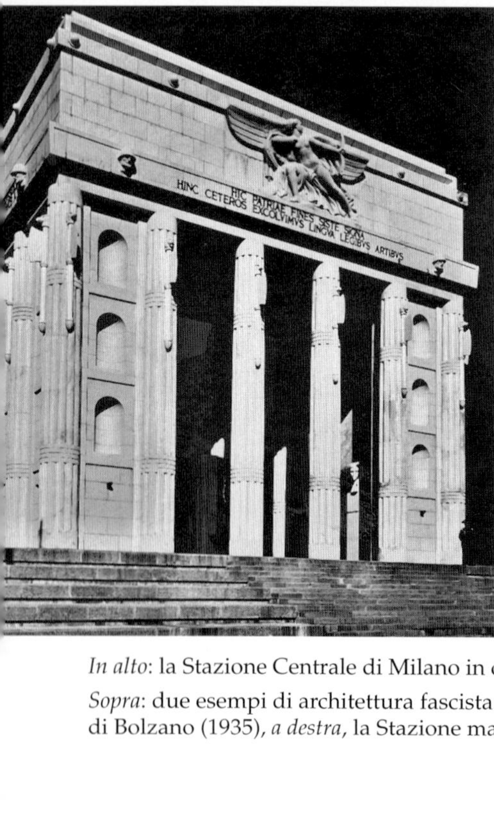

In alto: la Stazione Centrale di Milano in costruzione (1930 ca).

Sopra: due esempi di architettura fascista: *a sinistra*, il monumento ai caduti di Bolzano (1935), *a destra*, la Stazione marittima del littorio di Napoli (1936).

In alto a sinistra: l'inaugurazione di un elettrotreno Breda (1939). *A destra*: la principessa Maria José di Savoia scende da un apparecchio della Società aerea mediterranea che l'ha portata da Cagliari alla capitale (1932).

Sopra a sinistra: il varo del transatlantico *Rex* (1931). *A destra*: la trafficata via del Corso a Roma (1937).

In alto: la spesa in un mercato milanese all'inizio degli anni Trenta.

Sopra: Milano, giugno 1942: in piazza del Duomo si trebbia il grano raccolto negli orti di guerra della città.

In alto a sinistra: un edificio riporta una frase di Mussolini inneggiante all'autarchia. *A destra*: prolificare divenne, durante il fascismo, non solo un dovere nazionale ma anche una risorsa per le famiglie più povere, che godevano così di molte agevolazioni. *Nel riquadro*: diploma di merito rilasciato alle madri di famiglia numerosa.

Sopra: Roma, settembre 1939: l'autarchia impone a due giovani sposi di recarsi in chiesa in bicicletta.

Un gruppo di contadini durante la pulitura delle pannocchie di granturco nella seconda metà degli anni Trenta.

Dattilografe al lavoro (1938).

Fonderie di San Gavino Monreale in Sardegna (1935 ca).

Un convoglio ferroviario
di coloni diretti
in Libia (1938).

Inaugurazione a Ghinda,
in Etiopia, di un ponte
sulla nuova rotabile
che congiunge Massaua
con l'altopiano
di Asmara (1935).

Bambini indigeni
in una scuola di Soluch,
in Cirenaica.

La crocerossina, insieme alla maestra di scuola, era uno dei pochi mestieri concessi alle donne. In questa fotografia, la principessa Maria José, in visita agli ospedali di Massaua e Asmara.

Una lavandaia sulle rive di un naviglio milanese: spirito di sacrificio e dedizione alla famiglia era ciò che il regime chiedeva al popolo femminile.

Solo durante la guerra le donne furono impiegate in lavori tradizionalmente maschili, come ad esempio quello del bigliettaio sui tram cittadini.

Fra le principali preoccupazioni del regime vi era quella di inquadrare ideologicamente le giovani generazioni fin dalla più tenera età. *Da sinistra, in alto*: una Piccola italiana e un Figlio della Lupa vegliano su un bebè ancora ignaro (1937); una scolara partecipa alla selezione federale per Piccole italiane dei «Ludi juveniles» della cultura, presso la scuola romana Duca degli Abruzzi (1941); Giovani italiane durante un saggio ginnico; un gruppo di Balilla legge «Gioventù in armi» nell'educatorio Luigi Zacco di Ragusa (1941).

Sopra: giovani abbigliate alla moda passeggiano per Roma (1933).

A lato: un manifesto pubblicitario reclamizza fibre tessili di produzione italiana.

Nella pagina accanto, in alto: un'esposizione di materiali autarchici per calzature. *In basso a sinistra*: una donna, che calza autarchici sandali con zeppe in sughero, al lavoro in un orto di guerra (1942). *A destra*: un'indossatrice in un abito da sera creato dalla sartoria italiana Dragoni nella seconda metà degli anni Trenta.

AUTARCHICI, PER LE CALZATURE
VINCERE
DEL
TEMPO DI

CONSENTE

In alto: le Topolino sfilano davanti a Mussolini a Roma nel 1936.

Sopra a sinistra: un famoso manifesto pubblicitario della Balilla. *A destra*: nonostante le utilitarie destinate al popolo, l'automobile continuò a essere un simbolo di lusso e distinzione, come la Lancia Aprilia con carrozzeria Pininfarina della seconda metà degli anni Trenta, qui riprodotta in versione coupé e cabriolet.

TORINO
Anno 71 - Num. 191

LA STAMPA

GIOVEDÌ
12 Agosto 1937
Anno XV

La trionfale giornata di Mussolini
tra il Popolo della provincia etnea

La parola incitatrice del Capo all'immensa folla ammassata nel cuore di Catania esalta le virtù guerriere e il senso di giustizia dell'Italia fascista

L'inizio delle manovre: il Re è partito per la Sicilia

Anno 63 - N. 65 - Italia Impero Colonie cent. 30 — Milano — Giovedì, 17 Marzo 1938 — Anno XVI — EDIZIONE DEL MATTINO

CORRIERE DELLA SERA

La grande parola del Duce
pone nella precisa luce storica gli avvenimenti austriaci

Incisivo esame dei problemi politici e realistica valutazione di un fatale evento - La solidità dell'Asse si è dimostrata soprattutto in quest'ora eccezionale

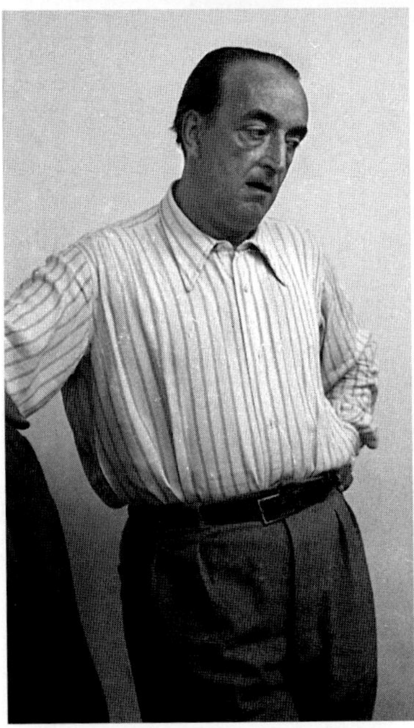

Sopra: tutta la stampa si adeguò supinamente alle direttive del regime e del Minculpop, come dimostrano questi titoli in prima pagina di due grandi quotidiani italiani.

La maggioranza degli scrittori e dei giornalisti italiani aderì volontariamente alla dittatura fascista, salvo successivi «ravvedimenti». Eccone due rappresentanti illustri: Paolo Monelli (*a lato*) e Orio Vergani (*sotto*).

In alto: attraverso il dopolavoro il fascismo controllava il tempo libero degli italiani. In questa immagine una folla di persone sosta davanti al padiglione della Lotteria nazionale dopolavoro di Campobasso (1930 ca).

Sopra: bagnanti al lido di Venezia.

In alto: una rappresentazione del Carro di Tespi sul piazzale del Pincio a Roma (1929).

Sopra a sinistra: due miti canori della radio anni Trenta e Quaranta. *A destra*: il Trio Lescano (1941) e, qui accanto, Alberto Rabagliati, ritratto insieme a Magda Bellamy (1931).

A lato: scena tratta dal film *Vecchia guardia* di Alessandro Blasetti (1935). In primo piano, secondo da sinistra, si riconosce un giovane Andrea Checchi.

In alto a sinistra: la pubblicità di un tipico prodotto della cucina autarchica.

In alto a destra e sopra: le osterie romane e i caffè milanesi (tra cui il caffè Biffi, vera e propria istituzione cittadina) costituivano i principali luoghi di ritrovo, sulla scia di un ritorno alla tradizione italiana caldeggiata dal regime fascista.

sognava esibirle in modo inverecondo a cavallo di quell'oggetto ripugnante.

Se in casa c'era l'acquaio col rubinetto d'ottone, serviva per la cucina e per lavarsi il viso e le mani al mattino con l'acqua versata nella catinella di lamiera smaltata.

Le donne facevano il bucato col ranno, un misto di acqua bollente e cenere; i panni si andavano a lavare in riva ai fiumi, nelle rogge, nei canali e, in città, nei lavatoi privati e comunali da dieci posti. A Milano uno dei luoghi più frequentati era il naviglio della Martesana, dove le lavandaie in ginocchio affittavano per pochi centesimi la pietra sui cui lavavano e sbattevano i panni per sé e per le famiglie di signori. Sulle rive del Naviglio, a Porta Ticinese, c'erano 120 posti dove in una giornata facevano la coda per il loro turno dalle 1500 alle 2000 lavandaie.

Il regime derideva «i piccoli fasti degli interni borghesi», residuo della vecchia mentalità classista, e voleva imporre un nuovo ideale di famiglia e uno stile di casa più sobrio ed essenziale, in armonia con il carattere austero e popolare del fascismo. In perfetta linea, Ruggero Zangrandi su «Famiglia Fascista» attaccava lo spirito borghese, spiegando che «questa gente non dovrebbe esistere poiché assai peggiore della mentalità pantofolaia che incarna più grossolanamente lo spirito borghese, è questa mentalità scettica e sufficiente, tanto più deprecabile quanto propria dei giovani».[1]

L'arredamento della casa contadina era semplice e uguale per tutti: letti formati da assi di legno su cavalletti, con pagliericci di foglie di granoturco o materassi di piume e di lana grezza, credenze di buona e solida fattura artigiana, cassepanche, una madia per la farina e il pane, poche sedie impagliate, parecchie immagini di santi. Nelle famiglie operaie la stanza da pranzo si chiamava «salotto», il divano aveva la trina bianca alla spalliera, il letto era di legno lucido, con decorazioni d'ottone e la rete metallica, con un crocifisso o la Madonna col bambino inchiodato al capo del letto, con un ramoscello d'ulivo per traverso, il comò o canterano con la grande sveglia a suoneria, lumi a petrolio o acetilene, dalla combustione di carburo e acqua, quando la corrente elettrica non c'era, specchi e orologi appesi al muro. Eppoi grandi foto di famiglia: il ritratto pittorico, destinato all'ammirazione dei posteri, è riservato ai ceti più abbienti. Quello fotografico è alla portata di tutti, le famiglie si fanno riprendere in casa, quelle più povere all'aperto o in cucina, il centro dell'abitazione, quelle borghesi in salotti di lusso con piante, poltrone fiorate e quinte di tendaggi. Il telefono è uno status symbol che il cinema dell'epoca ripropone nelle commedie dei «telefoni bianchi», il colore dell'innocenza e della prosperità; al contrario il telefono di casa e d'ufficio è in bachelite nera di serie, meno costoso; in famiglia lo si applica al muro. Pochi ce l'hanno, pochi lo usano. A Milano nel 1926 gli abbonati al telefono sono 20.000, dieci anni dopo 73.000, serviti da 9 centrali e da parecchi centralini. A metà degli anni Trenta in Toscana gli abbonati alla Teti (la Telefonica tirrenica) erano qualche migliaio. Il servizio telefonico italiano era vantato come uno dei migliori del mondo. Non abbiamo elementi o testimoni per affermare il contrario.

Nelle campagne del Centro-Nord i contadini avevano ottenuto migliori condizioni di vita, ma le case erano senza riscaldamento, c'era solo il camino, non c'era acqua corrente; e tuttavia dal 1938 la luce elettrica aveva cominciato a diffondersi anche nelle campagne; e c'era chi si meravigliava che i contadini mangiassero carne tutti i giorni e avessero la luce elettrica fin nelle stalle.

La casa borghese era sicuramente più grande e confortevole, con molti locali, saloni destinati ai ricevimenti e alle feste, mobili d'epoca, soprammobili e suppellettili di pregio, quadri d'autore alle pareti, ma anche i signori d'inverno erano costretti a passare parte della loro giornata nelle uniche stanze riscaldate dal camino, mentre il resto della casa era una ghiacciaia. Si gelava anche nel gabinetto, che era sempre esposto nei punti più periferici e freddi della casa; ma almeno i signori avevano il privilegio della privacy sconosciuta nelle famiglie povere che vivevano in assoluta promiscuità.

Nelle notti d'inverno si andava a letto con lo scaldino. Il più comune era in terracotta o rame, col manico a ponte, di media grandezza, com'è descritto nel vocabolario dell'uso toscano di Pietro Fanfani del 1865. Lo scaldino conteneva la brace accesa coperta di cenere perché non si consumasse troppo in fretta e non bruciasse le lenzuola, e lo si agganciava dentro un'intelaiatura di legno a forma ovale o circolare collocata sotto le coperte. Lo si metteva nel letto dei vecchi e dei più piccoli quando il clima era particolarmente rigido e le lenzuola sembravano di ghiaccio. Quello ovale, in Toscana, si chiamava «prete», e qualche significato anticlericale doveva averlo, l'altro tondo «trabiccolo», parola che venne estesa a tutti i veicoli precari, e durante il giorno veniva usato per asciugare i panni.[2]

Sul «Corriere della Casa», Lionella consigliava come rinnovare gli ambienti e i tendaggi e ornare la casa di fiori. A primavera questi ultimi non dovevano mancare nelle case. «Le piante grasse cedano il posto agli anemoni, alle primule, e più tardi ai giaggioli e ai tulipani. Le rose vivono anche nei salotti, tagliate ad alberello, oppure formanti una piccola spalliera. Che ci siano i fiori, in questo risveglio, a dirci che, nelle case, l'occhio della signora vigila e comprende».[3]

Con il *Libro per la Casa 1940*, editore Mondadori, la Cirio regalava la pentola «Cuocitutto» e ventun prodotti Cirio in scatola decorata per sole 95 lire.

L'apparecchio radio, per chi aveva la fortuna di possederlo, dominava come un altare di Vesta, un apparecchio enorme a mobiletto che la sera riuniva tutta la famiglia. Diceva la pubblicità del «Corriere»: «Non sempre desiderate uscire la sera. Ricordate che un buon apparecchio radio vi permette di passare coi vostri cari, nell'intimità della famiglia, una piacevole serata». Nel 1936 l'abbonamento annuo alle radioaudizioni costava 82 lire.

La sua apparizione fu la più grande novità degli anni Venti. Il 2 marzo 1925 venne trasmessa in diretta la prima partita di calcio: l'incontro internazionale Italia-Ungheria. Un apparecchio magico che diffondeva le note di *Abat-jour* e *Tea for Two*. Il regime seppe sfruttarne tutte le potenzialità propagandistiche. Nelle grandi occasioni la parola del Duce diffusa dall'altoparlante riecheggiava nelle piazze dei borghi e dei villaggi sperduti. Il primo apparecchio «economico» Marelli venne messo in vendita a 1200 lire, un terzo del reddito medio annuo. Era il 1927 e il numero degli abbonati superava appena i quarantamila. L'Italia era il fanalino di coda in Europa. Nel 1934 c'erano in Germania cinque milioni di abbonati alla radio e in Inghilterra sei milioni, in Italia gli abbonati erano solo 350.000, dodici apparecchi ogni mille abitanti. Ma nel 1940 gli abbonati all'EIAR, concessionaria del servizio pubblico radiofonico, erano diventati 1.589.000.

I giornali pubblicavano l'elenco dei locali pubblici dove si poteva andare per ascoltare alla radio i discorsi del Duce.

Nel 1930 il fiorentino Alfredo Nannucci ebbe l'idea di aprire il primo radioauditorio in Borgognissanti 63. Un tecnico eseguiva a casa del cliente una prova a titolo gratuito senza obbligo di acquisto. L'anno dopo la ditta Nannucci con una pagina di pubblicità sui giornali mise in vendita una serie di apparecchi radio, tutti di marche straniere, a prezzi che andavano da 1600 a 3900 lire. In uno dei migliori negozi della città un apparecchio radio brevetto Marconi veniva venduto a 1700 lire. Con la diffusione del mezzo i prezzi diminuirono. Nel 1939 un apparecchio CGE 720 onde medie costava 900 lire, vendita fino a 24 rate.

Fra gli acquirenti degli apparecchi radio venivano sorteggiati dall'EIAR premi consistenti in viaggi di un mese per due persone in prima classe e in alberghi di lusso attraverso tutte le città italiane sede di stazioni radio, oppure automobili FIAT 500.

Pochi avevano la casa di proprietà e gli affitti erano carissimi. A Firenze i giornali pubblicavano gli elenchi degli appartamenti disponibili nelle varie zone della città, col numero delle stanze e l'ammontare del canone d'affitto. Appartamenti di lusso da sette a quattordici stanze con termosifone, bagno, terrazza, giardino. I prezzi variavano dalle 7000 alle 12.000 lire annue, lo stipendio di un funzionario di livello direttivo.

Per l'affitto se ne andava un terzo del salario di un operaio; e ciò che restava doveva servire per l'alimentazione, il vestiario, il riscaldamento e la luce.

Nell'aprile 1939 l'Ufficio studi e statistiche del Comune di Milano aveva calcolato che una famiglia operaia di cinque persone, i due coniugi e tre figli, consumava a settimana 12 chilogrammi di pane comune, 3 chilogrammi di carne bovina, 200 grammi di baccalà, 300 grammi d'olio di oliva, 500 grammi di formaggio (varie qualità), 3 chilogrammi di patate, 6 litri di vino comune da pasto, un chilogrammo di frutta di stagione.

I giornali ospitavano le proteste di alcuni lettori milanesi contro i proprietari di casa (pochi, pochissimi per fortuna, veniva fatto notare) che ancora osavano mandar via gli inquilini che si permettevano d'aver figli in tenera età. «Sembra incredibile, nell'Anno XVII dell'Era Fascista» commentava il «Corriere», dopo gli sforzi del regime per convincere gli italiani a fare più figli.

Anche Mussolini visse in affitto a Villa Torlonia dal 1929 al 1943, naturalmente con qualche privilegio dovuto al rango. Infatti al principe Torlonia, proprietario della villa nella quale, sotto il salone da ballo, a ridosso di alcune tombe ebraiche, era stato ricavato un bunker antiaereo e antigas, pagava l'affitto simbolico di una lira al mese.

Nel 1938 venne fatto obbligo ai proprietari di case, ai capifabbricato, ai portieri di impartire suggerimenti e istruzioni sull'uso e la conservazione delle maschere antigas che i proprietari dovevano acquistare in numero di tre per ogni stabile entro il termine massimo del 31 dicembre. Si dubitava che servissero a scopi di pace. Dopo l'entrata in guerra dell'Italia veniva ridotto della metà l'affitto delle famiglie del richiamato alle armi.

«I miracoli della superficie radiante»

Le prime cucine elettriche e perfino le coperte elettriche che «tengono caldo e conciliano il sonno» comparvero a Torino nel 1927. In via Montenapoleone a Milano erano in mostra un «frigidaire», che faceva il ghiaccio da solo e conservava i cibi, e una lucidatrice elettrica «che fa bella la casa con poca fatica». Nel 1931 comparve sui giornali la prima pubblicità fotografica del frigo-bar elettrico «Primo Marelli», che «ha l'aspetto di un mobile originale e poco ingombrante». «Il bar in casa vostra» era la suggestiva offerta. C'era tutto l'occorrente: l'acqua di seltz con la pallina, le bottiglie dei liquori, i bicchieri per l'aperitivo. Ambiente alto borghese: signori in tight, signore in lungo. Completo delle sole macchine elettriche costava 4800 lire. Sei mesi di stipendio di un impiegato di buon livello. Fuori della portata dei più. Un rimedio c'era. Per conservare i cibi deperibili si ricorreva alla ghiacciaina fatta in casa, una scatola di legno con l'interno foderato d'acciaio per mettervi i pezzi di ghiaccio venduto per strada dal ghiacciaiolo o al bar. Il burro si conservava in una bacinella con un filo di acqua corrente. Del resto non si facevano grandi scorte, specie quando i generi alimentari verranno razionati; a prendere il ghiaccio andavano i ragazzi che si affrettavano con passo svelto a portarlo a casa avvolto in un panno e strada facendo lo sgranocchiavano agli angoli.

Se non c'era la ghiacciaina si metteva il ghiaccio in un catino pieno d'acqua per tenere in fresco il vino e la bottiglia dell'acqua effervescente idrolitina del cavalier Gazzoni. Bastava sciogliere due bustine, una azzurra e l'altra rosa, nella bottiglia e l'acqua di rubinetto diventava frizzante e gradevolmente acidula. Il cavalier Gazzoni ricorreva a una frase di Stendhal per farsi pubblicità: «Più uno piace a tutti e meno piace profondamente», a eccezione dell'idrolitina che piace a tutti e profondamente.

In cucina, luogo ancora trascurato dai designer, gli elettrodomestici, quando ci sono, sono nascosti dentro mobili tradizionali. I progettisti non ritengono di dover «disegnare» un frigorifero o una cucina economica che sono per lo più di fabbricazione straniera; gli elettrodomestici sono brutti e cari e non si pensa ancora che debbano far figura e arredare; e tuttavia erano destinati a modificare radicalmente l'ambiente di cucina nelle forme e nel gusto con l'apporto di oggetti indispensabili e d'uso quotidiano, come l'aspirapolvere, il battitappeto, la lavatrice, la bilancia, il frigorifero.

In Italia fin dal 1930 la ditta monzese Casa elettrica, sponsorizzata dalla Società Edison, aveva promosso la diffusione, ancora scarsa, «di tutti gli apparecchi elettrici destinati a sostituire nelle varie funzioni domestiche il personale di servizio, e ad allietare e rendere sempre più confortevole l'abitazione moderna». Solo l'élite può esserne tentata. Una cucina economica costa 380 lire; un ferro da stiro elettrico 40-60 lire.

Le stufe a gas «d'infimo rendimento» erano da considerarsi sorpassate. La ditta Roveglia di Brescia proponeva nel 1940 i moderni termosifoni Meraviglia-gas. «A parità di consumo constaterete, con l'alto rendimento, i miracoli della superficie radiante.» Non veniva indicato il prezzo.

La Radiomarelli, concessionaria esclusiva per l'Italia, le colonie e l'impero, vendeva il frigorifero FIAT 125 litri, di tipo sigillato, «il più grande successo dell'industria del freddo a domicilio», e la Zerowatt la ghiacciaia Algidus, ben disegnata, con in basso la cantinetta per le bottiglie; e inoltre ventilatori, ferri da stiro, caffettiere.

La pubblicità era seducente e già agguerrita, ma pochi erano disposti a comprare un frigorifero, considerato un lusso, roba da signori. Anche nelle famiglie borghesi restie alle novità lo si considerò per lungo tempo un oggetto ingombrante e sofisticato, e forse nemmeno strettamente indispensabile. Tutti quei ritrovati della tecnica moderna parevano francamente eccessivi per le modeste esigenze della famiglia italiana.

A parte il frigorifero d'uso limitato, ciò che seduceva di più la madre di famiglia era la cucina elettrica. «Pensate,» diceva la pubblicità «provvedere all'indispensabile pasto giornaliero senza sporcarsi le mani, senza il fastidio del fumo, del cattivo odore e, per giunta, con la massima celerità.» Ma se tutti gli italiani avessero avuto una cucina elettrica il consumo medio di energia elettrica sarebbe stato pari a 15 miliardi di kilowattora, cioè la totale produzione di energia elettrica nazionale. Per il momento un sogno impossibile. Del resto la diffusione della cucina elettrica era dappertutto al primo stadio. In Italia, su 44 milioni di abitanti, erano state denunciate 115.000 cucine, cioè il 2 per cento delle utenze familiari; l'Olanda era tra il 2 e il 3 per cento; la Francia al di sotto del 3 per cento; più o meno la stessa percentuale della Germania. La proporzione saliva all'8 per cento negli Stati Uniti, «dove la diffusione della cucina elettrica è favorita dalla scarsezza di personale di servizio, dal frequente esercizio di attività lavorative fuori casa da parte della massaia, da trasformazioni delle abitudini domestiche con tendenza a ridurre al minimo l'impiccio della cucina».[4]

Nelle case operaie si userà ancora per lungo tempo la grande stufa, o focarile, come si dice in Toscana, con i fornelli a carbone. L'economia di guerra non consentiva spese aggiuntive.

Nelle famiglie operaie la mamma rammendava, cuciva gli abitini di nessuna pretesa, basandosi sui modelli di carta comprati in cartoleria o sui figurini delle riviste di moda, stringendo i ferri sotto le ascelle confezionava maglie di lana grezza di pecora, che irritavano la pelle come la carta vetrata; per i bambini erano una vera tortura. Nel pomeriggio, sbrigate le faccende, si metteva alla macchina per cucire e le bambine guardavano per imparare. In ogni casa c'era sempre una Necchi o una Singer: verniciate di nero, con qualche decorazione floreale in oro, a pedale o a manovella, costavano dalle 100 alle 150 lire; ma erano soldi spesi bene, perché con la macchina in casa si risparmiava parecchio e le bambine facevano pratica; in negozio o ai grandi magazzini si andava solo per acquistare l'abito nuovo della festa che durava una vita. Le giacche, lise e lucide ai gomiti, si rivoltavano almeno tre volte, ma per non fare la figura dei pitocchi bisognava stare attenti alle asole occhieggianti su entrambi i risvolti e al taschino che da sinistra passava a destra. Erano accorgimenti necessari per non farsi compatire. Le macchine per cucire avevano un buon mercato e la concorrenza era spietata. Nel 1935 la Necchi mise in commercio la prima macchina da cucito a zig zag a manovella. Nel 1939 la Singer sfornò la prima macchina con motorino elettrico che sostituiva quella a pedale. «Perché rimanere schiave della vostra macchina e continuare a pedalare?» diceva la pubblicità. «Il motorino vi libera, regalandovi ore preziose di tempo e la soddisfazione di un lavoro perfetto e veloce, con un consumo minimo di elettricità.»

XVI
L'ITALDADO È TRATTO

Il sobrio bocconcino

Il primo giorno dell'anno XIV, a seguito delle sanzioni, entrò in vigore la nuova disciplina sulla limitazione dei consumi alimentari. La carne, già scarsa, scomparve quasi del tutto dalla tavola degli italiani. «Nessuno muoverà lamento per questo» scrive Roberto Forges Davanzati. «Ci avvicineremo così all'alimento dei nostri rurali che lavorano e prolificano senza mangiar carne tutti i giorni. Se vi sarà qualche nostalgico del "roastbeef" o di altro piatto all'inglese, gli augureremo una degna punizione arteriosclerotica.»[1]

La carne minava il corpo e lo spirito; dove a un popolo giovane e scattante si addiceva lo stile spartano di un pasto sano e frugale. Il regime incoraggiava il consumo dei legumi, ceci e fagioli, un alimento completo: «Non si vuol dire che i legumi debbano essere l'esclusiva degli italiani sani e nemmeno di tutti i malati, ma soltanto affermare che se domani, a supporre una necessità improvvisa, da noi, ci si dovesse nutrire soltanto di legumi, la media degli italiani starebbe in salute meglio di prima, mentre se per assurda ipotesi la nostra alimentazione dovesse diventare puramente carnea, le ripercussioni sulla media della salute sarebbe distrastrosa». Il pericolo pareva scongiurato.

Le macellerie restavano chiuse due-tre volte la settimana.

In realtà nemmeno prima gli italiani mangiavano più carne. E sebbene ne consumassero meno degli altri paesi europei più ricchi e sviluppati, bisognava importarne dall'estero almeno un milione di quintali l'anno. Il foglio d'ordini del partito contro le sanzioni ordinò di dare il massimo impulso alla coniglicoltura e di incoraggiare ogni altra iniziativa autarchica. Il dopolavoro di Torino organizzava corsi di coniglicoltura e pollicoltura. I dopolavoristi che «si rivolgeranno direttamente al dopolavoro provinciale avranno i conigli maschi riproduttori e quelli per il miglioramento delle razze». Dal 1941 fu consentito, osservando precise norme igieniche, allevare in casa polli, piccioni e conigli.

La congiura dei paesi sanzionisti – di cui venne pubblicato l'elenco completo a onta dei medesimi – dimostrava che l'Italia contava qualcosa e che, finalmente, faceva paura. C'era di che essere orgogliosi. Del resto il sacrificio non pareva eccessivo per un popolo abituato a tirare la cinghia; a ogni modo compensava l'effetto corroborante che «l'assedio economico» aveva sulla massa. Il 18 novembre 1936, nel primo anniversario delle sanzioni, lapidi marmoree vennero apposte su tutti i palazzi comunali d'Italia a ricordo dell'ingiustizia consumata da cinquantadue Stati «contro l'Italia maestra di civiltà di popoli». Nessun discorso venne pronunciato. Dopo lo scoprimento delle lapidi, tre minuti di silenzio vennero osservati affinché «tutti potessero ricordare, con fierezza, la vittoria conquistata dall'Italia nonostante le inique sanzioni». La cerimonia si chiudeva col suono dei canti e degli inni fascisti. A Milano la lapide venne affissa su palazzo Marino e nel dopoguerra venne tolta. A Roma sul palazzo del Campidoglio. Il regime aveva ordinato «riti austeri».

A scuola i bambini imparavano il *Canto delle controsanzioni*, composto da Adele Morozzo della Rocca e musicato da Irene Del Moro:

La patata e il pomodoro
hanno tanta vitamina!
Noi cantiamo lieti in coro:
«l'Inghilterra non ci mina» ...
Pane e sale, riso e pasta
erba, frutta, cacio e vino;
ecco quanto in Patria basta
per il sobrio bocconcino.

Un esempio di austerità, disciplina, orgoglio nazionale, notava l'inviato del «Journal de Genève» a Roma, nel dicembre 1940: «Il paese dalle abitudini modeste e dai pasti moderati non cede nell'eccesso degli acquisti di provviste e i magazzini son ben forniti».

Il tono della stampa italiana divenne beffardo e strafottente. Il «Corriere Adriatico» scrive che «due etti dell'italianissima Robbiola di Robbio nutrono più di una bistecca straniera», mentre con l'Italdado si fanno «eccellenti brodi e minestre». E non è tutto: «Contro le sanzioni, un'arma efficacissima nel campo dell'alimentazione, carne in scatola Balilla, la migliore».

A Roma, il ristorante Bucci espose questa lista:

Oggi venerdì:
Zuppa alle sanzioni
Tegamino pesce Bucci.

La casa editrice Nerbini di Firenze pubblicava *La cucina economica in tempo di sanzioni* che per una lira offre 145 ricette da farsi con poco, come il «budino sanzioni», da provare alla «barba degli inglesi affamatori e compagnia bella», e la zuppa di «bucce di piselli». Ma prima bisogna trovare i piselli. Sebbene il ministero della Cultura popolare metta in guardia contro «ogni ottimismo imbecille», l'editore fiorentino, lo stesso che pubblica il giornalino a fumetti «L'Avventuroso», è sicuro che «un cambiamento di regime nutritivo non potrà essere che salutare. Gli alimenti carnei sostituiti coi legumi, col pesce, con le marmellate, diminuiranno il numero degli artritici, dei gottosi, degli uricemici, dei destinati a morire di accidenti. Continuino pure a crepare in tal modo gli inglesi, divoratori di bifsteack [*sic*] e di rostbeaf [*sic*], e le miss dai denti d'oro rubati ai boeri e che sgranocchiano con quelli le carni sanguinolente, tale e quale come i loro simpaticoni di abissini». Il linguaggio si fa duro e la sintassi lascia a desiderare, mentre in Italia prospera il commercio delle tessere annonarie false e dei pacchettini che non contengono burro, ma un pezzo di legno ben confezionato.

Il 21 dicembre 1940 il ministero della Cultura popolare invia una direttiva ai giornali: «Toccare il tasto comparativo delle difficoltà di tutti gli altri paesi. Mal comune mezzo gaudio! Non imbonire gli italiani con facili argomenti, ma dare il senso della realtà delle cose, pur tenendo presente la certezza della vittoria finale».[2]

Contro lo scetticismo dei circoli disfattisti, il segretario dei GUF di Brescia, Giuseppe Domenichini, ricorda che «il dovere di ogni fascista, di ogni italiano è di controbattere con mezzi energici le chiacchiere di questi tromboni e di questi "gagà" intellettuali». La guerra sarà vinta dall'Asse ma non sarà una vittoria rapida, incalza il segretario dei GUF di Cuneo, Giorgio Bocca: «Quindici giorni dopo l'inizio della campagna su alcuni dei più importanti giornali della sera, compariva l'annuncio che i tedeschi erano alle porte di Mosca e di Pietroburgo [*sic*] ... Fatto tanto più grave in quanto essi avevano al riguardo esempi di una chiarezza indiscutibile. Si rileggano i bollettini del Quartier Generale delle Forze Armate che non affermano se non dopo matematica certezza, giustamente cauti fino all'esagerazione. E se non è sufficiente ricordino le parole del Duce quando rivolto al popolo diceva: "La lotta sarà lunga e dura, il nemico contro cui combattiamo è forte, ma tale forza non può tornare che a nostro orgoglio e gloria"».[3]

Gli italiani vennero convinti a mangiare più riso, «un piatto gustoso e anche molto conveniente per la salute». Improvvisati poeti ne cantarono le lodi. La «Domenica del Corriere» raccontò che in Cina, paese originario del riso, era stato scoperto un saggio che aveva superato i duecento anni d'età. Tuttavia, tranne che al Nord, il riso era quasi sconosciuto e non piaceva, e a Napoli e in Sicilia si continuò a preferirgli la pastasciutta. Ma la farina scarseggiava, ce n'era poca anche per confezionare il pane che per molte famiglie restava l'alimento quasi esclusivo e in certi mesi dell'anno veniva mischiato con farina di lenticchie, di cicerchie, d'orzo, dal gusto acido e amaro e dal colore scuro. Il Duce provò a incrementarne la produzione, specie nella valle Padana e nelle terre bonificate, lanciando un'altra battaglia del grano e componendo un inno al pane che venne inserito in tutte le antologie scolastiche e che gli scolari imparavano a memoria:

Amate il pane:
cuore della casa
profumo della mensa
gioia del focolare.
Rispettate il pane:
sudore della fronte
orgoglio del lavoro
poema del sacrificio.
Onorate il pane:
gloria dei campi
fragranza della terra
festa della vita.
Non sciupate il pane:
ricchezza della patria
il più soave dono di Dio
il più santo premio
della fatica umana.

Un pericolo ricorrente per il raccolto erano le cavallette; ed ebbe grande risalto sulla stampa l'iniziativa presa in Friuli da squadre di uomini, donne e bambini che all'alba andavano a caccia di questi insetti servendosi di grandi sacchi. I municipi pagavano cinquanta centesimi ogni chilogrammo di cavallette catturate. Il comune di Mortegliano, in provincia di Udine, aveva sborsato in pochi giorni una somma corrispondente a trentatré quintali e mezzo di locuste. La stampa italiana riferì che in Olanda i proprietari di grandi silos di grano avevano installato altoparlanti che facevano «miao, miao» per combattere l'invasione dei topi, problema che attanagliava anche l'Italia.

L'autarchia cambiò le regole in cucina. Le riviste femminili suggerivano le ricette più economiche a base di prodotti nazionali: il caviale poteva benissimo essere sostituito con le melanzane e le olive nere tritate. Quella di surrogare il caviale non pareva una preoccupazione molto diffusa. Era già tanto se si trovavano le melanzane. A ogni modo, avvertiva «Famiglia Fascista», «la fretta è nemica della buona tavola», un invito alla donna a restare a casa.[4]

In un opuscolo intitolato *La donna italiana contro le sanzioni*, la direttrice della Scuola di educazione domestica «La Buona massaia» di Torino, Teresita Casalegno Jelmini, dava questi consigli alla famiglia operaia: «Le minestre di verdura – che richiedono molto tempo per la preparazione e la lunga cottura – prepararle in doppia dose per consumarle due volte (o a pranzo e a cena, oppure in due giorni successivi). L'acqua di cottura degli erbaggi utilizzarla per le minestre, onde non disperdere i valori alimentari. Abituarsi a usare la bilancia per comprare il giusto quantitativo (gli avanzi costituiscono uno spreco); l'olio adoperato per friggere colato in un canovaccio e conservato in luogo fresco serve per fare altri fritti». Nulla doveva andare sprecato. Così le riviste suggeriscono ricette a base di torsoli di cavoli, bucce di mela, gambi di prezzemolo. Con i surrogati si impara a fare le creme senza uova, le marmellate senza frutta, le costolette senza carne, l'insalata senza olio, gli spinaci senza spinaci.

Bice Visconti, titolare della rubrica «Bottega del ghiottone» sull'«Illustrazione Italiana», dettava le ricette più originali per il pranzo:

Zuppa di legumi
Anatrella in salsa verde
Insalata all'uovo
Crema di cioccolata o tapioca.

Oppure:

Zuppa di pesce alla sorrentina
Peperoni ripieni al forno
Scaloppine di vitello al pomodoro
Crema di lampone.

Tra i suoi lettori non c'erano gli operai della catena di montaggio. Ma c'era chi pensava anche a loro. Nel 1936 «La Buona massaia» consigliava la dieta settimanale ideale per una famiglia operaia: il lunedì verzata con cotenne e mele cotte a pranzo; pasta con fagioli e patate, e insalata verde la sera; il martedì risotto con fonduta e cavolfiore con insalata a pranzo; minestra di pasta e lenticchie e formaggio grasso la sera; il mercoledì passata di piselli e cotechino con patate in umido a pranzo; caffè e latte e frittata verde la sera; il giovedì risotto con pomodoro e lesso con piselli in umido a pranzo; zuppa di cavoli e crocchette di riso (fatte con risotto avanzato) la sera; il venerdì polenta con merluzzo e mandarini a pranzo; minestra di riso e porri con insalata di fagioli bianchi la sera; il sabato spezzatino di vitello con patate e fichi secchi a pranzo; pasta e ceci con finocchi al burro e formaggio la sera; la domenica pasta con sugo e costolette panate con bietole a pranzo; semola in brodo e frittata di cipolle la sera.

Aggiungendo un chilo e mezzo di pane al giorno, una famiglia operaia di quattro persone faceva colazione, pranzo e cena con 12-13 lire al giorno. La dieta era calcolata per il fabbisogno di 3380 calorie del padre a lavoro muscolare intenso; di 2500 della madre casalinga; di 1730 e 1480 per i figli di 8 e 7 anni.[5]

Si incoraggiava il consumo dell'uva, «grande dono della terra». «Mangiate uva» consiglia il «Corriere della Sera» del 2 settembre 1940. «Un chilogrammo d'uva fa risparmiare cinquanta grammi di zucchero.» Il 2 dicembre 1940 venne disposto il razionamento della pasta e del riso. Il razionamento individuale era fissato, per il mese di dicembre, in due chilogrammi di pasta o farina o riso, a scelta del consumatore. Preparare un piatto di minestra costava da 60-65 centesimi a 1,50 lire; una pietanza con contorno da un minimo di 1,60 lire a un massimo di 3,50. Un litro di vino rosso comune da pasto, di dodici gradi, costava 3 lire.

Si sarebbe rivelata presto utile l'agenda della massaia rurale diffusa dal regime che insegnava a trasformare un angolo di giardino in un pollaio e il balcone in orto di guerra. Non passerà molto tempo che a Milano piazza del Duomo e il piazzale antistante la Stazione Centrale verranno coltivati a grano. Al posto delle petunie e dei gerani si piantavano cavoli. La Villa Reale di Monza venne trasformata in fattoria di guerra, con i dromedari che aravano campi coltivati a grano, patate, ortaggi. Rischiava grosso chi faceva incetta di farina o sottraeva il grano all'ammasso. Il 1° giugno 1942 comparve questo avviso sui giornali: «Pensate ai combattenti! Essi rischiano ad ogni istante la vita contro il nemico: portando subito all'ammasso tutto il grano da voi dovuto voi li aiutate nel combattimento; sottraendovi a tale dovere voi li tradite».

Gli italiani mangiavano poco, ma bevevano molto, specie

all'osteria. Il vino era la bevanda millenaria nazionale e il Duce ne aveva incoraggiato il consumo con uno dei suoi memorabili detti: «Chi beve vino vive più a lungo del medico che glielo proibisce». Il Fascio femminile di Padova, nel libretto di ricette di cucina antisanzioniste, consigliava di usare il vino anche come condimento particolarmente adatto a preparare «risotto al vino bianco, cappone al vino nero per battere e ridicolizzare le "inique sanzioni"». Non tutti erano d'accordo sui benefici effetti del vino. Parecchi medici lo ritenevano causa della degenerazione fisica della gioventù che si presentava al servizio militare. «Infondata e ridicola accusa,» scriveva Arturo Marescalchi, sottosegretario all'Agricoltura e foreste, nel libro *Sapere e Ardire*, per la seconda classe delle scuole tecniche «perché basterebbe a smentirla citare che il minor numero dei riformati alla leva (meno di 120 per mille visitati) si ha proprio nel circondario di Viterbo, dove la popolazione adulta beve da 4 a 5 litri di vino al giorno, e che riformati in numero molto sotto alla media si hanno nei circondari di Voghera, Asti e Casale dove pure notoriamente la popolazione beve parecchio di più di un litro di buon vino genuino al giorno».[6]

L'enormità dei dati da lui stesso forniti facevano pensare che quei medici avessero ragione circa l'abuso del bere in Italia. Quando gli portarono i dati sulla piaga dell'alcolismo, il Duce cambiò idea e disse: «Chi non beve è un agnello, chi beve poco è un leone, chi beve troppo è un asino», segno che nemmeno lui la pensava come Marescalchi.

La sola soddisfazione per i poveri, che avevano sempre vissuto in ristrettezze, era che anche ai ricchi venissero posti dei limiti, benché il modo di aggirare le disposizioni si trovasse sempre. Malgrado il divieto, non fu difficile continuare a far uso di uova per la confezione di dolciumi, gelati e biscotti, specie nelle campagne e nelle ville fuori mano, dove i controlli erano quasi inesistenti o inadeguati.

Con l'autarchia della lingua, la cucina divenne meno appetitosa. Non più consommé, alla francese, ma «consumato», termine che suggeriva la triste idea di qualcosa che non c'era più. Nel 1932 «La Tribuna» aveva promosso un concorso a premi tra i lettori per la ricerca di sostituti delle cinquanta parole messe al bando dal regime. «Beafsteak», già al tempo dell'Artusi, era stata naturalizzata in rosbiffe, e più tardi in bistecca, ma per i consumatori faceva poca differenza. «Picnic» e «sandwich» diventarono nel gergo romanesco «picchinicche», presto abbandonato, e «tramezzino», rimasto in uso a Roma a scapito di «toast», largamente diffuso altrove.

Ma erano raffinatezze. I ragazzi del popolo mangiavano fette enormi di pane e frittata, pane e marmellata, pane e olio, pane e zucchero e non ne avanzava nemmeno una briciola.

Né più felice parve la traduzione di «cocktail» in «coda di gallo» e nei più ridicoli succedanei «coccotello» e «arlecchino». Rimase invece l'espressione «cin cin» proveniente dalla formula di cortesia cinese «Ch'ing ch'ing», che significava letteralmente «alla salute».

Banchetti e pranzi lunghi erano appena tollerati nelle occasioni speciali: matrimoni, comunioni. Ma con i viveri razionati anche quel residuo di abitudini borghesi divenne un ricordo. Si pose l'accento sulla necessità di quelle misure, che non erano solo misure contingenti, ma dovevano diventare regole di vita del nuovo costume di igiene e sobrietà, di cui gli italiani dovevano essere pienamente consapevoli. La frugalità era una norma dello stile fascista, benché per la stragrande maggioranza della gente non ci fosse alcun bisogno di imporla. Il popolo dei «cinque pasti», bersaglio fisso della propaganda fascista, finì per agitare le notti degli italiani che di pasti ne facevano a malapena uno.

L'ideale del buon fascista era il rancio. Abolito il «pranzo» dal vocabolario, si impose il «rancio cameratesco». A volte la sostanza non cambiava.

Se fra ricchi e poveri qualche differenza c'era anche in tempo di autarchia, l'egualitarismo fascista diventava un dato di fatto nei refettori scolastici, nelle mense statali, nelle cucine pubbliche. Nei ministeri c'era una mensa unica, e dal ministro alla più giovane segretaria mangiavano tutti, uno accanto all'altro, la stessa cosa, pur pagando secondo il loro stipendio, da 2 a 7 lire; mentre a Mosca vi erano tre classi a prezzi differenti.[7]

Il ministro Italo Balbo era orgoglioso della posta pneumatica con la quale poteva far mandare in tutti gli uffici un caffè caldo nel thermos.

Il dopolavoro di Milano aveva allestito le mense dove si faceva un pasto completo a prezzi minimi. Lo stesso vino rosso da pasto alla mensa costava da 60 a 80 centesimi.

Restava invariata nella provincia di Milano la razione mensile di grassi, nella misura di 800 grammi a testa così distribuiti: 3 decilitri di olio (corrispondenti a circa 300 grammi) e 500 grammi di burro o altri grassi. Il consumatore aveva facoltà di prelevare in luogo di 3 decilitri di olio, 300 grammi di burro o altri grassi; non era invece ammessa la sostituzione della razione di burro o altri grassi, con l'olio. «Economizzate olio e burro, risparmiate i grassi, condite tutto con la salsa Rubra» dice nell'estate 1941 la pubblicità della Cirio. «Restituite i vetri Cirio vuoti, diminuite lo spreco del vetro, restituite le bottiglie vuote della salsa Rubra al vostro fornitore, egli ve ne consegnerà in cambio una piena a prezzo ridotto.»[8]

In quello stesso periodo tornò all'onore della mensa il tradizionale e classico «pane di mistura»: tre parti di frumento e una di granoturco. Quanto alla pezzatura del pane era rigorosamente bandita la «michetta», dando la preferenza alle forme sottili e lunghe. Non veniva fornita alcuna ragionevole spiegazione dell'abolizione della piccola e popolare forma di pane milanese.

Campanilismo a tavola

Al mito dell'uniformità si contrapponeva in cucina la varietà dei piatti regionali e, ovviamente, delle differenze sociali ancora molto forti. Variavano i gusti da Nord a Sud. La cucina continentale piemontese è d'ispirazione francese, al Sud, in Sicilia, i piatti sono di derivazione greca e araba. Al Nord si consuma più carne, grassi, proteine. Al Sud più formaggi, pesce e verdure. Con le sanzioni si incoraggiava la dieta vegetariana, a tutto vantaggio della salute e della bilancia commerciale. Ma prima della loro entrata in vigore il modo di mangiare era già cambiato; la semplicità e la genuinità di un tempo erano una chimera.

Le castagne, fresche e secche, che erano una risorsa contro la fame, e solo in piccola parte destinate all'industria dolciaria, diventano nel Ventennio fascista la base per la produzione industriale delle farine, delle conserve sciroppate, delle creme, delle marmellate. Nelle botteghe sono in vendita i marron glacés, i cuni (castagne biscotte) e gli albesi al cioccolato, i biscottini sottili detti confortini di Busca, i druné di Dronero, i mostaccioli di Revello, i torcettini sfogliati di Roccavione. Le castagne, nonostante l'impiego dell'industria dolciaria, sopravviveranno grazie al loro ruolo nelle sagre e nelle feste, con i funghi e i tartufi.

Ottiene un posto di rilievo la pesca fluviale, mestiere quanto mai antico e fortemente valorizzato dal regime. C'erano ancora prodotti e coltivazioni che con l'inquinamento industriale spariranno nel giro di decenni; così nella provincia di Como, i cavolfiori e le rape di Argegno, le ciliegie, le prugne e le pesche per le marmellate di Montecchia, le pesche di Lecco e di Nobile, e ancora i cavolfiori di Nasso, spariranno dagli elenchi dei prodotti tipici successivi.

La prima *Guida Gastronomica d'Italia*, uscita nel 1931, proprio per non disperderne la memoria e recuperare gli antichi sapori, elencava le specialità tipiche di ogni regione e distingueva otto grandi cucine: milanese, torinese, veneta, bolognese, toscana, napoletana, genovese e siciliana, tralasciando, come più o meno aveva fatto l'Artusi nel suo celebre trattato di cucina, le terre a Sud di Napoli e la Sardegna, e altre come Roma, l'Umbria, le Marche e gli Abruzzi, al Centro-Sud. In mancanza di una cucina nazionale, ciascuna regione vantava prerogative gastronomiche che la facevano ritenere superiore alle altre. I toscani, e specialmente i fiorentini, si sentivano dei privilegiati, benché ogni borgo vantasse una propria specialità, e non dubitavano di occupare un posto dominante nella graduatoria della cucina di tradizione. Ci rimasero male quando la *Guida* classificò la cucina milanese «la più ricca e la più adatta ai forti mangiatori».

La *Guida* offriva non solo un vasto repertorio di specialità regionali, provincia per provincia, con l'elenco dei consorzi agrari, delle botteghe, delle cantine dove queste specialità che rischiavano l'estinzione si potevano ancora trovare, ma andava alla scoperta di specialissimi piatti locali, per lo più sconosciuti altrove, come le melanzane alla siciliana, «semplicemente deliziose» e, sposando la politica del governo, valorizzava i prodotti nazionali sostituendo piatti d'importazione con i più tipici prodotti della tradizione locale, ad esempio la *bouillabaisse* con il cacciucco. Il ritorno alle tradizioni e ai piatti di casa si fece coincidere negli anni Trenta col culto dell'igiene e dell'economia e nell'abbandono di ogni ostentazione di lusso a tavola. I grandi cuochi insegnavano le regole del mangiare sano e a poco prezzo, in un clima di ritrovata semplicità. Nel suo libretto *L'Igiene in cucina*, del 1930, Amedeo Pettini, illustre gastronomo e capocuoco della Real Casa, elencava un ricettario economico a base di brodi di dado, gelatine di vitello o di pollo, minestre di acetosella con fagioli o bietole con luganiga. Più pollo che manzo, più riso che pasta, secondo le raccomandazioni del regime. Pettini riassunse il pensiero corrente nel motto «La cucina più accanto alla vita», che era anche il titolo di un articolo che aveva pubblicato su «Cordelia»: «Ragioni igieniche, economiche ed anche morali hanno precluso nel mondo lo smodato lusso della mensa, una volta ritenuto inerente al decoro personale delle famiglie».

XVII
NON SOLO ORBACE

Suole in sughero e camicie in seta di paracadute

Compostezza, è lo stile che si addice alla donna fascista. La moda alla «garçonne», gonne corte, seni piatti, vita bassa e silhouette snella, che ha furoreggiato fino al 1929, l'anno della grande crisi, è destinata al tramonto nei castigatissimi anni Trenta. La donna torna a essere donna, senza ambiguità, senza grilli per la testa. S'impone un nuovo modello di femminilità dolce e remissiva. Suggestionata dai nuovi dettami d'ordine e decoro, la donna è di nuovo sotto la protezione dell'uomo, le sue uniche aspirazioni sono il matrimonio e la famiglia; e la moda la destina al suo ritrovato ruolo di sposa e madre feconda. Il corpo riacquista forma, i vestiti, morbidi sul seno, si stringono ai fianchi, esaltano la linea, la vita torna al punto giusto, non più troppo in basso come voleva la moda «ad alga marina». Nella donna «sirena» le gonne si allargano in fondo e si allungano dapprima sotto il ginocchio e poi fino alle caviglie; torneranno ad accorciarsi negli anni dal 1936 al 1940. Gli abiti da sera si allungano gradualmente e ricompare lo strascico. Un settimanale commenta: «La questione più grave di questo autunno, dopo quella dello sgombero della Renania, è l'allungamento delle gonne». «Il Travaso delle idee», giornale satirico, ci scherza alla sua maniera:

> Tu chiedi alla donna che segue la moda
> per quale ragione ritorni alla coda?

Le acconciature diventano vaporose e arricciate, al contrario dei capelli alla «maschietta» degli anni Venti. Torna di moda il busto, non più a stecche di balena come nell'Ottocento, ma a guaina elastica che modella il corpo sotto il vestito. Ricompaiono i guanti, anche di giorno, i cappellini con la veletta, il manicotto di pelo, la mantellina, e per la sera i «volant», i fiocchi, ispirati ai pouf dell'Ottocento. Una novità sono le polacchine, le suole in sughero, i costumi da bagno con il corpo elasticizzato e «L'Illustrazione Italiana» vanta la procace, autarchica, bellezza italica che non contrasta con i modelli di virilità dell'uomo. Vanno molto le guarnizioni e i colli di pelo raso, d'astrakan o di lontra, oppure di visone e di volpe. Di gran moda la pelliccia di volpe apprezzata dalle signore della buona società che portano al collo due animali interi con le zampe e la testa. Con l'autarchia gli allevamenti nazionali di pellicce poco pregiate – agnelli, conigli, cani e topi – ma anche di manti pregiati ed esotici – volpi argentate, agnellini persiani e visoni – metteranno sul mercato capi a prezzi modesti, accessibili a un largo pubblico, e in grado di sostituire i tessuti di lana di difficile reperimento. Fedele interprete dei gusti e dei desideri della classe media, la rivista «Per voi signora» è lieta di presentare al suo pubblico l'accresciuta gamma di disponibilità: «Questo divulgarsi di un articolo, che è sempre stato considerato privilegio di donne ricche, eleva il tono generale dell'abbigliamento nel quadro complesso della Nazione, dove predomina la classe delle medie possibilità».[1]

Merito del regime che con l'autarchia «va incontro al popolo».

La moda esalta la figura femminile ma senza concessioni alla malizia, e allo stesso tempo riscopre la mascolinità dell'uomo con lo stile «spalle larghe» lanciato nel 1925 in America. È sempre Parigi a dettare la moda; e le maggiori sartorie, di Roma e Milano, si ispirano ai suoi modelli; vestiti, tessuti, cappelli e perfino gli accessori hanno nomi francesi. Ma con le sanzioni viene bandito tutto ciò che è straniero dal vocabolario e dagli armadi. L'eleganza della calzatura italiana non ha rivali. La Brill, lucido da scarpe, fa pubblicità al prodotto mostrando una famiglia di indigeni dell'AOI, madre, padre e figlio, non a piedi nudi, come solitamente vengono ritratti, ma con tre lucidissime paia di scarpe, «ché nell'Africa Orientale / lo sa pur un imbecill / sia la scarpa o lo stivale / se li lucidano con Brill» dicono i versi che l'accompagnano. L'alta borghesia, i professionisti, gli attori, i guappi napoletani le preferiscono bicolori, di gran moda, bianche e nere, di cuoio o vacchetta chiara; per le signore scarpe leggere di vitello, di capretto, pelli morbide, e, purtroppo, anche di pelle di pesce, quando comincia a scarseggiare la materia prima: scarpe da mattina, da pomeriggio, da sera, tutte con l'alta suola di sughero (oltretutto una manna per le donne di statura inferiore alla media). Per disposizioni ministeriali il cuoio è riservato alle calzature militari. La rivista «Per voi signora» era inflessibile con le lettrici che facevano ricorso al «mercato nero» per scarpe di cuoio e tacchi alla francese: «Non perdiamo tempo in capriccetti, che hanno il fondo in qualche malignità disfattista ... Più o meno alte di suola, più o meno ortopediche, più o meno a zoccolo ... le scarpe femminili si usano non di cuoio».[2]

Ormai anche i più famosi calzolai utilizzano, oltre al sughero e al legno, il succedaneo del cuoio, il «cuoital», ottenuto da cascami delle pelli e del cuoio, il feltro, i derivati della gomma, le resine sintetiche come il rodovetro e la bachelite per la suola e, per le tomaie, la paglia e la rafia sintetica, il pilor (fustagno), lo spago, la canapa. Nei primi anni di guerra il pellame venne sostituito dalla pelle di pesce. Oltre agli squali, avevano una buona resa nella tintura a vivaci colori le pelli di merluzzo, salmone, dentici, anguille.[3]

Nel rigido inverno 1940-'41 s'era diffuso l'uso dei calzettoni femminili di lana da sovrapporre alle calze di seta. I calzettoni non saranno stati eleganti ma tenevano caldo. Severo commento del «Corriere»: «Era proprio il caso di diffondere quest'anno un costume simile, mentre la lana è così utile per gli indumenti dei nostri soldati?».[4]

Le grandi firme della moda si ingegnarono a trovare succedanei che non fossero motivo di disagio e di imbarazzo per le signore. Il famoso calzolaio Perugia si vantava di non adoperare legno nelle sue suole, ma fibre artificiali, leggere e resistenti, che «eliminavano questo esasperante e sgradevole rumore di zoccoli»; il ticchettio del legno sul selciato divenne per i francesi, più che in Italia, un suono di guerra, e lo chansonnier Maurice Chevalier ne fece il tema di una canzone di successo: *La symphonie des semelles de bois* (La sinfonia delle suole di legno).

Nella primavera del 1936 le signore portano cappelli «di vetro così detto sintetico». Nell'estate del 1939 gli uomini indossano la paglietta, «il più igienico dei copricapo estivi e, allo stesso tempo, un prodotto autarchico per eccellenza». I grandi inviati familiarizzano il pubblico con i costumi e le cronache dall'impero. Luigi Barzini jr, inviato del «Corriere della Sera» e tra i primi viaggiatori nell'Etiopia «pacificata», racconta che le donne etiopi non ricercano alcun motivo di seduzione. «A conferma che è l'autorità maschile a prevalere e a imporre un modo di vestire uniforme, portano il cappello grigio, specialmente per il viaggio, col volto e la testa bendati di mussolina come se fossero affette da gravissima otite. Calze di cotone bianco e scarpe di coppale appaiono al di sotto delle molte sottane ... Nessuna civetteria nelle donne. Pochi monili, collane, croci d'argento che portano anche gli uomini.» Perfetta analogia col costume di sobrietà italiano. «Gli etiopi sono invece ghiottissimi di profumi. Ne fanno un uso smodato. Effluvi che vi fanno pensare a ginecei europei, a case chiuse, a gruppi di serve domenicali, si spandono qualche volta dalle chiome crespe di qualche antico degiasnac».[5]

Si creano modelli dedicati all'impero, alla conciliazione, alla battaglia del grano, ornati da enormi M ricamate. Le donne italiane imparano a usare il trucco e a ossigenarsi i capelli. Vogliono tutte assomigliare alle dive di Hollywood. Le sopracciglia rasate rifatte ad arco con la matita, le ciglia irrigidite nel rimmel, le labbra messe in gran risalto dal rossetto, non ancora attenuato nei colori più discreti, le unghie laccate nei colori dal rosa-pesco al rosso barbabietola, fino all'oro e all'argento.

Il popolo ignora la moda e continua a vestirsi come ha sempre fatto. Le mutande lunghe di lana grezza, le giacche di fustagno, e la domenica la camicia bianca pulita sulla piazza del paese. Un segno di distinzione per il piccolo impiegato è la penna stilografica infilata nel taschino sopra il fazzolettino bianco.

L'alta moda italiana consolida vecchie regole e ne prescrive di nuove, come per esempio l'uso di determinati abiti per le diverse occasioni. Di rigore al mattino l'abito sportivo; anche se la signora non ha nulla da fare di preciso – prescrive l'«Almanacco della Donna Italiana» del 1933 – «deve uscire con vestiti pratici e disinvolti». L'abito adatto è il tailleur, i due pezzi in jersey, le giacche corte o a tre quarti, le scarpe col tacco basso per camminare più comodamente. Al pomeriggio gonne sotto il ginocchio per l'ora del tè; fino alle caviglie per rendere la «visita» alle amiche o per ringraziarle dell'invito ricevuto a pranzo. Di sera l'abito lungo fino a terra, con la coda a strascico all'opera, ai balli, ai ricevimenti d'una certa importanza. Compaiono in determinate occasioni le scollature davanti e dietro o solo sulla schiena: una concessione all'eleganza mondana, fra gente che non si scandalizza per così poco. Il regime non vuol passare per bacchettone, aspira piuttosto alla sobrietà, all'austerità quasi militaresca. L'eleganza non deve essere troppo appariscente. Ma per la Lega cattolica non è abbastanza. «I vestiti devono essere senza scollatura, né aderenti, né trasparenti, la gonna a metà gamba, le maniche lunghe oltre il gomito, e le calze né trasparenti, né color carne.» Le donne cattoliche, riunite nell'ottavo Consiglio internazionale, avevano promesso di condurre una campagna per la moda corretta. Come raggiungere lo scopo era stato indicato da una certa signora Prestschmez: «Boicottaggio alle riviste e ai modelli indecenti, istituzione di scuole cattoliche di taglio e di cucito, educazione delle apprendiste nelle sartorie, pubblicazione di riviste cattoliche di moda, esposizione di modelli corretti». I pantaloni da donna sono tollerati come «pigiami da spiaggia», larghi e abbondanti, niente aderenze che l'acqua di mare renderebbe più evidenti, e «costumi da neve» stretti attorno alla caviglia; all'infuori dell'ambiente sportivo l'uso dei pantaloni è limitato al «pigiama da notte» e, per le più audaci, al «pigiama da sera», ampio e svolazzante per i pranzi non ufficiali.

I pantaloni femminili sono particolarmente osteggiati dalla Chiesa, che promuove nei primi anni Trenta una campagna contro «certi sport, con le loro fogge di vestire, esibizioni e "cameratismi" inconciliabili anche con la modestia più accondiscendente». Il fascismo, per non essere da meno, li aveva definitivi con linguaggio meno forbito «adatti alle coscie rinsecchite delle suffragette» e nel 1933 li aveva vietati anche sulle spiagge. Neppure le cicliste avevano una qualche ragione per mettere i calzoni lunghi e le camicette senza maniche. «Non v'è nulla che giustifichi questo capriccio all'infuori di un ridicolo esibizionismo.»[6] Era consigliabile sostituirli con gonnepantalone, o con abiti normali allungati di almeno dieci centimetri, indossati sopra una veste nera, o con un paio di calzoncini neri fermati con un elastico sopra il ginocchio. «Per impedire atteggiamenti inconciliabili con la correttezza del costume», il 26 giugno 1941 venne sancito il divieto per le donne di mostrarsi in pubblico o comunque circolare indossando calzoni lunghi o corti. Era ammesso l'uso della gonna pantalone per bicicletta o della tuta femminile a calzone per riconosciute esigenze di lavoro.

Il nero era posto a presidio della virtù e della decenza; non a caso evocava mestizia e lutto dei sensi, senza alcun riferimento al colore prediletto dal regime che non voleva certo favorire la castità e spegnere la passione.

Al mare, cedere alle stravaganze è facilissimo; lì ci si permette di infrangere le regole. «Dicono che tutto sia permesso,» scrive il «Corriere della moda» con aria di riprovazione «anche a una madre di abbigliarsi come la propria figlia diciottenne. La donna italiana ha troppo buon gusto per non astenersi da certe forme di esibizionismo; ella sa bene che i suoi doveri e la sua dignità non si annullano passando dalla città alla spiaggia.» Ci mancherebbe!

E tuttavia è al mare che la moda rompe i propri tabù e sperimenta modelli più liberi e disinvolti. La donna abbandona il pantaloncino corto e indossa la gonna corta, più ricercata, più femminile, tagliata sopra il ginocchio. «L'Illustrazione Italiana» osserva che sulle spiagge vi sono ormai più uomini a torso nudo che nel ridicolo costume intero a canottiera. Nel 1932 la rivista «La Maglia» lancia il grido d'allarme: «I costumi da bagno tendono a zero. Trionfo della nudità. Cosa succederà nel 1933?». Le riviste specializzate raccomandano alle signore di possedere almeno due «costumi da acqua», come si chiamano i costumi da bagno, onde evitare di stare in spiaggia con un indumento bagnato. Inutile dire quanto sia disdicevole esibire un corpo grassoccio e male abbronzato, sebbene il fascismo prediliga la donna «in carne», alla donna «crisi» del decennio precedente. Corpi sempre più nudi sulle spiagge, mentre si inventano costumi traforati per favorire l'abbronzatura. L'attrice Marta Abba fece scandalo nel 1932 mostrandosi in due pezzi a Castiglioncello.

La moda maschile si ispira allo stile inglese nei modelli sportivi delle giacche ampie e strette in vita e nella varietà dei tessuti classici di tweed e principe di Galles, finché la «Perfida Albione» non costringerà la moda fascista a ripiegare sui tessuti di fortuna ricavati dal vetro e dal latte. L'autarchia metterà a dura prova lo spirito di sacrificio degli elegantoni. Persino la pipa era diventata sospetta. E se piove non si apre l'ombrello per non imitare quell'antipatico di Chamberlain.

Nel marzo 1940 giunge notizia che a Francoforte sul Meno è stata lanciata la moda dei vestiti e dei cappelli fatti di pelle di pesce. La Germania è in guerra da sette mesi. Quando toccherà all'Italia, Lionella sul «Corriere della moda» raccomanderà: «Signore, vestitevi, ma vestitevi alla maniera autarchica, con tessuti autarchici, al cento per cento» e per trattenere i capelli quando si va in bicicletta – mezzo consigliato ora che la benzina scarseggia –, «ecco le reti di filo di canapa, oppure di un filato speciale ottenuto con cellulosa di paglia».[7] Le donne impareranno a confezionare le camicie con i paracadute di seta americani raccolti nei campi.

Conturbante, maschia divisa

«Qui giace Starace / vestito d'orbace / *requiescat* in pace.»

Epitaffio scherzoso diventato tragicamente profetico nel 1945. Povero Starace. Cos'era l'orbace? Un rozzo panno di lana tessuto a mano, tipico della Sardegna, adottato nel 1933 per l'uniforme fascista. L'espressione «gerarca in orbace» riassumeva tutti i componenti della divisa: camicia nera (come quelle degli operai che le indossavano perché meno «sporchevoli»), cravatta nera, giacca senza risvolti e senza bottoni, trattenuta in vita dalla cintura. Pantaloni alla zuava e stivali.

In testa una bustina con grande frangia ricadente su un lato. Tutto questo, meno gli stivali neri, d'orbace tinto di nero. La camicia nera divenne obbligatoria in tutte le cerimonie pubbliche; gli iscritti dovevano indossarla alle adunate, nelle cerimonie, nelle riunioni di partito; i maestri elementari durante le lezioni; i senatori nelle assemblee di palazzo Madama. Fu il contrassegno più visibile e monotono del fascismo.

Il 25 gennaio 1938, con gesto simbolico, la marchesa Marconi offrì la camicia nera e la divisa fascista appartenute al defunto marito al Duce, il quale dispose che i cimeli fossero esposti con la solennità del caso alla mostra permanente della Rivoluzione fascista.

La divisa è una conquista sociale che riscatta i poveri dal loro stato di subordinazione e li proietta in una luce nuova; chi non aveva i soldi per comprarla scriveva a Mussolini e gliene veniva consegnata una gratuitamente con una particolare cerimonia; e c'era chi, in punto di morte, aveva espresso il desiderio di essere sepolto con la camicia nera e il suo nome compariva nell'albo d'onore del partito.

Tutto veniva preso terribilmente sul serio, anche l'ultima disposizione di Starace: «È fatto assoluto divieto di portare il colletto della camicia nera inamidato». La camicia, di qualunque colore – nera, rossa o bruna – era un simbolo di disobbedienza e d'irregolarità che rompeva il vecchio ordine ammuffito: non si faceva la rivoluzione in giacca e cravatta, e meno che mai con la camicia col collo inamidato. Ma il look del rivoluzionario moderno è cambiato; se non fosse per la camicia, simbolo eversivo d'ogni tempo, non lo si riconoscerebbe più. Non più barbe ottocentesche, al massimo un arrogante pizzetto, alla Balbo; i capelli impomatati, pettinati all'indietro, il nuovo eroe esibisce il torso nudo abbronzato del contadino e il cranio rasato, aggressivo, del dominatore.

«La massa ama gli uomini forti. La massa è donna» ha detto Mussolini.

Nel 1938 l'esercito assunse un aspetto più disciplinato e marziale con l'adozione del «passo romano». Sulla rivista «Attualità medica» il professor Baglioni, con ampia e libera interpretazione, spiegava le caratteristiche psicologiche e scientifiche del nuovo passo da parata e i suoi benefici effetti sulla salute: «Il tronco eretto ha soltanto oscillazioni nel senso della progressione in avanti; il ritmo respiratorio, adattandosi al ritmo dell'esercizio, si svolge più calmo e profondo: incitati dal ritmico energico misurato comando del rullo dei tamburi, all'unisono col ritmo battuto dai possenti talloni, i nostri soldati, sensibili all'arte musicale che è una delle doti più profonde del nostro popolo, eseguono il passo con gioia e fierezza, con quella severa solennità che amiamo rievocare nelle ferree schiere dei legionari romani sulla via dei Trionfi». I romani, però, non marciavano a «passo romano» e l'esercito scimmiottava piuttosto il passo dell'oca prussiano, ma non bisognava dirlo.

I ministri fascisti andavano a piedi per risparmiare la benzina e le gomme dello Stato, per dare un esempio di amministrazione austera. In questo sfoggio di sobrietà si distingueva Costanzo Ciano, tranne che a tavola. Ma questo succedeva nei primi anni del regime, poi il decantato stile fascista degenerò.

La camicia nera piaceva ai giovani perché faceva colpo sulle donne, e il «rivoluzionario» è vanitoso oltre che bigotto, e ama la famiglia. Il segretario del partito Augusto Turati lamentò che le Giovani e le Piccole italiane portavano gonne troppo corte. Si faceva spontaneamente ciò che il fascismo non sarebbe mai riuscito a imporre con i carabinieri. Non ci volle molto al regime per capire che il compito non sarebbe stato così arduo e ingrato e che l'istinto gregario degli italiani glielo avrebbe facilitato. Nel 1940 su una popolazione di 45 milioni di abitanti, ben 23 milioni erano iscritti alle organizzazioni di partito. Tutti, disse Mussolini, «tolti i vecchi, i bambini, e quelli che, dal punto di vista sociale e nazionale, sono degli zeri». I numeri gli davano ragione. Reggio Emilia era al primo posto in Italia per il numero di iscritte tra le massaie rurali, Milano al secondo, Brescia al terzo e Mantova al quarto. La tradizione socialista di Mantova s'era rigenerata nel fascismo padano e rurale e nessuno se n'era scandalizzato. Il fascismo veniva da lì.[8]

La divisa si arricchì di elementi decorativi per distinguere i fascisti antemarcia, quelli della «vigilia», da quelli meno solerti dell'ultima ora. Agli squadristi venne concesso l'onore di portare un distintivo in smalto rosso con impresso il fascio littorio all'occhiello dell'abito borghese, sempre abbinato col distintivo del partito, e ai Vigili del fuoco di sostituire sul bavero della divisa il distintivo del corpo col fascio littorio. Il Duce inaugura l'elmetto nero con l'aquila romana dipinta in porporina. Il 21 aprile 1939 venne adottata la sciarpa littoria nei tre modelli ufficiali depositati presso l'Unione militare al costo di 100, 34 e 20 lire. La carriera militare torna a essere ambita e rispettata.

C'erano negozi specializzati dove si comperavano le uniformi; frange lucide, cordoni colorati, gradi da cucire sulle maniche, piccoli distintivi che indicavano il corpo di appartenenza dei Balilla o delle Piccole italiane.

La montura di gala dei gerarchi consisteva nella giubba di panno nero con bottoni di metallo dorato fregiati di aquila romana e fascio littorio, camicia nera e cravatta di seta nera opaca, controspalline nere col fascio e filettatura in oro, pantaloni lunghi neri con sottopiede e doppia banda formata da due strisce di seta nera, separate da un cordoncino d'oro, cintura di pelle nera, guanti neri, berretto fascista con fiocco. Era vietato pubblicare fotografie di gerarchi in abito borghese. Il fascismo vestiva la divisa e andava di corsa.

Nel periodo di guerra l'uso dell'uniforme fascista di gala e della grande uniforme venne sospesa. «Pertanto nelle cerimonie per le quali è prescritto l'uso di tali uniformi sarà indossata dai gerarchi e dai fascisti l'uniforme ordinaria con le decorazioni (sahariana nera, pantaloni grigioverdi e stivaloni).»

C'era nel costume d'uniformità qualcosa di congeniale con lo spirito anarchico italiano ricondotto all'ovile. La ragazza che faceva all'amore con un fascista era invidiata. Ci si sposava con la camicia nera e sui giornali si leggeva: matrimonio fascista, matrimonio in camicia nera, e i preti benedicevano le nozze in bianco e nero.[9]

XVIII
UTILITARIE DI REGIME

«Vibrante dinamismo»

Nel 1932, decennale della rivoluzione fascista, la FIAT lanciò la Balilla 508 4 marce, velocità 85 km/h, la prima vettura utilitaria italiana e i giornali ne magnificarono i pregi, le qualità, e l'intento del regime, realizzato dalla FIAT, di «andare verso il popolo».

«Le Vie d'Italia», rivista del CTI, la Consociazione turistica italiana, scriveva: «Industriali, commercianti, esercenti ed impiegati, medici, ragionieri, avvocati, geometri, impresari, periti, ecclesiastici; giovani sportivi e maturi possidenti di campagna, signorine, mammine, tutti hanno riconosciuto nella nuova FIAT che nasce, la tanto invocata automobile finalmente accessibile nel prezzo, nell'uso e nella manutenzione. Non giocattolo dalla vita effimera e dalle limitate possibilità, ma vera, completa, superba automobile, fatta per durare e per servire; da accontentare ogni più disparata e severa esigenza».[1]

La Balilla costava 10.800 lire e pur consumando poco più di 7 litri di benzina per 100 chilometri non era proprio un'auto alla portata di tutti. A un buon impiegato di banca occorreva un anno di lavoro per poterla comprare e a un operaio non ne bastavano due. Gli operai continuarono ad andare a piedi o in bicicletta, il mezzo di locomozione più diffuso. Anche se la Balilla portava un nome che piaceva al regime (pare scelto dal Duce in persona), Mussolini disse al senatore Agnelli, andato personalmente a Villa Torlonia per presentargliela, che la Balilla costava ancora troppo e che la FIAT avrebbe dovuto venderla a 5000 lire. Si era lontani dal traguardo, ma uno sforzo significativo era stato fatto. In tutta Europa era invalsa la tendenza a fabbricare piccole auto economiche.

I prezzi delle grosse auto erano proibitivi. I modelli sportivi e gran lusso andavano dalle 40.000 alle 80-90.000 lire. I gerarchi sfrecciavano sulle strade sterrate a bordo delle più belle e veloci macchine d'allora. La lussuosa Lambda Torpedo era tra le più costose e belle, e quella preferita dai gerarchi. Il cofano possente, i fari cromati, le gomme con la fascia bianca, la ruota di scorta a vista. Una concezione stilistica nuova che aveva impressionato i carrozzieri americani.

Per fare trecento chilometri ci volevano 70 litri di benzina. E tuttavia nel 1926 venne festeggiata la vendita del centomillesimo esemplare.[2]

Ma le iscrizioni alle scuole-guida non aumentavano. Con la crisi economica le vendite erano calate del 50 per cento e in due anni le nuove vetture immatricolate passarono dalle 33.436 del 1929 alle 14.760 del 1931.

Era venuto il momento di produrre piccole auto a basso costo. L'Italia era agli ultimi posti nella produzione mondiale di autovetture. Nel 1932 circolavano in Italia 291.587 autovetture, in Germania 679.300, in Francia 1.459.650, in Inghilterra 1.663.450, negli Stati Uniti, con una popolazione tre volte l'Italia, 26.697.398. Dopo l'Italia venivano la Spagna con 189.650 autovetture, il Giappone con 95.719 e la Russia con 57.640. Non era una posizione invidiabile. In rapporto alla popolazione, negli Stati Uniti c'era un'autovettura ogni 4,59 abitanti, in Francia e in Inghilterra 28, in Danimarca 31, in Svezia 42, in Svizzera 50, in Belgio 51, in Norvegia 61, in Germania 94, in Spagna 119, in Italia 142, battuta solo dalle Grecia con 147.

Nel febbraio 1930, a pochi mesi dal crollo di Wall Street, la fabbrica torinese aveva lanciato sul mercato la FIAT 514, un modello che si era rivelato un fiasco clamoroso. La berlina a due porte normale costava 18.500 lire e la berlina a quattro porte di lusso 21.500 lire. L'attrice Paola Borboni faceva la pubblicità ed esclamava: «Veloce come il vento, silenziosa come la notte, bella come una donna bella, e comoda come la propria casa: ecco la FIAT 514. Provatela».

Per rifarsi dello smacco la FIAT aveva progettato e costruito la Balilla, una vettura «rivoluzionaria» quanto a prestazioni, confort e prezzo.

Filippo Tommaso Marinetti esaltò l'ultima nata della FIAT come espressione di «italica ingegnosità» e di «vibrante dinamismo». Il famoso cartellonista Marcello Dudovich disegnò un manifesto che ritraeva una elegante signora vestita in blu dalle forme altrettanto dinamiche e sinuose della Balilla; in un altro manifesto raffigurava il piccolo balilla in fez e camicia nera nell'atto di scagliare il sasso. Il governo concesse alla FIAT di vendere la Balilla esente dalla tassa di circolazione per l'acquirente fino alla metà del 1933, nonostante il parere contrario del ministro delle Finanze. Fu un successo. Nel primo anno la FIAT riuscì a venderne 12.000 esemplari, di cui 10.000 in Italia. Nessun altro modello precedente aveva venduto tanto.[3]

Ma nemmeno la nuova vettura sembrava destinata a colmare l'impressionante divario. Bisognava produrre una piccola automobile economica che costasse la metà, come voleva il Duce.

La FIAT mise al lavoro i suoi migliori ingegni e il 15 giugno 1936 la nuova utilitaria era pronta. I giornali la salutarono come «la più piccola auto del mondo». Mussolini volle guidarla nel parco di Villa Torlonia definendola «la vetturetta del lavoro e del risparmio». Era così piccolina che l'ironia britannica la chiamò «Mickey Mouse», il Topolino di Walt Disney. Il nome piacque ad Agnelli che lo trovò appropriato per quel «giocattolo» in cui «si scendeva anziché salirvi», come disse con una metafora azzeccata il senatore. Quello che non era sceso troppo era il prezzo di vendita: 8900 lire, poco meno della Balilla.

C'era una spiegazione. Con l'autarchia e la protezione doganale la FIAT poteva produrre a prezzi molto alti mentre il salario di un operaio torinese era di 3 lire all'ora e quello di un operaio americano di 11. Auto tra le più care e salari tra i più bassi.[4]

Anche per la Topolino, poco più di 500 cm^3 di cilindrata, mezza tonnellata di peso, sei litri di benzina per cento chilometri, la FIAT si ispirò al regime col manifesto di Mario Sironi in cui una Topolino color amaranto aveva per sfondo una grande Lupa romana.[5] Tutto era improntato alla propaganda di partito. «Il supercarburante di sicuro rendimento» si chiamava Littorio.

La Topolino ebbe fortuna e cambiò il costume di un'epoca. Il vecchio mondo al tramonto resisteva alle lusinghe del progresso tecnico. I vecchi gentiluomini di campagna viaggiavano ancora in carrozza o in calesse ma erano una sopravvivenza del passato. La FIAT in tre anni produsse quasi centomila Topolino, alle quali andavano aggiunti i 20.000 esemplari prodotti su licenza da NSU (Germania) e Simca (Francia) e per un anno la Topolino venne esentata dal pagamento della tassa di circolazione (poi fissata in 275 lire annue).

Si parte motorizzati, si arriva appiedati

Fu la classe media a dare l'avvio all'era della motorizzazione con le Topolino che in via dell'Impero a Roma sfilarono in parata davanti al Duce come soldati disciplinati.

L'auto divenne il sogno della gente comune e la propaganda ne solleticava il desiderio con esposizioni, manifestazioni sportive, gare come la Mille miglia. Venne trovato perfino un santo protettore; così nella ricorrenza di santa Francesca Romana aveva luogo la tradizionale benedizione delle automobili dell'Urbe. Le nuove autostrade costruite a tempo di record dovevano costituire un incentivo alle vendite.

Grazie alla Topolino, nel 1937 la FIAT conquistò il 7 per cento del mercato europeo.

Fu un indubbio successo dell'industria italiana. In Francia, nonostante la Società degli ingegneri avesse bandito un apposito concorso, non si riuscì a realizzare nulla di simile. In Germania, malgrado la promessa di una «vettura per il popolo» fatta dal governo nazista fin dai suoi primi giorni, un'auto veramente alla portata di tutti, il maggiolino Volkswagen, venne messo in vendita soltanto nel 1938.

Ma se anche fosse costata meno, la Topolino era troppo piccola per la famiglia italiana che si pretendeva prolifica e numerosa, potendo portare comodamente al massimo due persone adulte mentre nel vano posteriore c'era posto solo per il bagaglio. Naturalmente si faceva a gara per entrarci tutti. Un giornalista, Aldo Farinelli, scrisse su una rivista specializzata: «A vedere passare la nuova 500, non la si giudica affatto una macchina di scarsa mole, a ben osservare, colpisce ... l'inconsueto volume delle teste dei passeggeri».

Parecchi costruttori, per nulla influenzati dalla nuova tendenza al risparmio e anzi cogliendovi un'opportunità, continuarono a produrre modelli di lusso perché per l'élite e gli sportivi l'auto doveva restare un simbolo di distinzione. Così in quello stesso 1936 la Lancia presentò l'Aprilia 1300, la prima vettura aerodinamica, 4 porte, 125/130 chilometri all'ora, una velocità sbalorditiva per l'epoca, che le valse l'appellativo di «regina della strada». Prezzo di listino 23.500 lire. Con l'Aprilia, l'auto dei signori, la borghesia benestante desiderosa di distinguersi ebbe la sua rivincita.

Nel giro di appena un decennio l'industria automobilistica fece rapidi progressi passando dall'auto, alta e squadrata, a forma di carrozza (da cui derivano gli attuali termini di «carrozzeria» e «carrozziere») a quella a forma aerodinamica che preannunciava i modelli del secondo dopoguerra.

Nel maggio 1937 la vecchia Balilla venne sostituita dalla FIAT 1100 chiamata «Nuova Balilla», affinché la storica sigla non scomparisse. Negli anni precedenti la guerra, i progettisti raggiunsero risultati encomiabili con modelli sempre più avveniristici. La nuova 1100 Sport, derivata dalla berlina 1100, aveva una linea bassa e slanciata, con i fari e i parafanghi del tutto incassati rispetto al frontale e alle fiancate.

La FIAT 700, entrata in produzione nel 1939, ebbe un avvio sfortunato. Alla prova di collaudo nei nuovi stabilimenti FIAT Mirafiori c'era anche il Duce davanti alla massa ordinata di 50.000 operai. Il senatore Agnelli e i massimi dirigenti dell'azienda ne illustrarono le principali caratteristiche a Mussolini. La 700 era un'utilitaria a due porte e quattro posti, che si collocava tra la 500 e la 1100. Avrebbe dovuto essere messa in vendita il 3 settembre 1939. Lo stesso giorno della dichiarazione di guerra di Francia e Inghilterra alla Germania. In Italia scattò immediatamente il divieto di circolazione per le auto private. La FIAT dovette decidere la sospensione di ogni progetto della 700, e migliaia di esemplari già prodotti arrugginirono alla pioggia e al sole. La FIAT si rifece dandosi alla produzione bellica. La Breda produceva «le armi della vittoria, le macchine della pace».[6]

La benzina era scarsa anche per l'esercito e il metano del tutto insufficiente. Così il fascismo «automobilistico» dovette andare al fronte «appiedato».

Ricomparvero i muli della prima guerra mondiale che portavano i pezzi di artiglieria catturati agli austriaci nel 1918. Il fascismo affrontava la seconda guerra mondiale con le armi e i metodi della prima, ma con minor entusiasmo e partecipazione. «A piedi, a piedi» esortava il regime, col sacco in spalla, per centinaia di chilometri. La guerra decretò la stasi dell'automobilismo. I vecchi modelli FIAT, dalla Balilla alla Topolino (la cui produzione venne ripresa e continuò fino al 1955), alla maestosa Aprilia e alla più economica Ardea della Lancia, tornarono a circolare ancora per parecchi anni nel secondo dopoguerra.

Targhe imperiali

Il fascio littorio compariva dappertutto, perfino sui tombini delle fogne, tranne che nella bandiera, come invece avrebbe voluto il regime. Ma il sovrano s'era opposto e fu quella la sola volta che prevalse contro l'invadenza fascista. Nel 1929 due fasci littori vennero affiancati allo scudo sabaudo nel nuovo stemma dello Stato, così il simbolo del fascio comparve anche sulle targhe delle auto di nuova immatricolazione.

Fino al 1932 la sigla della città veniva dopo il numero, per esempio: 5000 CR, separati dal bollo dello Stato col fascio. Dopo il 1932, con la maggiore diffusione dell'auto e la necessità di localizzare più facilmente la targa, fu la sigla della città a precedere il numero, per esempio: NO 7914 sempre separati dal fascio. La targa Roma col nome per esteso venne utilizzata per la prima volta nel 1936 dal corpo diplomatico, con lo zero iniziale del numero che lo distingueva dalle targhe dei veicoli privati: Roma 01010. Con l'impero e l'automatica promozione di Roma a capitale imperiale il nome della città per esteso divenne un privilegio concesso agli automobilisti romani. Ogni corpo dello Stato, militare e civile, aveva il suo codice speciale sulle targhe. MVSN: Milizia volontaria sicurezza nazionale; MS: Milizia della strada; MNF: Milizia nazionale foreste; MP: Milizia portuale; RA: Regia aeronautica; RE: Regio esercito; RM: Regia marina; UNPA: Unione nazionale protezione aerea, che quando dimostrò la sua scarsa capacità di protezione divenne un modo di dire scherzoso che ebbe fortuna nel teatro di varietà.

Anche per la Libia, quando entrò a far parte integrante del territorio metropolitano, venne adottato lo stesso sistema di targhe vigente in Italia, con la differenza che la sola iniziale della provincia (T per Tripoli, B per Bengasi, D per Derna, M per Misurata) era preceduta dalla parola Libia per esteso e seguita dal numero a quattro cifre, esempio: Libia T 1056, col fascio littorio.

Il Regio decreto del 3 aprile 1937 stabiliva che «per gli autoveicoli del territorio del Sud verranno adottate targhe disposte dal Governatorato generale». C'era una gamma inverosimile di targhe da cui appariva evidente il desiderio dei residenti civili e militari di distinguersi dagli indigeni. I veicoli di Stato avevano targhe speciali con la scritta «Libia Gov.», seguita dal numero solitamente a tre cifre e quelli dei carabinieri di stanza a Tripoli e Bengasi rispettivamente «CCRR TRIPOLI 32» e «CCRR BENGASI 22.»

Gli autoveicoli militari delle truppe indigene avevano targhe diverse da quelle delle truppe nazionali. La Libia era virtualmente territorio italiano ma i libici non erano considerati cittadini italiani a pieno titolo. Nel 1935 il Regio corpo truppe libiche, fondato nel 1914, venne trasformato in Regio corpo truppe coloniali con targa «RCTC» seguita dal numero.

La FIAT, lungimirante e premurosa, aveva pensato anche alle esigenze del nascente impero e fiutando l'affare nel 1933 aveva costruito l'Ardita 2000 Coloniale, nome benaugurante, con lo «chassis» rafforzato per le colonie (ma la parola «chassis» era vietata e bisognava dire telaio). Gli chauffeur, voce cara ai signori, vennero degradati a semplici autisti da un giorno all'altro. Anche la coloniale Ardita ebbe vita breve e nel 1941, come l'impero effimero, era già un ricordo.

XIX
INTELLETTUALI ORGANICI

Un volontario consenso

Il 1° marzo 1938 muore al Vittoriale Gabriele d'Annunzio. L'Italia intera prende il lutto. La cultura, prontamente allineata per antica soggezione e servitù al potere, partecipa al cordoglio nazionale con accenti di devozione e di mestizia corali, quali il regime non avrebbe saputo ispirarne di più tronfi e retorici. Fu una gara spontanea per compiacere anzitutto la gerarchia. Non c'erano premi o compensi ma solo l'ambizione e il piacere di mettersi in mostra.

Il fascismo non ebbe tanto bisogno di ricorrere a metodi coercitivi trovando un facile appiglio in una società culturalmente arretrata, prona per riflesso di paura e portata alla più penosa adulazione.

Certamente nessuno costrinse Guido Piovene, giovane e brillante scrittore, recensore entusiasta di un libello antisemita di Telesio Interlandi, a scrivere il commosso epicedio in morte del poeta sulla prima pagina del «Corriere della Sera»: «Il Fascismo inchina i suoi gagliardetti dinanzi alla salma di quest'uomo straordinario, per il quale l'amore dell'Italia fu certamente la passione più costante e più pura. In particolari circostanze e con altro significato, è innegabile che l'impresa fiumana prelude alla meravigliosa conquista fascista dell'Italia ... Il gesto di Gabriele d'Annunzio parve e fu veramente rivoluzionario; e la rivoluzione delle camicie nere deve perennemente esaltarlo ... Scompare questo grande italiano, quando la Nazione, guidata dal genio di Mussolini, ha piegato veramente la sorte secondo le aspirazioni dei suoi migliori, e rispettata, ammirata, temuta, finalmente uguale alle maggiori Potenze del mondo, si accinge a scrivere nuove pagine di gloria, realizzando sempre più pienamente gli ideali dei suoi poeti, dei suoi soldati, dei suoi politici...».[1]

Il fascismo non ebbe bisogno di sollecitare o coartare l'obbedienza degli intellettuali. Anche nel periodo della massima radicalizzazione totalitaria, lasciava agli artisti e agli scrittori, sempre che volessero uniformarsi alle direttive della propaganda, «una certa libertà nella trattazione degli argomenti di loro competenza».[2]

Certamente nessuno costrinse Indro Montanelli a recensire nella terza pagina del «Corriere della Sera», il 30 ottobre 1940, il libro di Roberto Farinacci su Costanzo Ciano, il gerarca livornese morto l'anno prima: «Nella lotta entrò com'era entrato nelle acque della flotta nemica: guardando diritto davanti a individuare il nemico. Il nemico non era un uomo e un partito; il nemico era il malcostume elettorale e parlamentare ... Costanzo Ciano, nell'Italia di allora, faceva figura di un Prometeo incatenato. A un certo punto, come gli succedeva sulla nave, sentì la rotta che bisognava tenere. Anche per lui, come per tanti altri italiani, i migliori, il Fascismo fu una intuizione, un gesto di fede, compiuto senza calcolo. "A bordo, dopo Dio, il padrone è il capitano". Costanzo Ciano cercò il suo Capitano, Lo trovò, e da quel giorno Lo seguì fedelmente, senza una pausa di esitazione, a Lui dando tutto...».[3]

Non si capirà mai il meccanismo mentale che ha presieduto alla grande impostura. Grandi scrittori, intellettuali di vaglia, vivaci intelligenze, ma servitori mediocri, avidi cortigiani, con debolissime e mutevoli convinzioni, prestarono con determinazione la loro opera eppoi bararono fino a degradarsi, pur di accreditarsi, dopo lo scampato pericolo, presso i nuovi padroni.

Così si videro il giurista Piero Calamandrei, futuro autore di una celebre epigrafe resistenziale, collaborare alla redazione del codice fascista, e lo storico liberale Luigi Salvatorelli, già firmatario del manifesto antifascista di Benedetto Croce, unirsi nei suoi libri di testo al coro delle lodi per il Duce, e

Adolfo Omodeo, anch'egli storico di scuola liberale, chiedere e ottenere la tessera di fascista.[4]

Nel 1934 il Duce passa da Firenze e il futuro scrittore «progressista» Vasco Pratolini ne fa il resoconto sul «Bargello», organo della Federazione giovanile fascista fiorentina: «Pestandosi, urtandosi, saltando, riusciamo a vederlo e a conquistarci un saluto. Lo chiamammo forte col suo nome di gloria. Piccioni volteggiavano per l'aria, le campane accompagnavano le nostre voci: era una sinfonia di festa. Dopo ci stava bene tutto: il passo accelerato, le gambe delle ragazze ai balconi, la fame di nove ore; un affluire di gioventù, un pulsare di sangue, una gioia nuova di vivere; una vena d'amore ci aveva presi ed un desiderio immenso di temperare l'acciaio delle baionette e della nostra fede».

Giaime Pintor, affermato germanista, recensore benevolo di autori della estrema destra europea e nazista, ammiratore della Germania di Hitler, nell'ottobre 1942, insieme a una folta rappresentanza italiana composta da Elio Vittorini, futura icona della cultura antifascista, autore di un inno al Duce, Natalino Sapegno, in divisa fascista, Emilio Cecchi, Giovanni Papini, Antonio Baldini, Enrico Falqui, Arturo Farinelli, aveva partecipato a Weimar a un convegno nazista su bolscevismo e democrazia, giudaismo e americanismo condannati in blocco come se fossero stati sinonimi. Da quel convegno era tornato entusiasta e rinvigorito nelle sue convinzioni totalitarie. Poco più di un anno dopo, cercando di raggiungere le formazioni partigiane in montagna, saltò su una mina morendo a 24 anni e di lui si impadronì la leggenda resistenziale che omise i suoi trascorsi nazifascisti e ne fece un antesignano e un purissimo eroe della lotta antifascista.

Fino al '43, anno della eutanasia del regime, pochi intellettuali avevano esitato e la loro fede pareva inossidabile; i più audaci, per non esporsi troppo, ma senza rischiare l'esilio o l'ostracismo, e nemmeno rifiutando i vantaggi, si erano rifugiati, o meglio erano stati accolti, nelle redazioni delle riviste culturali, specie in quella di «Primato» di Giuseppe Bottai, da cui trassero l'illusione ingannevole di potersi definire «frondisti», anticamera di una dura e intemerata «opposizione», da rivendicare al momento opportuno. Dimenticavano che Bottai e il suo fedelissimo Giorgio Vecchietti, caporedattore di «Primato», erano tutt'altro che dissidenti, ma esponenti di spicco del regime, e non avrebbero fatto sconti di sorta o concesso sinecure ai veri nemici del fascismo. La maggioranza manifestò alla luce del sole la propria convinta adesione al fascismo. Paolo Monelli, elegante scrittore col monocolo, denigratore sistematico del «popolo dei cinque pasti», nel 1936, inviato della «Gazzetta del Popolo» alla Società delle Nazioni, a Ginevra, insieme ad altri giornalisti fascisti, aveva accolto il discorso dello spodestato negus d'Etiopia Hailè Selassiè con urla e schiamazzi e al canto di *Giovinezza*. Nel suo libro *Roma 1943*, pubblicato nel 1945, a fascismo morto e sepolto, potè finalmente rivelare la sua inesausta fibra di «resistente» e, liberato dalle catene dell'oppressore, scrivere con la libertà alla quale aveva sempre anelato: «Già la baracca fascista mostrava qualcosa di provvisorio, di fragile, di dilettantesco che saltava agli occhi dei più ingenui ... Si assisteva alla ridda dei gerarchi e dei gerarchetti in partenza e di ritorno dal fronte come da una gita dove erano andati a procacciarsi l'inevitabile medaglia al valore ed i titoli per le cariche; anzi non una medaglia, ma parecchie, perché erano venuti di moda i "superdecorati", ed il bronzino nessuno lo voleva». Ricordava «di quel 10 giugno, mentre Mussolini annunziava la guerra dal balcone di palazzo Venezia, lo sbigottimento, i visi gravi, gli occhi a terra della gente che s'era radunata in via dell'Impero, presso gli altoparlanti collocati ai Mercati trajanei, mentre veniva dalla piazza il clamore imposto ed incomposto degli inquadrati, radunati con la solita costrizione, tenuti d'occhio e spronati all'applauso da attenti capisquadra».[5]

In realtà Monelli aveva continuato a scrivere per il «Corriere» fascista fino alla vigilia del 25 luglio. La sua palinodia è di parecchio posteriore.

Mario Missiroli, scrittore politico, maestro d'ironia e di battute, autore del libro *La monarchia socialista*, futuro direttore del «Corriere della Sera», dato per avversario del regime, nel 1942 sul mensile dell'Associazione mutilati e invalidi, «La Vittoria», scriveva un pezzo intitolato *Guerra proletaria*, che smentiva il suo presunto antifascismo e le tardive considerazioni del Monelli circa i reali sentimenti del popolo radunato in piazza Venezia: «Non si esagera quando si afferma che nessuno, più di Mussolini, perorò la causa della solidarietà europea, nessuno più di lui, si studiò di prepararne i modi e le vie ... Aderì a tutte le proposte di disarmo a condizione che altri facessero altrettanto; riuscì a ottenere quella tregua negli armamenti, che parve, per un momento, avviare l'Europa verso forme più civili di convivenza; elaborò quel Patto a Quattro che passerà alla storia come un capolavoro di saggezza e di previdenza politica, invocato intervento, che portò al convegno di Monaco. Ma le plutocrazie non volevano la pace, animate come erano da immutabili propositi di egemonia e di sopraffazione e ben lo si vide al tempo dell'impresa d'Etiopia, quando ordirono contro l'Italia proletaria l'infame congiura delle sanzioni. Ecco perché oggi l'Italia combatte. Combatte per la sua autonomia economica, premessa di una vera, effettiva, sostanziale autonomia politica. Servitù economica e indipendenza politica sono termini inconciliabili...».

Nel settembre 1941 su «Primato» Alfonso Gatto scriveva: «La guerra appare come una liberazione da ogni peso umano, come un sollievo che raggiunge il corpo e lo riscatta dalla sua inerzia». Nel 1945, sulla rivista di cultura «Mercurio», diretta da Alba de Cespedes, già collaboratrice dei più turpi fogli antisemiti, Gatto scrisse di sé: «Giornalista e poeta, ha partecipato alla resistenza con le forze del Partito comunista al quale è iscritto ...».[6] Anche Arturo Tofanelli, infaticabile esegeta delle opere del regime, sulla medesima rivista si premurò di scrivere: «Fu direttore di "Tempo" nel periodo badogliano. Il 17 settembre 1943 andò esule in Svizzera. È iscritto al Partito socialista».[7] Entrambi mondati e rinati. I vent'anni precedenti cancellati di colpo.

Per Augusto Guerriero «Ricciardetto», altro «strenuo» oppositore, la guerra nel settembre 1940 era già virtualmente vinta: «La sconfitta giungeva tanto più inaspettata ed amara, in quanto nei primi giorni, e cioè fino a che si era combattuto per mare, la flotta britannica aveva fatto pesare la sua superiorità sulle forze navali tedesche. Chamberlain aveva annunciato, con stolta iattanza, di essere ora sicuro della vittoria dieci volte più che in passato e aveva proclamato che "Hitler aveva perso l'autobus". La frase sarà ricordata dalla storia accanto a quella della "guerra a cuor leggero" di Ollivier e ad altre simili, come uno degli esempi massimi di imbecillità di Governo ... Le democrazie avevano perduto non una battaglia, ma la guerra. La prova era stata fatta. Era fatta nelle condizioni più sfavorevoli per la Germania: al di là del mare e contro il dominio inglese del mare. E il risultato era stato chiaro. Dall'una parte, preparazione formidabile, audacia di concezioni strategiche, genialità e novità di tattica, risolutezza disperata di esecuzione. Dall'altra, impreparazione completa, nessuna concezione strategica, tattica antiquata, e irrisolutezza di esecuzione. Per la prima volta, le democrazie avevano incrociato il ferro col nemico: e avevano dimostrato di non avere in pugno che una spada di legno. Ma, per allora, pochi lo capirono».[8]

Una sessantina di anni dopo, nel *Dizionario biografico degli italiani*, alla voce «Augusto Guerriero» si leggeva un profilo ben poco somigliante all'autore. Eccone un breve passo: «Era un liberal-conservatore, che col regime andava in alcune cose d'accordo, ma ne rifiutava il conformismo, la retorica nazional-populista e, in politica estera, l'avventurismo. Quando Hitler occupò la Cecoslovacchia, scrisse chiaro e tondo che quello andava considerato come il primo atto di una guerra, che fin da allora non si poteva evitare...».

Fin dagli albori gli intellettuali organici avevano sentito l'obbligo di riunirsi in sodalizio per meglio corrispondere ai doveri di una militanza consapevolmente e coerentemente servita. Nel 1925, a seguito del Congresso della corporazione degli intellettuali tenutosi a Bologna, venne pubblicato il *Manifesto degli intellettuali del Fascismo* (cui corrispose l'antimanifesto crociano) sotto forma di panegirico del regime. Nel 1928, su quell'esempio, si costituì la Confederazione nazionale sindacati fascisti professionisti e artisti.

Mussolini, che non ne sottovalutava il valore e l'utilità a fini di indottrinamento e propaganda, seppe ricompensare lo slancio volontaristico degli intellettuali italiani con tutti gli onori e i privilegi che meritavano. Così la cultura ufficiale del fascismo ebbe la sua più alta e prestigiosa rappresentanza nell'Accademia d'Italia voluta dal Duce nel 1926 e fondata nel 1929 in sostituzione della vecchia e liberale accademia dei Lincei. Suo primo presidente fu Luigi Federzoni, monarchico ed esponente dell'ala nazionalista, presidente del Senato, membro del Gran Consiglio, Collare dell'Annunziata. Vicepresidente per le scienze morali e storiche l'economista di scuola liberista Alberto De Stefani; vicepresidente per le scienze fisiche, matematiche e naturali lo scienziato Giancarlo Vallauri; vicepresidente per le lettere il glottologo Carlo Formichi; vicepresidente per le arti Pietro Mascagni. Tra i suoi membri con l'obbligo di iscrizione al PNF: lo storico Gioacchino Volpe, gli architetti Marcello Piacentini e Giovanni Muzio, i musicisti don Lorenzo Perosi, Francesco Cilea, Umberto Giordano, Ottorino Respighi, Ildebrando Pizzetti, il fisico Enrico Fermi (poi emigrato in America a causa delle leggi razziali), il filosofo Giovanni Gentile, i poeti Salvatore Di Giacomo, Cesare Pascarella, Giuseppe Ungaretti, gli scultori Arturo Dazzi, Francesco Messina, Pietro Canonica, i pittori Ardengo Soffici, Pietro Gaudenzi, Felice Carena, gli scrittori Massimo Bontempelli, Antonio Baldini, Guelfo Civinini, Luigi Pirandello, Renato Simoni, Filippo Tommaso Marinetti, Ugo Ojetti, Giovanni Papini, Riccardo Bacchelli, Emilio Cecchi. La lista degli aspiranti è ancora più lunga. Parecchi accademici morirono prima della caduta del fascismo (Pirandello, Respighi) e la loro integrità non subì scosse o revisioni. Invece a Mascagni, che aveva avuto l'improntitudine di morire subito dopo la palingenesi nazionale, restò appiccicata la fama di fascista. Da Roma la salma venne trasportata a Livorno nella generale e «democratica» indifferenza del popolo livornese che era stato più svelto di lui a «travestirsi» in tempo. La città quasi gli negò la sepoltura rinfacciandogli il passato fascista e la feluca di accademico d'Italia; poi, visto che non si trovava nessun illustre livornese dall'inossidabile passato di «antifascista», gli venne intitolata la terrazza a mare che in altri tempi era stata dedicata con cerimonia solenne a Costanzo Ciano.

Cipriano Efisio Oppo, sopravvissuto alla bufera, rimase fedele a se stesso e nel dopoguerra si iscrisse all'MSI di Roma.

Guido Manacorda, autore di un violento elzeviro sul «Corriere» contro «I falsi valori della democrazia», si iscrisse invece al PCI senza cambiare sostanzialmente parere sulla democrazia. Recensendo il suo ultimo libro *Il Bolscevismo* (Sansoni, lire 60) sul «Corriere della Sera» del 13 gennaio 1943, Eligio Possenti fece questo penetrante e volitivo ritratto dell'autore: «La sua figura anacoretica, adusta: il volto ascetico; scarne le gote, le labbra strette e serrate; gli occhi lucidi e infossati; radi gli arcuati sopraccigli al limite della fronte che spazia sulle calvizie. Volto che si immagina uscire dalla cocolla di un saio, non quello color tabacco dei serafici Francescani, ma quello bianco dei pugnaci Domenicani; e, di sotto, tintinnano le squame metalliche della corazza del crociato...». Pochi mesi dopo «l'anacoreta» era passato armi e bagagli dall'altra parte. Lo stesso fece Delio Cantimori, docente alla scuola Normale di Pisa, assertore del corporativismo, repubblicano in gioventù, fascista dal 1919, comunista dal 1943.

Mario Alicata, iscritto al Partito fascista e dal 1940 al 1942 assiduo collaboratore di «Primato», scriverà nella sua nota biografica parlamentare: «Nel 1938 passa all'antifascismo e nel 1940 entra nel partito comunista. Nel 1942 viene deferito al Tribunale Speciale». Le date non coincidono. L'anno del suo presunto passaggio alla lotta clandestina, su «Roma fascista» del 14 gennaio 1940, in un articolo intitolato *Letteratura di guerra*, aveva scritto: «La guerra ritorna ad essere la più elementare e tragica esperienza umana che influisce sulla coscienza, sul gusto, sul costume, sullo stile di vita di quanti, in un Paese, sono autorizzati rappresentanti della sua civiltà letteraria». E nel 1941, in realtà non ancora trasmigrato nel PCI, nel libro *Avventure e scoperte*, recensiva con immutata devozione fascista le più recenti opere letterarie del Duce con queste parole: «Benito Mussolini: universalmente nota la potenza della sua oratoria. Giornalista geniale, di mordente efficacia, s'è rivelato anche come scrittore di *Diario di guerra*, libro da leggere tutto, come uno dei più notevoli documenti umani sul grande conflitto mondiale...».[9]

Massimo Bontempelli, accademico d'Italia, aulico cantore del regime, aderì al PCI, e «Risorgimento liberale», sarcastico, gli dedicò questo epigramma:

> Fascista ai tempi belli/comunista da poco
> il re del doppio gioco/Massimo Bontempelli.[10]

Fidia Gambetti, che nel 1942 in un volumetto intitolato *Controveleno* aveva scritto: «La fede in Mussolini è la ragione della serenità dell'eroismo, della tenacia di cui il popolo si rivela al momento giusto sostanziato e nutrito; è la sorgente che riconduce nel suo sangue l'orgoglio, la fermezza, la serietà; è la garanzia più sicura per la storia vivente», fu altrettanto versatile: volontario nel '40, venne catturato nel 1945 con la camicia nera e nel 1946 era caporedattore dell'«Unità» di Milano. Era autore della celebre frase: «Fascisti si nasce, non si diventa», che lui accomodava a seconda delle stagioni.

La Reale Accademia d'Italia conferiva annualmente premi al merito della cultura. Nel 1941 Bruno Cicognani vinse il premio Mussolini (200.000 lire); Orio Vergani il primo premio Accademia (10.000 lire) e Dino Buzzati il secondo premio Accademia (5000 lire). Erano tutti e tre illustri collaboratori del «Corriere della Sera» diretto da Aldo Borelli. Nel 1942 i vincitori per le lettere furono il poeta Vincenzo Cardarelli (10.000 lire) e lo scrittore Carlo Emilio Gadda (10.000 lire).

Scrittori, artisti, giornalisti, editori, anche di solida dignità, prostrati al culto nascente della divintà, che essi stessi contribuivano a edificare, non per costrizione ma per atavico bisogno di protezione e vanità. Non si contavano le agiografie di Mussolini che uscivano a ritmo incessante e tutte eguali nei contenuti e nelle intenzioni. Tra quelle più famose e celebrate si segnalava *Dux* di Margherita Sarfatti, amante del Duce, poi discriminata perché ebrea. La biografia di Mussolini scritta da Giorgio Pini, per l'editore Parenti di Bologna, era giunta nel 1940 alla quindicesima edizione e alle 330.000 copie vendute. L'editore fiorentino Attilio Vallecchi, presidente della Federazione editori, faceva propaganda al libro autarchico: «Italiani! Leggete e divulgate i buoni libri nostri». Mentre un autore della sua casa editrice, Fernando Agnoletti, scriveva: «Il libro è l'arma per combattere gli oscurantismi e le fiacchezze della patria. Gli autori che non sono anche maestri sono cattivi autori: gli editori che stampano quel che va invece di quel che giova sono pessimi cittadini».[11]

Nessuno prescriveva all'editore i libri che avrebbe dovuto pubblicare, ci mancherebbe, perché la scelta doveva restare a sua responsabilità e a suo rischio. Ma la sua attività doveva essere ispirata e coordinata a un fine di elevazione e di potenziamento. Nessuno dei suoi prodotti (prodotti!) doveva sottrarsi a tale finalità; nessuna delle pagine stampate doveva indulgere alle «forze negative» o essere indifferente al fine ultimo, peggio, sottrarre qualcosa alle conquiste già raggiunte. Il fine ultimo era l'educazione e la formazione dell'italiano nuovo e l'esaltazione delle «forze positive» implicite nella rivoluzione fascista.[12]

Seppe intuire l'interesse del pubblico (senza contravvenire alle direttive governative) l'editore milanese Valentino Bompiani, uomo ambizioso e molto furbo, che nel 1934 non ebbe difficoltà a pubblicare nella traduzione italiana il *Mein Kampf* di Adolf Hitler, salito al potere l'anno prima, nella collana «Libri Scelti», un titolo che non faceva pensare a un'imposizione del regime; e che il regime non l'avesse obbligato lo dimostrava il fatto che prima di lui Mondadori aveva declinato l'offerta. Non fece obiezioni nemmeno nel 1940 quando accettò di pubblicare anche *La mia vita* di Hitler, con foto a tutta pagina dell'autore, occhi spiritati, in camicia grigia. Bompiani, che sul «Popolo d'Italia» del 24 agosto 1939 aveva spiegato quali fossero i doveri e i compiti di un editore, sognava di sprovincializzare la cultura italiana e a questo scopo, adottando il motto «Dare aria», introdusse la letteratura americana in Italia senza che la censura fascista facesse obiezioni. Nel 1938 era apparso *Uomini e topi* di John Steinbeck, nella traduzione di Cesare Pavese, e nel 1939 *Pian della tortilla*, tradotto da Elio Vittorini. Bompiani acquistò una pagina intera su «Antilei», la Rassegna universale del fascismo, diretta da Asvero Gravelli, autore del famoso *Vademecum dello stile fascista*, nel numero dedicato interamente alla campagna contro il «Lei», per pubblicizzare i libri di Steinbeck con brevi citazioni da recensioni di giornali, tra cui quella tratta da *Libro e moschetto* che, a proposito di *Uomini e topi*, diceva: «Questo breve racconto è di una oscura e potente tragicità». Nessuna ostilità preconcetta da parte del regime. La censura era blanda.

Ma, curiosamente, nel catalogo storico della casa editrice intitolato *Idee per la cultura* pubblicato nel 1989, la citazione da *Libro e moschetto* era scomparsa. Einaudi, poi editore di culto della intellettualità di sinistra, aveva pubblicato *L'Enciclopedia dei nostri combattenti coloniali* e altri testi «fascistissimi» che però non figuravano nel catalogo storico pubblicato per il cinquantenario dello Struzzo nel 1983.

Nel 1931 Mondadori aveva pubblicato senza difficoltà il romanzo antimilitarista *Niente di nuovo sul fronte occidentale* di Erich Maria Remarque. In Germania invece la sua opera letteraria gli valse l'accusa di «disfattismo»; e nel 1937 le autorità naziste gli revocarono la cittadinanza tedesca.

Nonostante gli sforzi degli editori di fornire libri in grado di soddisfare i gusti del pubblico, in Italia si continuava a leggere poco sia libri sia giornali, anche a causa dell'alta percentuale di analfabeti (oltre il 40 per cento in certe plaghe abbandonate del Sud) e delle difficoltà nella distribuzione della carta stampata.

Arrigoni offriva gratis un libro giallo Mondadori a chi acquistava in un qualsiasi negozio di alimentari un vasetto di puro estratto di carne Arrigoni. La pubblicità faceva rapidi progressi.

«La Fiera letteraria» aveva ingaggiato la «campagna del libro». Si citava una frase di Carlo Cattaneo: «Dimmi quanti libri leggi e ti dirò che popolo sei». «Noi sembreremmo dei congolesi», aveva concluso Alberto Colantoni, conduttore della trasmissione radiofonica «Di tutto un po'...» del 30 giugno 1926.

Nel 1938 vennero pubblicati in Italia 30.000 libri; c'erano 5000 tra periodici e giornali; le opere date in lettura nelle biblioteche pubbliche erano 2.402.200. Nelle grandi biblioteche nazionali e universitarie, il passato prevaleva sul presente, gli autori italiani su quelli non italiani. Omessi i grandi nomi della cultura ottocentesca straniera sgraditi al regime: da Freud a

Spengler, di cui pure era stata tradotta l'opera *Anni decisivi*, due anni prima, da Vittorio Beonio Brocchieri, e naturalmente Marx, e anche grandi romanzieri come Proust e Joyce, mentre erano presenti Mallarmé, Gide e Breton.

Si preferiva il prodotto locale e la stampa doveva favorire questa tendenza. Nel 1941 Manlio Lupinacci nel fascicolo «La lettura» aveva pubblicato: *L'Asse contro i sovieti. La ragione storica di quello che tutti noi sentiamo*; Leonardo Borgese: *Piatti popolari dell'Ottocento. Arte e vita nelle ceramiche del popolo*; Camilla Cederna: *I nidi materni e i loro deliziosi ospiti*. Pietro Pancrazi recensiva sul «Corriere della Sera» del 4 aprile 1942 il libro di poesie *Il Viaggio* di Corrado Alvaro che sei anni dopo, in una resipiscenza di antifascismo, avrebbe scritto nella sua scheda personale: «Critico teatrale del "Popolo di Roma", ne divenne direttore dopo il 26 luglio 1943. Perseguitato dai nazifascisti». Nessuno se n'era accorto. Nel novembre 1933, in viaggio nelle paludi pontine bonificate, Alvaro scriveva: «Quando Mussolini vedrà questa terra nuova, questi principi di vita, Egli, così abituato ai prodigi della volontà di trasformazione della materia ribelle in materia nobile, troverà lo spettacolo uno dei più belli della sua vita; una delle più piene d'orgoglio, ma di quelle di cui la storia serberà la più lunga e consolante memoria».

Nel 1942 le due edizioni del libro del Duce, *Parlo con Bruno*, edite dal «Popolo d'Italia», per complessive 105.000 copie, andarono completamente esaurite e il ricavato, oltre due milioni di lire, venne devoluto agli orfani degli aviatori.

La dedica e la prefazione illustre divennero per gli autori un attestato di fede e di riverenza. Ugo Ojetti, compito adulatore, per il suo libro più noto *Cose viste*, nella prima edizione del 1933, richiese e ottenne la prefazione di Gabriele d'Annunzio, che nel redigerla attinse a tutta la sua modestia e sobrietà letteraria.

Bastava una recensione favorevole di Ugo Ojetti, autorità indiscussa e «politicamente corretta», per decretare il successo di un autore e spalancargli le porte del «Corriere della Sera», di cui era prestigioso collaboratore. Fu così che Indro Montanelli entrò al «Corriere» dopo il giudizio lusinghiero espresso da Ojetti sul suo libro di memorie africane *XX battaglione eri-*

treo. Aveva scritto Ojetti: «La guerra d'Etiopia ci ha dato un bel libro...». Ojetti, mai a corto di superlativi con i potenti, promosse scrittore anche Alessandro Pavolini, gerarca fiorentino tra i più violenti, scrivendo nel 1940: «Si sente che Alessandro Pavolini, italiano di vita nuova, in questa bella e rispettabile casa della nostra letteratura, non è un ospite entratoci a forza, ma uno che c'è nato».[13]

Nel rispetto della nobile tradizione di piaggeria, Nicola Zingarelli dedicò il *Vocabolario della lingua italiana*, pubblicato dalla casa editrice Bietti nel 1935, «A Benito Mussolini, restauratore delle sorti d'Italia».

Alla voce «Fascio» si leggeva: «Unione delle forze a uno stesso fine. Grande partito sorto in Italia dopo la guerra per reprimere le agitazioni dei sovversivi e sostenere i diritti della vittoria; pervenuto al governo il 4 XI 1922 con la marcia su Roma, Duce Benito Mussolini, trasforma la costituzione dello Stato, sottraendolo alle fortune elettorali».[14]

Nel 1929 uscì il primo dei trentasei volumi dell'*Enciclopedia Treccani*. Nominato direttore scientifico, Giovanni Gentile invitò a collaborare i migliori intellettuali dell'epoca di diverso orientamento politico, tra cui Federico Chabod e Gioacchino Volpe per la storia, Giulio Bertoni e Bruno Migliorini per la linguistica, Ugo Ojetti per l'arte, Federigo Enriques per la matematica, Federico Raffaele per la biologia e la zoologia, Roberto Almagià per la geografia, Nicola Parravano per la chimica, Enrico Fermi per la fisica e Gugliemo Marconi per le radiocomunicazioni. Mussolini scrisse la voce «Fascismo». Era scontato il carattere politico della Treccani: un'opera che doveva rivelare il carattere della nazione attraverso il fascismo promotore e costruttore della storia d'Italia. L'*Enciclopedia* conteneva saggi di dottrina del fascismo da staccare e raccogliere in fascicoli, che «i revisori del dopoguerra infatti staccarono facilmente».[15]

Nel 1929 venne fondato il premio Viareggio. L'idea era di Leonida Repaci, un calabrese vulcanico e loquace al quale il regime assicurava una certa indipendenza a patto – e questo era sottinteso – che si mantenesse entro i limiti del consentito. A ogni modo Galeazzo Ciano, ras del circondario, vigilava e per vigilare meglio prese il premio Viareggio sotto la sua ala e Repaci si limitò a fare il cerimoniere. Il premio di 5000 lire il primo anno non venne assegnato per mancanza di fondi; ma venne celebrato col grande «ballo degli immortali», al quale parteciparono tra gli altri Luigi Pirandello, Marta Abba, Ettore Petrolini, Dina Galli.

A Milano il premio Bagutta veniva assegnato in una trattoria toscana scoperta da Bacchelli, Vergani, Monelli, che nessuno avrebbe definito dei «sovversivi». L'atmosfera era più di mondanità affettata, di blando e innocuo spirito scapigliato. Ci si divertiva tra inni pindarici e robuste bevute di Chianti. Lo scherzo era d'obbligo ma ci si limitava a quello e quando Paolo Monelli per ridere attaccava il grido di guerra della congrega che parodiava l'eja eja alalà, la giuria rispondeva in coro: «Gheregheghez ghez ghez». A capotavola Balbo e Galeazzo Ciano sorridevano. Non c'era nulla da temere.

Gli intellettuali facevano vita di caffè, vi passavano gran parte della giornata e, spesso, sui tavoli di marmo vi abbozzavano le loro opere su fogli volanti.

I caffè letterari, vivacissimi di scrittori in odore di fronda (o che ambivano a esserlo), restavano aperti fino all'alba. A Roma c'erano i caffè storici dell'Aragno, il Greco; a Milano il Biffi, il Cova, le Tre Marie, il Campari, il Savini, antico ritrovo di grandi compositori che al termine della serata alla Scala venivano a celebrarvi i loro trionfi, da Boito a Puccini; a Firenze il più famoso era le Giubbe Rosse, frequentato da Eugenio Montale, prima che scrittori e poeti si trasferissero a Milano. Gli scrittori ci passavano le giornate motteggiando di lingua e di stile. Non vi si ordivano complotti; anche se il regime li teneva d'occhio. Era vietato bisbigliare, non dalla questura, ma da una elementare norma di cautela. Qualunque cosa si fosse detta sottovoce avrebbe attirato l'attenzione di un delatore. Meglio parlare ad alta voce per far capire al vicino che non si aveva nulla da nascondere.

La politica non era l'argomento preferito, ciascuno aveva qualche pecca da farsi perdonare e anzi c'era la tendenza a estraniarsi discutendo di avanguardia e di ermetismo, a cercare un rifugio privilegiato per non esporsi. Del resto i caffè e i salotti non erano frequentati solo dagli «oppositori». Ai tavoli del Savini, ricorda Alberto Vigevani, venivano a sedersi anziani e illustri letterati e artisti, accademici in pectore o effettivi. Le gradazioni di simpatia al regime variavano e nessuno ci faceva caso. In realtà i più erano «pappa e ciccia» col fascismo e chi non lo era non disdegnava le amicizie con i gerarchi, il prefetto, e i vantaggi che potevano derivarne. Nessuno aspirava al martirio. Al Savini venivano Carlo Carrà, Francesco Messina, Riccardo Bacchelli, Orio Vergani, Carlo Linati, Leonardo Borgese, forse il solo antifascista vero, Arrigo Cajumi e Guido Piovene che alla caduta del regime, non prima, venne messo al bando e non osò più farsi vedere in pubblico per i suoi articoli diffamatori contro il filosofo socialista Eugenio Colorni, ucciso poi dai fascisti nel 1944, e per la recensione favorevole del libello antisemita *Bagatelles pour un massacre* di Céline, che giustificava la persecuzione degli ebrei.

Piovene trovò poi il modo di «espiare» abbracciando la Resistenza e sposando dopo la guerra un'ebrea figlia del senatore Pavia.

«Bandite le scritte in francioso»

Nel 1934 Alfredo Panzini, accademico d'Italia, scrisse una *Guida alla grammatica italiana*, editore Bemporad, molto lodata dal vicesegretario del partito Arturo Marpicati, autore tra l'altro della lusinghiera prefazione. L'opera conteneva un elenco delle voci straniere da sostituire con le parole italiane corrispondenti. «Chi usa più oggi "enveloppe"? "wagon"? Si dice: busta, carrozza. Signori, in carrozza!» scriveva Panzini. Era da ritenersi una goffaggine provinciale questo non sapersi esprimere senza domandare la carità delle parole straniere. Certe pagine costellate di corsivi stranieri assomigliavano a vestiti di mendicanti, pieni di toppe. S'era venuta a formare una specie di servitù che indeboliva l'organismo del linguaggio. «Il tale è un poeta "maudit", scrive un giornale straniero. E non si può dire "maledetto"?» eccepiva Panzini. Ed «esternare», per «manifestare», non fa ridere? «"Externer", sta bene in francese, ma per noi è una goffaggine servile.»

La campagna per la bonifica della lingua contro i forestierismi era cominciata nel 1932 per iniziativa della Confederazione dei sindacati fascisti professionisti e artisti. Autori, scrittori, giornalisti dovevano cominciare a dare l'esempio eliminando le parole straniere dalla lingua in uso. Si forniva un primo elenco di voci straniere e di corrispondenti italiane o italianizzate:

«Berceau: chiosco; bonne: bambinaia; brochure: opuscolo en brochure; buvette: bar; café chantant: caffè concerto; chalet: casina; chèque: assegno; dancing: sala da ballo; frack: marsina; gilet: panciotto; golf: farsetto, maglioncino, maglione; mannequins: indossatori; omelette: frittata; cappotto: pastrano; parvenu: arrivato; pied à terre: piede a terra; redingote: finanziera; tabarin: tabarino; taxi: tassi; vermouth: vermut; vis à vis: di fronte; viveur: vitaiolo».

A volte l'effetto era comico, a volte non rendeva l'idea. Ne erano consapevoli i puristi. «Per alcune di queste sostituzioni vi sarebbe materia di lungo ragionamento come per "berceau" che meglio che "chiosco", vale "pergola". "Opuscolo" in francese è "plaquette". "Vitaiolo" fu proposto, ma non si usa; l'"omelette" non è proprio la "frittata"».[16]

Ma più grave delle parole straniere erano certi modi di dire d'uso corrente. La «mia signora» per «mia moglie», diceva Panzini, è dell'uso della piccola borghesia, ed è modo brutto e pretenzioso. Non è del popolo della campagna che dice «moglie», oppure «la mia donna»; e non è della nobiltà, che dice «moglie», oppure adopera il titolo, seguendo in ciò l'uso francese.

Gli intellettuali presero alla lettera le raccomandazioni del regime contribuendo alla «rivoluzione linguistica» con rinnovato zelo cortigiano. Così le sigarette Giubek si chiamarono «Giuba»; «cotillon» furono ribattezzati «cotiglioni», con scarsa fortuna per l'assonanza un po' sconcia; pasticcio di fegato grasso anziché «pâté di fois gras»; aragosta all'imperiale anziché «alla parigina»; insalata tricolore anziché «russa»; i magazzini «Standard» divennero «Standa». D'Annunzio, inventore instancabile di parole nuove dal suono nuovo, aveva battezzato «Sangue morlacco» lo sherry brandy, il distillato di ciliegie prodotto dalla Luxardo di Zara. D'Annunzio insegnava ai suoi volontari fiumani di chiamare «ciucoslavi» i «barbari» iugoslavi. Si deve a lui il termine fortunato di «Rinascente» per i grandi magazzini. Un'orgia di parole nuove che disorientarono il lettore: il cognac doveva chiamarsi «arzente»; il tennis, palla corda; l'Orient Express, Oriente Espresso; snob, snobbo. La Valtournenche, in Val d'Aosta, venne sostituita col nome di Cervinia per indicare la vallata e il relativo comune. Il romanzo di Oscar Wilde *Il ritratto di Dorian Gray* divenne *Il ritratto di Doriano Gray*, e nessuno seppe cogliere la fondamentale differenza. Nel doppiaggio cinematografico e nei libri vennero italianizzati anche i nomi propri stranieri: John è Giovanni, Bob, Roberto. William Shakespeare diventa Guglielmo Shakespeare e Andersen Giovanni Cristiano; perfino il camerata Hitler diventa Adolfo. Filippo Tommaso Marinetti introdusse una nota di divertente futilità proponendo che «cocktail», già ridicolo nella versione «coda di gallo», si chiamasse «polibibita»; picnic, «pranzosole»; sandwich, «traidue». Ma il suo vocabolario – come la cucina futurista, pittoresca ma indigesta – rimase fortunatamente lettera morta.

Paolo Monelli, zelatore principe, scrisse addirittura un libro, *Barbaro dominio. Processo a 500 parole esotiche*, dedicato al fascistissimo Ermanno Amicucci, futuro direttore del «Corriere della Sera» repubblichino, una specie di Bibbia del purismo che conquistò Starace. Il segretario del partito preso da sacro furore pretese che l'albergo Eden di Roma cambiasse nome e a nulla valsero le spiegazioni della direzione che non si trattava del nome del primo ministro inglese e che Eden non era nemmeno una parola anglosassone ma latina e significava paradiso.[17]

Sul «Popolo d'Italia» venne preso di mira l'Hotel Villa Maggio di Lecco che sul «Radiocorriere» aveva fatto un annuncio pubblicitario in francese, contravvenendo allo spirito dei tempi e ai sentimenti del fascismo. «Ma cosa crede la Maison Villa Maggio» ironizzava il «Popolo d'Italia» «che i lettori del "Radiocorriere" non conoscano la lingua italiana? O crede davvero di trovarsi in qualche vallata francese, anziché in Italia?» E concludeva minaccioso: «Comunque sappia la Direzione di

Villa Maggio che non è più tollerata la pubblicità scritta in francioso in periodici italiani destinati agli Italiani; e che quindi farà bene a mutare sistema».[18]

Le drogherie Boccadoro di Milano mettevano in vendita una certa carta igienica «Crêpes d'or» vantandola come la migliore del mondo. Ma «Il Popolo d'Italia» faceva buona guardia: «Sostiene dunque Boccadoro che "crêpes d'or" è "la meilleure papier pour toilet". Cinque parole, tre strafalcioni. Tre strafalcioni franciosi restano sempre una gran bella cosa, anche per un droghiere. Gli strafalcioni in latrina ci stanno benissimo. E là li lasciamo»[19].

Wanda Osiris, soubrette di varietà, divenne Vanda Osiri, sebbene Osiris fosse un nome che apparteneva alla mitologia greca.

Il regime suggeriva di far finta di non capire quando le signore parlavano di «tailleur» e i signori di «tight», «smoking», «frack» e via dicendo. Il nostro vocabolario forniva l'esatto corrispettivo e quindi non c'era motivo di usare la parola «smoking», che «signfica "fumando", o "tailleur" che signfica "sarto" anche quando designa indumento femminile». Il «tailleur» poteva chiamarsi «completo a giacca»; il «tight» poteva chiamarsi «faldetto»; e «falda», senza diminuitivo, poteva essere il «frac», per cui il giovin signore dirà: «Al pomeriggio ho dovuto indossare il "faldetto", ma a sera, naturalmente, non ho mancato di mettermi in "falda", salvo però restando gli antichi diritti delle toscane "code", meno eleganti, forse, ma non certo meno italiane». Certo, si riconosceva che in lingua forestiera certe parole creavano l'illusione della rarità. Per esempio una pelliccia di «lapin» sarebbe sembrata assai meno vile di una pelliccia di coniglio. Difficile rassegnarsi a considerare il «lapin rasé» tale e quale al «coniglio rasato»; ed era più chic dire «vado a fare un po' di footing» invece di «vado a fare quattro passi».[20]

Snobismi borghesi. L'influenza straniera e le abitudini derivate andavano sradicate di pari passo col rinnovo della lingua. Il 20 giugno 1941 venne pubblicato un supplemento di parole approvate dall'Accademia d'Italia. Non erano ammesse eccezioni o fraintendimenti: alcool, diventava alcole; bitter, amaro; cachet, cialdino; corvée, di comandata; cottage, villetta; curaçao, curassò; elixir, elisir; extradry, strasecco; film, pellicola; foyer, ridotto; garage, rimessa; parquet, pavimento di legno; shampoing, lavanda di capelli; sport, restava invariato; triple sec, trisecco.

E tuttavia permanevano i dilemmi. «Che vantaggi presenta "forgiare" di fronte a "foggiare" e "fiero" di fronte a "orgoglioso?"» si chiedeva Giorgio Pasquali sul «Corriere della Sera» del 27 febbraio 1943. «Ma il bello è questo: dal 1933 in poi la questione della lingua ha in Italia afferrato categorie sempre più ampie di persone, e ha fatto molti passi innanzi. Ora, mentre per i forestierismi della prima specie si è giunti a un accordo ragionevole, le voci vane resistono imperturbabili. "Fiero" è sostenuto purtroppo dagli avvisi funebri dei caduti in guerra; "forgiare" farà posto a "foggiare" (o a fucinare) soltanto quando la gente si sarà convinta che quell'erre in più, non ha nulla né di militare né di fascista». Del resto, proseguiva l'articolista, nemmeno Monelli è impeccabile (e qui metteva in dubbio la sua Bibbia): scrive «disilluso» per «deluso», parla di bestie «abbattute» dove avrebbe dovuto dire «macellate». Nessun purista, nessuno scrittore era mai del tutto conseguente quanto a purità di linguaggio. «E chissà» era la conclusione di Pasquali «quanti forestierismi avrò infilato in quest'articoletto: Monelli, fatti sotto, se li vuoi schidionare.»

Nella battaglia contro le parole straniere, il «Corriere della Sera» del 7 novembre 1940 aveva preso una solenne cantonata. Nelle pagine di cronaca, nella rubrica appunti, solitamente pungente e ben scritta, ci si chiedeva perché il consolato della Repubblica di Haiti, con sede a Milano al numero 19 di piazza del Duomo, conservasse ancora, nello stemma, la dicitura in lingua francese, «Consulat de la République de Haiti». Che c'entra, si chiedeva il «Corriere», «la lingua francese in Italia, per un paese di lingua spagnola, e per un consolato retto da un italiano? Non sarebbe meglio scrivere la dicitura in spagnolo: «Consulado de la República de Haiti?"». Una spiegazione c'era. La lingua ufficiale della Repubblica di Haiti era il francese. Ma il «Corriere» non lo sapeva.

XX
LA STAMPA AL TEMPO DEL MINCULPOP

Bollettini di partito

In un tram affollato di Milano, Roma o Torino le teste sono chine sulle scarne pagine dei giornali: lettori non così ingenui o sprovveduti da credere che i giornali di regime fossero peggiori di quelli d'un tempo. Non c'erano mai stati giornali indipendenti in Italia. L'informazione italiana, raramente libera, raramente autonoma, era sempre stata un'informazione di parte o di partito e il pubblico la percepiva come uno strumento del potere.

Nell'Ottocento i giornali erano di proprietà dei leader politici che se ne servivano per farsi propaganda e combattere gli avversari. La tradizione era continuata nel Novecento. Mussolini doveva il successo politico al «Popolo d'Italia» da lui fondato nel 1914 per favorire la campagna interventista. Ma anche i grandi industriali privati (Agnelli proprietario della «Stampa» e i fratelli Crespi del «Corriere della Sera») hanno scoperto il potere insostituibile della stampa. Con le misure restrittive del 1925-26 i giornali d'opposizione vennero soppressi e i grandi giornali nazionali («La Stampa», il «Corriere della Sera», «Il Giornale d'Italia») ridotti all'obbedienza, ma senza farne un dramma. Filippo Sacchi, critico cinematografico del «Corriere», darà della stampa d'allora un giudizio tutto sommato indulgente: «Il giornalismo italiano, chi c'era ha potuto constatarlo, non è mai stato così inerte, così scettico, così pigro: ma era trascinato, dico trascinato proprio con la cavezza, dalla pattuglia di punta di quei quattro o cinque organi d'avanguardia, quelli che davano il là ("Il Popolo d'Italia",

"Cremona Nuova", "Il Telegrafo", "Il Tevere" ecc.) e bisognava che gli altri, anche pompando a vuoto, tenessero il passo».[1] Non fu proprio così, ma è naturale che col senno del poi si diventi più saggi e accorti. In realtà anche i grandi giornali «d'opinione» diffusero il verbo e i loro toni non furono meno sguaiati e grevi di quelli dei fogli di partito.

«La Stampa», che sotto il titolo recava il motto voluto dal senatore Alfredo Frassati: «*Frangar, non flectar*» (Mi spezzo ma non mi piego), fu la prima a piegarsi. Per la designazione del direttore del giornale il senatore Agnelli chiedeva lumi a Mussolini e trovava la cosa perfettamente naturale.

Così venne assunto Curzio Malaparte alla direzione del giornale torinese; così venne licenziato quando il regime non si fidò più di lui. La FIAT non eccepì, come non aveva eccepito la prima volta. La grande industria faceva affari col regime e Giovanni Agnelli, il fondatore, rassicurava il Duce (anche se non ce n'era affatto bisogno): «Noi industriali siamo ministeriali per definizione». Che tradotto, significava stiamo con chi comanda. Per i giornalisti italiani era la stessa cosa.

Vittime predestinate, a parte lodevolissime eccezioni, non ce ne furono. I proprietari del «Corriere», Mario, Aldo e Vittorio Crespi vennero insigniti del premio Mussolini e, parve di capire, non per meriti di poco conto. I collaboratori «liberali» dei grandi giornali non persero il posto.

Il regime ne impose di nuovi di più stretta ortodossia: al «Corriere della Sera» Aldo Valori per le questioni militari, Bruno Biagi, sottosegretario alle Corporazioni, esperto di economia; lo storico Guido Manacorda, esegeta del regime, divenne editorialista tra i più devoti e intransigenti. Al «Popolo d'Italia» (titolo che riecheggiava la mazziniana «L'Italia del Popolo»), vennero chiamati a collaborare Giulio Carlo Argan per la critica d'arte; Salvator Gotta e Raffaele Calzini per la cultura; Berto Ricci, Giorgio Pini, Luigi Barzini, Gilberto Altichieri per la politica e la cronaca; Davide Lajolo per le corrispondenze dalla guerra civile spagnola; Angelo Rozzoni e Nino Nutrizio per lo sport. I grandi inviati, i commentatori di costume, gli scrittori politici da Orio Vergani a Virgilio Lilli, Paolo Monelli, Gianni Brera, Vittorio Beonio Brocchieri, Emilio Cecchi, Guelfo

Civinini, Curzio Malaparte, Indro Montanelli, Mario Missiroli, Ugo Ojetti, Guido Piovene, Ciro Poggiali, Salvatore Aponte, Dino Buzzati, Domenico Bartoli, Cesco Tomaselli e tanti altri non ebbero bisogno di raccomandazioni speciali, né trovarono opportuno defilarsi in attesa di tempi migliori. Nessuno veniva obbligato a scrivere ciò che non pensava. I più furono fascisti convinti, anche se poi, parecchi di loro, tentarono di dare a intendere il contrario. Quanto ai giovani, scriverà Celeste Negarville, funzionario comunista, «seppure avevano nella loro prima giovinezza creduto nel fascismo, trovarono poi, nel fondo della loro coscienza, la ripugnanza per l'inganno subìto, e seppero affrontare con coraggio le accanite persecuzioni, a cui, scoperti nella loro attività, vennero sottoposti dal nemico». Nemico! Di quali persecuzioni parli Negarville non è ben chiaro. Parecchi di quei giovani si avvidero «dell'inganno subìto» parecchio in ritardo e approdarono al PCI vedendo in esso il naturale superamento del fascismo e così, senza redenzione, e perseverando nell'errore, subirono l'inganno un'altra volta e non se ne avvidero.[2]

Davide Lajolo nel 1938 s'era arruolato nei legionari fascisti che combattevano in Spagna con le truppe di Franco. All'epoca aveva ventisei anni. Ecco cosa scriveva sul «Popolo d'Italia»: «Sentire Mussolini è il più grande conforto per noi, in Lui si sente lo spirito che ci fa tenaci, si sente la Patria, si sente la famiglia, si sente l'avvenire.»[3]

Lajolo stesso ha raccontato la sua adesione al fascismo nel libro autobiografico *Il voltagabbana*, spiegandola senza odore di colpa, come esperienza comune ai giovani della sua generazione. Una scelta che definirà «ineluttabile» per un «ragazzo del popolo, figlio di contadini, cresciuto in anni di carestia, privo di strumenti critici». Ma in seguito il ragazzo del popolo, non più così ingenuo e facile all'inganno, aveva ritrovato la retta via e compiuto un'altra scelta ineluttabile. Colui che era stato direttore della «Sentinella Adriatica», organo della Federazione fascista di Ancona, fino al 25 luglio 1943 divenne nel 1946 direttore dell'«Unità», organo del Partito comunista italiano.

Del resto i giornali non erano cambiati nella sostanza: e semmai il fascismo ne aveva favorito la diffusione e lo sviluppo della tecnica moderna. Parecchi piccoli giornali morirono strozzati dai debiti e dalla concorrenza, altri anticiparono il rotocalco moderno, come «Omnibus», fondato da Leo Longanesi, poi caduto in disgrazia. Le tirature aumentarono invece di calare. «Il Popolo d'Italia», organo ufficiale del PNF, diretto da Vito Mussolini (con sede a Milano, prima nel Covo di via Paolo da Cannobio 35 e poi in via Arnaldo Mussolini al numero 10), giunse a vendere 500.000 copie giornaliere (e non era un obbligo comprarlo), conquistando il terzo posto per diffusione in Italia, dopo il «Corriere» e «La Stampa», ma all'estero era il giornale italiano più letto e citato di tutti.

Sotto la testata figurava il motto del socialista rivoluzionario e utopista francese Louis-Auguste Blanqui, voluto da Mussolini: «Chi ha del ferro, ha del pane», insieme alla citazione di Napoleone: «La rivoluzione è un'idea che ha trovato delle baionette».

Senza essere bollettini illeggibili, i giornali riportavano le stesse notizie politiche, gli stessi discorsi, gli stessi rapporti di partito. Gli articoli di fondo di Mussolini sul «Popolo d'Italia» venivano ripresi pari pari dagli altri giornali l'indomani. I giudizi positivi della stampa straniera venivano riportati in prima pagina con grande evidenza, anche se erano oscuri fogli romeni, bulgari o ungheresi a fare i più sperticati elogi del fascismo e di Mussolini fondatore del «secondo impero romano». I giudizi critici dei giornali d'oltralpe, inglesi e francesi, venivano trattati con l'ironia che meritava ogni grossolano commento. Il meno che si potesse dire era che all'estero non conoscevano le «meravigliose realizzazioni dell'Italia fascista». Non ebbe adeguata risposta un articolo del britannico «Sunday Dispatch» che il 2 gennaio 1943, sotto il titolo *Smargiassate fasciste*, aveva scritto: «Le truppe italiane sono "invincibili" finché non sono chiamate sul campo». La guerra volgeva al peggio e il «Corriere della Sera», riportando il velenoso trafiletto, elencò una serie di atti di valore che avrebbero dovuto smentire il foglio inglese, senza poter negare il fatto che gli italiani, dopo vent'anni di propaganda bellicista, avevano più perso che vinto, se si escludevano le «grandi» vittorie propalate a vanvera dalla stampa.

Nemmeno i camerati germanici mostravano più considerazione per l'Italia «ventre molle dell'Asse». Il maresciallo Hermann Göring, nel suo linguaggio privo di gentili sfumature, imputava agli italiani la mancata conquista di Malta, dicendo più tardi a sua discolpa, ma con qualche fondamento: «Provatevi dunque a fare un'invasione con gli italiani!».

Il 22 marzo 1943 (mancano solo quattro mesi alla caduta del fascismo) il «Corriere» in prima pagina, sotto il titolo su cinque colonne, *Un discorso di Hitler*, spiega nel sommario: «La crisi invernale definitivamente superata: il fronte russo stabilizzato. La fine di questa guerra vedrà lo sfacelo del vecchio impero. La lotta dell'Asse ha come meta suprema il benessere della collettività europea». E l'indomani 23 marzo, nel XXIV annuale della Fondazione dei fasci, titolo su nove colonne in prima pagina: *Il popolo in linea con i combattenti per la vittoria*. L'11 aprile i giornali spiegano che in Tunisia la pressione nemica è stata contenuta: «Le forze italiane e germaniche effettuano ordinatamente i movimenti predisposti». In altre parole, si ritirano. Solo l'abitudine alla menzogna reiterata e metodica poteva mettere in prima pagina quest'ultimo atroce inganno.

A parte il contenuto, tecnicamente i giornali non erano fatti male, anche se molto sbilanciati negli argomenti. La grafica era gradevole e curata, razionale e pratica l'impaginazione. Gli articoli di prima pagina giravano in seconda e la lettura era facilitata. Avevano pochissima cronaca nera, perché nessun fatto violento doveva «turbare l'opinione pubblica»; nessun suicidio, perché l'Italia doveva apparire il paese della perfetta felicità. Se qualcuno si buttava dal balcone si scriveva che era precipitato per malore. Una direttiva alla stampa del 1° aprile 1942 diceva: «Suicidi mascherati: con troppa frequenza i giornali hanno ricominciato a pubblicare notizie di suicidi camuffandoli per disgrazie o per accidenti vari: ricordare che le notizie relative ai suicidi sono abolite da un pezzo sui nostri giornali e che non debbono riaffiorare neppure in forma velata». Per lo più cronaca bianca, dunque sport (calcio e ciclismo soprattutto), notizie sulla circolazione dei tram, un'anticipazione sui nuovi quartieri giardino, una inaugurazione con l'intervento in orbace del federale, posta dei lettori, curiosità. *A piedi da Catanzaro per vedere il Duce.*[4] *Bravi rurali. Trezzano Rosa vanta una natalità del 29 per 1000.*[5] *Una valigia con seimila denti sequestrata al confine tedesco-olandese.*[6] Era solo l'inizio.

La politica, in prima e seconda pagina, in genere si saltava: i soliti discorsi del Duce e il suo nome ripetuto anche trenta volte nella medesima pagina. Appena il tempo di sbirciare le notizie che più interessavano: la cronaca, lo sport e, nella terza pagina, gli elzeviri, i racconti, anche se quelli richiedevano una lettura più attenta; eppoi rubriche di moda e di cucina, disegni, infine le fotografie, una novità. Non c'era tempo di leggere in ufficio, anzi era severamente proibito dal regolamento. Timbrato il cartellino, il giornale lo si riponeva nella tasca del pastrano. Lo si sarebbe letto con più agio la sera, a casa, senza preoccuparsi troppo se le notizie erano vecchie di un giorno. Non c'era tutta questa fretta. I giornali potevano dare il resoconto di un discorso ufficiale anche due giorni dopo e nessuno se ne rammaricava. I quotidiani avevano dalle quattro alle otto pagine (in tempo di guerra con la penuria di carta anche i grandi giornali dovettero ridurle alla metà). Ma il giorno in cui le truppe italiane entrano in Addis Abeba (5 maggio 1936) il ministero per la Stampa e propaganda concesse che per tutto il mese di maggio i giornali uscissero in otto pagine quattro volte alla settimana.

I quotidiani non venivano pubblicati il lunedì perché la domenica era festivo. Nel 1930 un quotidiano costava 25 centesimi. L'abbonamento annuale al «Corriere della Sera» costava 65 lire; semestrale 33,50 lire; trimestrale 17,50 lire. Nel 1941 il costo del giornale aumentò di 5 centesimi in Italia, impero e colonie.

I giornali parlavano ancora un linguaggio ottocentesco. I vecchi letterati preferivano la grafia «Affrica», alla maniera di Ferdinando Martini, ex governatore dell'Eritrea, e anche Bottai aveva il vezzo letterario di scrivere «Affrica» con due effe. Titoli e articoli erano generalmente scritti al passato remoto: *Un sordomuto uccise il facchino in piazza Filangieri*, forma utilizzata prevalentemente al Sud. I giornali del Nord preferivano il presente storico o il passato prossimo nel racconto degli avvenimenti. Nonostante la cura dei correttori di bozze, si registravano errori di stampa tragicomici. «La Stampa», in un titolo a tutta pagina su otto colonne, scrisse «Mussollini», e, in calce a un telegramma di Ciano a Ribbentrop, la firma divenne «Aff.mo Caino».[7] I titoli erano lunghi e prolissi. Per esempio la notizia di una drammatica gita sull'acqua venne titolata così: *Motoscafo che si incendia sul lago Maggiore.*

I giornali davano notizie dettagliate sulle condanne capitali eseguite in Inghilterra (dove vigeva la pena di morte per impiccagione) e negli Stati Uniti (sedia elettrica) ma tacevano sulle condanne alla fucilazione alla schiena eseguite in Italia.

Si dà notizia in tre righe di un ambasciatore ricevuto da un primo ministro. I disastri ferroviari, gli incidenti automobilistici con morti e feriti non meritano più di dieci righe nelle pagine interne. Si scrive «farmachi» invece di «farmaci»; la cantante è la «cantatrice» (Filippo Sacchi). Si scrive normalmente «Istambul» con la «emme» e «strattagemma» con la doppia «t». A «concluse» si preferisce «conchiuse». Le parole nuove creano incertezza: così si scrive «gli pneumatici». Ancora incerta l'esatta grafia delle località africane ed esotiche. Si scrive «Aksum» invece di «Axum»; governo irakiano; Chenia invece di Kenia. Il Mato Grosso brasiliano diventa «Matto grosso» e «Maha Ragià» lasciava qualche dubbio. Si ha scarsa dimestichezza col Nuovo Mondo. La notizia della rielezione del presidente americano Roosevelt nel novembre 1936 viene data dal «Corriere» con una didascalia fotografica del rieletto presidente che «insieme al figlio Franklin saluta sorridendo i suoi elettori in Hayde Park [*sic*] a Nuova York». Voleva dire naturalmente Central Park.

I giornali rendono più precoce la vecchiaia. Si chiama «vecchietto» un uomo di sessantatré anni. Non è ancora invalsa la delicatezza di chiamare «anziani» gli ultrasessantenni. Una donna è vecchia a cinquanta. A quarant'anni è già nonna.

«A vantaggio della cultura popolare»

Il regime ebbe sempre un occhio di riguardo per i giornalisti. E saranno soprattutto i giornalisti a diffondere la convinzione che Mussolini sia «l'uomo della Provvidenza». Mussolini si considerava uno di loro ed era consapevole dell'importanza del loro contributo alla edificazione dello Stato totalitario. Nel 1927 istituì il Sindacato fascista dei giornalisti gratificando la categoria con privilegi, premi e garanzie contrattuali uniche nel mondo del lavoro. I giornalisti godevano di un mese di ferie l'anno quando la norma era di una settimana per tutte le altre categorie. Non erano stabiliti minimi di stipendio ma il licenziamento di un giornalista costava all'editore una liquidazione straordinaria di sei mesi dello stipendio per il redattore ordinario, nove per il redattore capo, dodici per il direttore o il vicedirettore. Esattamente come oggi. L'odierno ordine dei giornalisti è una delle tante cose sopravvissute al fascismo. I giornalisti italiani avevano sempre servito chi li pagava, non si vedeva perché non avrebbero dovuto servire il fascismo che li pagava meglio. L'iscrizione all'albo richiede «sicuri requisiti culturali, morali e patriottici, permette selezione severa e disciplina, garantisce l'esclusiva professionale».

La stampa, con la radio e il cinema, divenne un potente strumento di consenso. Nell'autunno 1933 Mussolini ebbe l'idea di promuovere il suo Ufficio Stampa, diretto da Gaetano Polverelli, in sottosegretariato per la Stampa e la propaganda. Polverelli, ritenuto inadeguato al nuovo incarico, venne sostituito e a capo del nuovo ministero venne nominato Galeazzo Ciano. Si decise per una sede di prestigio: palazzo Balestra, all'inizio di via Veneto a Roma, inaugurata il 14 luglio 1934 da Mussolini in persona con grande affluenza di gerarchi e ministeriali a riprova dell'importanza dell'avvenimento.

Nel 1935-36 il sostegno della stampa alla campagna d'Etiopia fu vasto e sincero. I giornalisti al seguito dell'esercito di invasione ne raccontarono la marcia trionfale e ne condivisero i disagi e i pericoli. Nell'attentato a Graziani a Addis Abeba nel 1937 alcuni giornalisti ebbero a riportare ferite, a riprova, diceva il bollettino del sindacato fascista dei giornalisti, che «l'esercizio della nostra professione non è scevro di rischi e di pericoli anche mortali». Tra i colpiti da schegge di bombe che «fortunatamente produssero ferite di non grave entità» c'erano gli inviati speciali Mario Appelius del «Popolo d'Italia», Ciro Poggiali del «Corriere della Sera» e Giuseppe Pegolotti della «Nazione».

La «Giornata della Fede», promossa dopo le «inique sanzioni», fu un altro successo di immagine del regime che i giornali testimoniarono con un sentimento diffuso di partecipazione spontanea e orgoglio nazionale. Il 27 maggio 1937 i giornali, senza particolare apprensione, scrissero che di lì a quattro giorni il ministero per la Stampa e la propaganda si sarebbe chiamato ministero della Cultura popolare, più noto nella vulgata come Minculpop. Scompariva la parola «propaganda», di fatto resa innocua dallo zelo professionale che mostrava la stampa nell'interpretare le direttive e lo spirito d'avventura del fascismo. Il concetto di «cultura popolare» era farina del sacco di Bottai e del suo vivaio di intellettuali più o meno organici al fascismo. Un concetto espresso per la prima volta alla Camera da Dino Alfieri, succeduto a Ciano, in occasione della discussione sul bilancio del ministero il 18 e il 21 maggio. Alfieri aveva esaltato la funzione della stampa che «tanta parte dedica alla trattazione dei problemi politici, economici, artistici, letterari e corporativi con inestimabile vantaggio della cultura popolare». Era un concetto conforme alla volontà del fascismo «proletario». A Mussolini piacque e seduta stante lo adottò. Il personale del ministero crebbe a dismisura. Il primo effettivo risultato fu di allargare la cerchia dei clienti e dei postulanti. In tre anni, dal 1935 al 1938, il numero dei funzionari e degli impiegati passò da duecento a ottocento. Lo stanziamento iscritto nel bilancio dello Stato superava nel biennio 1938-39 i cento milioni, senza contare i fondi neri a cui ricorreva l'OVRA, l'Opera volontaria per la repressione dell'antifascismo, per pagare giornalisti e confidenti. Capo dell'apparato era Celso Luciani, un burocrate efficiente e coscienzioso, proveniente dalla carriera militare, e che come capo di Gabinetto esercitò, con discrezione, fino al 25 luglio 1943, poteri inferiori solo a quelli del ministro. I limiti della libertà di stampa erano fissati dal ministero della Cultura Popolare che «esercita sui giornali un benefico controllo attraverso contatti frequenti, che assicurano la necessaria armonia di direttive poiché il giornalismo italiano non è né vuole essere il vecchio "quarto potere" anarchico e ricattatore, ma uno strumento potentissimo al servizio del regime...».[8]

Detto fatto. Il Mincolpop era suddiviso in quattro direzioni: stampa, editoria, cinema, teatro. Le relazioni mensili conservate all'Archivio centrale dello Stato danno un'idea precisa dell'attività svolta. Nel mese di aprile 1938, per esempio, il normale lavoro di revisione e censura aveva riguardato 81 quotidiani, 132 periodici di carattere politico, 3860 periodici vari, 7000 bollettini parrocchiali, 32 agenzie d'informazione e gran parte dei giornali italiani che si pubblicavano all'estero.

Dopo attento esame s'erano resi necessari «nove richiami e ordinati i sequestri dei seguenti giornali: «Il Popolo di Roma» del 10 aprile, per la prima puntata del romanzo di Lucio D'Ambra considerato «immorale»; «Il Popolo di Roma» del 24 aprile, per un articolo inopportuno sulla Spagna; «Stampa Sera» del 13 aprile, per aver ridotto abusivamente un articolo del Duce; «Il Lavoro di Genova» del 12 aprile, per indiscrezioni sulla visita del Führer in Italia; «La Tribuna» del 19 aprile, per aver pubblicato dati inesistenti sul numero dei caduti in Spagna; «Il Travaso delle idee» del 1° maggio «per il suo complesso». Erano invece stati elogiati: «Il Regime fascista» del 12 aprile, per un corsivo dell'on. Farinacci e «Il Veneto» del 27 aprile, per un articolo di Natale Busetto sulla personalità del Duce. Nel mese di aprile la direzione generale aveva dato ai giornali 119 disposizioni telefoniche e diramato 430 comunicati, di cui 320 per la Stefani. Nella relazione si leggeva ancora: «I giornalisti ammessi alla collaborazione retribuita del Ministero hanno inviato numerosi articoli che gli uffici hanno esaminato e distribuito per la pubblicazione ai giornali di provincia e a quegli altri che ne avevano fatto richiesta». Altra annotazione: «Dei 40 libri inviati per l'esame, due sono stati sequestrati, 21 autorizzati senz'altro e 12 sono ancora in corso di revisione. Nel mese di aprile sono cominciati a pervenire libri di autori stranieri per il permesso di traduzione italiana».

Era imminente la visita di Hitler in Italia e il ministero aveva preso le sue precauzioni. «La direzione generale ha preparato per tale circostanza tre opuscoli, editi da Ulpiano, intesi a far conoscere la figura del cancelliere tedesco, il movimento nazionalsocialista e le realizzazioni della Nuova Germania. Sono stati altresì esaminati tutti i distintivi, cartoline, stampe, quadri, ecc. diretti ad esaltare l'amicizia italo-tedesca, e sono stati autorizzati alla diffusione e alla vendita soltanto quelli che si distinguono per una felice e artistica concezione».

I maggiori quotidiani avevano fatto a gara per anticipare l'evento che si annunciava tra i più importanti dell'anno. L'inviato del «Corriere della Sera», Luigi Barzini jr, s'era precipitato a Berchtesgaden, in Baviera, nel rifugio di montagna di Hitler del quale aveva tracciato un profilo inedito: «Sul tavolo sgombro dello studio, dalla cui grande finestra si vede in un varco tra i monti Salisburgo, qualche campanello contrassegnato coi nomi dei segretari che accorrono allo squillo. Molte matite d'ogni colore, carta bianca, e un libro, solo e chiuso, dal titolo: *Deutsche Männer* (Uomini tedeschi). Si ricostruisce così la mistica vita di Adolfo Hitler, sognatore che rifugge dal fasto, amante delle cose belle e semplici, degli amici buoni, delle sue montagne, della sua gente, del suo popolo. Si comprendono gli occhi del Führer, che contengono una grande pietà, che ti sorprendono quando li vedi per la prima volta, poiché non sono certamente gli occhi di Federico il Grande, né quelli di Bismarck, che ti aspetteresti di vedere, ma gli occhi di un pastore, di un padre...».[9]

Una parte considerevole degli «ordini di servizio» veniva comunicata per telefono ai responsabili accreditati dei maggiori quotidiani nel tardo pomeriggio. Ma il numero degli ordini cresceva. Furono gli stessi giornalisti a chiedere che fossero scritti a macchina su carta da copie. Carta leggera. Nacque così il termine «velina». Non era a palazzo Balestra che nasceva la «velina». Era il Duce che la dettava direttamente al ministro nella quotidiana udienza di mezzogiorno, dopo quelle riservate al sottosegretario agli Interni e al capo della polizia Bocchini che gli riferivano i rapporti dei prefetti e degli agenti dell'OVRA. La pratica degli ordini alla stampa risaliva alla metà degli anni Venti; ma fu con Ciano che divenne prassi consueta. Gli ordini più perentori riguardavano il culto del Duce, con una cura particolare delle fotografie, gli episodi di cronaca nera e i processi che dovevano essere riportati in misura minima, la messa al bando di protagonisti della cultura, libri da recensire o da ignorare. Una velina del 1935, in anticipo sulle leggi razziali, dice: «Non interessarsi mai di qualsiasi cosa riguardi Einstein». Il Minculpop dettava i titoli di prima pagina e relativo commento. Nel 1938 i giornali ricevettero l'ordine di svolgere con «continuità la propaganda razziale» (13 agosto). «Commentare le decisioni del Gran Consiglio, facendo rilevare il significato politico e storico del provvedimento che per la prima volta porta lo Stato italiano ad esercitare una funzione regolatrice in materia di razza» (7 ottobre).

«I giornali hanno usato nei titoli e nei commenti troppo sentimentalismo nei confronti dei provvedimenti razziali del Gran Consiglio. Riprendere un tono più sostenuto» (10 ottobre).

Nel periodo precedente il patto di Monaco (settembre 1938), e poi nell'imminenza della guerra le veline riflettono l'incertezza del regime, il suo barcamenarsi tra attendismo e timore d'essere escluso dal banchetto del vincitore. Le note di servizio ordinano di attaccare o di smettere di attaccare la Francia e l'Inghilterra, a seconda degli umori e delle fortune di guerra, di attenuare la propaganda antibolscevica; mentre al presidente Roosevelt, benché l'America sia lontana e non se ne ipotizzi l'intervento, è riservata una irriducile avversione. L'antiamericanismo moderno ha una base consolidata e insopprimibile nel fascismo.

Velina del 1° maggio 1943: «Sensibilizzare le notizie sui trecentomila suicidi negli Stati Uniti dopo la dichiarazione di guerra». Mancano due mesi all'invasione dell'Italia.

Parte terza

SANTIFICARE LE FESTE

XXI
VACANZE NOSTRANE

Turismo fuori porta

Si viaggiava poco, e non se ne sentiva nemmeno la necessità. In città si prendeva il tram e si camminava molto a piedi. I ragazzi andavano a scuola facendo lunghe scarpinate. Le distanze non facevano paura. Un impulso ai viaggi lo diede il dopolavoro che praticava agli iscritti sconti e facilitazioni sui soggiorni in albergo e sul prezzo del biglietto. Il dopolavoro promosse la pubblicazione di collane di libri di lettura da distribuire gratuitamente ai dopolavoristi che partecipavano a crociere, gite, escursioni e viaggi organizzati dall'OND. L'iniziativa fu annunciata dal segretario del partito Starace nell'estate 1939. Lo scopo era duplice: incoraggiare il turismo popolare e educare le masse al gusto della lettura. Ma Starace pretendeva addirittura che i dopolavoristi leggessero durante le ore di viaggio!

I mezzi più usati erano l'autobus e il treno.

L'aereo era considerato un mezzo poco sicuro e i più ne avevano paura, tanto che il numero dei viaggiatori che lo usava era ancora esiguo. Nell'esercizio 1937-38 i passeggeri sulla linea dell'Ala Littoria erano stati complessivamentre 28.425. E tuttavia la gente cominciava a muoversi, a visitare le città, a scoprire l'Italia. Le rovine di Paestum non erano più un eremo inaccessibile, all'isola d'Elba non si andava più solo per gli altiforni, il penitenziario e i cimeli napoleonici. La pineta di Ravenna non era un mito, vietato ai viaggiatori con poco tempo a disposizione. Spiegava «Il Popolo d'Italia»: «Oggi ci sono i treni per tutti, per tutti i bisogni, verso tutte le direzioni. E il volto della patria non è più una figura, una licenza, un simbolo di poeti. Bastano qualche diecina di lire, tolte a un altro svago sedentario, basta soprattutto un po' di buona volontà – quella che spesso ci manca – e si va a vedere entro ventiquattr'ore luoghi e opere che per sentirne tanto parlare ci parevano poste nell'altro mondo, e ora ci si rivelano come miracoli a portata dei nostri piedi».[1]

I viaggi oltreoceano e verso continenti extraeuropei erano rari, quasi nessuno conosceva l'America, di cui la propaganda parlava malissimo senza avere un'idea seppur vaga del suo stile di vita. Nemmeno Mussolini aveva viaggiato molto e, a parte la Svizzera, dov'era stato nei suoi vagabondaggi giovanili e di ribelle all'ordine costituito, e la Germania visitata successivamente, non conosceva granché. Non era mai stato a Parigi. Gli erano familiari solo Roma, Milano e Forlì, le uniche tre città della sua vita. Non conobbe mai né l'Inghilterra né l'America, un grave handicap per chi pretentedeva d'essere uno statista di fama internazionale. Al suo confronto gli uomini politici dell'Ottocento avevano una visione del mondo più ampia.

Fu solo agli inizi degli anni Trenta che cominciò a svilupparsi il turismo di massa e gli enti turistici e le agenzie cominciarono a organizzare i primi viaggi collettivi. Nel 1927 l'ENIT (Ente nazionale per il turismo) di Milano aveva organizzato i primi servizi automobilistici di turismo allo scopo di valorizzare le bellezze naturali e le ricchezze artistiche della Lombardia. Raggiungere i tre grandi laghi per respirare in una giornata festiva una boccata d'aria buona, visitare nelle prime ore del pomeriggio la Certosa di Pavia, percorrere le strade turistiche di maggior interesse della regione prealpina, erano possibilità che l'automobilismo collettivo consentiva a un vasto pubblico. L'automobile privata era un lusso che potevano permettersi in pochi. L'iniziativa dell'ENIT era stata facilitata dall'impiego di una nuova vettura da turismo che aveva posto per 18 persone, rapidissima che offriva una grande visibilità e il massimo conforto ai passeggeri.

L'iniziativa aveva avuto largo successo e le gite alla Certosa di Pavia s'erano alternate con altre mete più lontane. Difficilmente si usciva dalla propria regione col vantaggio di poterla conoscere meglio e non cedere alla vanità dell'esotismo solo per il gusto di poterlo raccontare. I fiorentini avevano sempre avuto gusti casalinghi e modesti com'era nella loro natura sparagnina. Raramente lasciavano la loro città e anzi si diceva che quando se ne allontanavano anche per pochi chilometri erano invarialbilmente presi dalla voglia di far marcia indietro. Poteva meravigliare in un popolo sedentario e legato alla terra che Amerigo Vespucci, fiorentino, fosse andato fino in America battezzandola per giunta col proprio nome. D'estate i fiorentini facevano il bagno nell'Arno. La Versilia non era ancora così ambita dalla piccola e media borghesia stanziale.

I milanesi avevano uno spirito più intraprendente e avventuroso. Col sopraggiungere della primavera il programma di gite turistiche da Milano venne esteso a nuove località. Erano allo studio i seguenti itinerari: Milano - lago d'Orta; lago Maggiore - Milano; Milano - giro del lago di Como; Milano - lago d'Iseo; Milano-Cremona-Mantova; Milano - lago di Garda. Il prezzo delle gite era a forfait e comprendeva anche la quota della colazione e ogni altra spesa. Si partiva il mattino e si tornava la sera. Non sembrava una fatica. Il lavoro era molto più duro.

Se gli italiani viaggiavano poco all'estero, per antica abitudine e scarsa attitudine alle lingue e agli usi di altri paesi, l'industria turistica dei forestieri rappresentava già una voce importante dell'economia. Le città più visitate dal turista straniero, specialmente inglese e tedesco, erano Roma e Firenze. Secondo i dati dell'ENIT nel 1931 erano giunti in Italia 2.186.000 stranieri; nel 1932 1.905.000; nel 1933 2.528.000. Gli italiani che andavano all'estero erano poche centinaia e spesso per motivi di studio o di lavoro. L'afflusso turistico nel 1933 fu eccezionale perché fu l'anno della celebrazione dell'Anno Santo e del decennale della rivoluzione fascista che richiamò folle da tutta Europa.

Rispetto alle altre città d'arte italiane, in fatto di pubblicità turistica Roma e Firenze erano favorite dagli organi centrali, quali l'ENIT e il Commissariato del turismo e dalle pubblicazioni periodiche quali «L'Illustrazione Toscana», il «Central turismo» e il «Florence and Tuscany». Gli inglesi avevano sempre avuta una passione speciale per Firenze e la Toscana. Una folta colonia britannica vi soggiornava stabilmente e nel capoluogo toscano c'era perfino un cimitero tutto per loro. Nel 1933 Firenze raggiunse, superata solo da Roma, il massimo delle presenze con 1.025.158 stranieri. Non era solo il patrimonio storico e artistico che attraeva gli stranieri ma anche la ricchezza delle sue attrattive naturali, la bellezza e l'armonia del paesaggio, la cucina, la dotazione delle sue risorse idrominerali e balneari. Oltre Roma, Firenze e la Toscana marittima, anche le coste adriatiche e tirreniche, e gli stabilimenti termali e curativi dell'Italia centrale divennero le mete preferite del turismo straniero. La Toscana era rinomata anche per le sue sedici «Villes d'eaux». Stazioni come Montecatini e Viareggio avevano acquistato fama mondiale.

Per favorire i viaggi culturali degli stranieri l'Istituto interuniversitario istituì corsi di cultura e di lingua italiana aperti tutto l'anno a Siena e Firenze, corsi di arte bizantina primaverili a Ravenna, corsi artistico-culturali primaverili ed estivi a Roma; solo estivi a Faenza presso il Museo internazionale di ceramica, a Perugia presso l'Università per stranieri e a Pisa corsi di diritto corporativo. Nel programma dell'Istituto figuravano corsi anche presso l'Accademia musicale chigiana di Siena.[2]

Negli anni successivi il numero degli stranieri in visita a Firenze e alle località balneari del Tirreno e dell'Adriatico andò aumentando progressivamente, finché con l'acuirsi della crisi internazionale, dopo la guerra d'Etiopia, il flusso diminuì fin quasi a esaurirsi e gli operatori del settore, alberghi, ristoranti, caffè, subirono un danno incalcolabile.

Ferie d'agosto

I soldi da spendere erano pochi, e la villeggiatura non era considerata indispensabile. L'estate si trascorreva in città, sul balcone di casa o sul greto dei fiumi; le maestranze milanesi all'Idroscalo o al lago di Redecesio, ma bisognava avere un mezzo, altrimenti in bicicletta col figlio in canna a spingere sui pedali. In villeggiatura (in «campagna» si diceva a Milano anche se partivi per il mare) ci andavano i benestanti. Non era di moda dire «vacanza». I burocrati e gli impiegati romani andavano a Ostia e Anzio.

Gli alti gerarchi, i gagà, gli intellettuali sceglievano Viareggio, Forte dei Marmi, Castiglioncello: scendevano in spiaggia in costume nero con la cintura di corda bianca e giù risate di gruppo davanti all'obiettivo in bianco e nero. Le ragazze in prendisole bianco o in costume da bagno nero a un pezzo, stretto in vita dalla cinturina bianca.

Si faceva il bagno con la cuffia di gomma, per non sciupare la pettinatura, quasi nessuno sapeva nuotare, si facevano giochi ingenui nell'eccitazione di mostrare i corpi quasi nudi al sole. La spiaggia era il solo luogo dove la promiscuità dei sessi fosse non solo ammessa ma esibita. Si poteva fare una gita collettiva sui barconi dei pescatori. Si stava fuori tutto il giorno, si faceva colazione a bordo con la frittura di pesce pescato in nottata, si tornava scottati e indolenziti ma appagati e felici.

Alla Capannina del Forte si incontrava spesso Galeazzo Ciano, accompagnato da Alessandro Pavolini, baffi neri, capelli inpiastricciati di brillantina, l'espressione poco raccomandabile, sprezzante, col codazzo di belle donne eleganti e ciarliere. Giovani ricchi di Milano, molta industria, gli Agnelli assidui del Forte. Musica americana, whisky, sigarette col filtro; gran sfoggio di biciclette cromate posteggiate all'uscita, una vera sciccheria per i tempi. Capri era l'esclusivo rifugio di aristocratici, politici romani, dandy internazionali, irregolari, eccentrici. A Cortina andavano i grandi signori con ville e camerieri che alternavano la montagna con Venezia, dove sarebbero andati per il festival del Cinema al Lido.

Lo sviluppo di Cortina risaliva alla metà dell'Ottocento e i primi viaggiatori furono inglesi, grandi appassionati di montagna. Fu un progresso lento ma costante. Nel 1910 si contarono a Cortina 70.000 presenze. Negli anni Venti erano triplicate. Furono i turbolenti anni Trenta a farne una delle stazioni sciistiche più famosa al mondo. I principi Umberto e Maria José di Savoia erano frequentatori abituali di Cortina, insieme ai gerarchi e ai personaggi più in vista del regime e della grande industria. Mussolini, rimasto plebeo, preferiva il Terminillo, la montagna dei romani. Non sarebbe mai andato a Cortina. Non sapeva sciare.

Il divismo non era ancora un fenomeno diffuso e un attore famoso poteva non essere riconosciuto e passare inosservato. La novità semmai erano i gerarchi di spicco in alta tenuta che affollavano il Lido da quando il regime aveva scoperto le infinite opportunità che offriva il cinema.

La versione popolare del Forte era Riccione (ci andava a nuotare il Duce e c'era chi vi arrivava con la segreta speranza di vederlo), animatissima stazione balneare, affollata di giovani e di famiglie milanesi, venete, piemontesi. Le orchestre suonavano le ultime canzoni di successo: *Bambina innamorata*; *Non dimenticar le mie parole*; *Forse sarà la musica del mare*; *Venezia, la luna e tu*.

Si faceva una gita con la ragazza sul pattino preso a nolo; un tuffo al largo, qualche approccio non visti. Ci si abbronzava con l'olio di noce o con la polvere Caldea Bruna «Flavio» di Bologna che «abbronza immediatamente, meglio e più del sole, sostituisce le calze», dice la pubblicità del 1942, ma la «tintarella» non era ancora un'ossessione da esibire al ritorno in città. Già all'inizio degli anni Trenta la riviera adriatica era diventata la spiaggia della borghesia. Ma il regime favoriva la villeggiatura di massa con i «treni popolari» e le iniziative del dopolavoro. Al mare, tra sole, bagni, giochi di spiaggia, si temprava l'uomo nuovo e il proletariato industriale delle città non doveva essere più escluso dai benefici effetti dello svago attivo.

Le stazioni balneari adriatiche riconosciute dall'ENIT erano diciotto: Abbazia, Cattolica, Cervia, Fano, Grado, Grottammare, Laurana, Lido di Venezia, Lussingrande, Lussinpiccolo, Pesaro, Pescara, Portorose, Porto San Giorgo, Riccione, Rimini, San Benedetto del Tronto, Senigallia. I 303.772 ospiti stagionali e i 4.547.942 di giornate di presenza, rappresentavano il 43 per cento degli arrivi e il 54 per cento delle presenze di tutto il turismo balneare italiano.

Per il ferragosto 1936 a Riccione e Rimini «tutto esaurito» negli alberghi, nelle pensioni, nelle case private. Scrive il

«Corriere Padano»: «Si spera che i turisti, specie tedeschi, tornino a settembre». La villeggiatura d'élite si va trasformando in «turismo di massa». La prima domenica di giugno 1936 erano partiti da Milano 53 convogli con 42.000 gitanti diretti sulla riviera adriatica. Le gite sociali erano programmate annualmente dalle aziende per i loro dipendenti. Ci si alzava all'alba e si rientrava in serata stanchi morti.

Nel periodo natalizio le agenzie proponevano ai milanesi gite sciistiche al Sestrière, Madonna di Campiglio, Ortisei, Madesimo. Nel 1938 la Pier Bussetti offriva un viaggio da Milano a Parigi dal 16 al 24 aprile per 295 lire; e la Chiariva un viaggio da Milano a Berlino-Norimberga-Monaco e ritorno, compreso vitto, alloggio, visite, dal 15 al 20 aprile, per 495 lire. Con 45 lire al giorno, salvo sconti per soggiorni più lunghi, si poteva alloggiare in un grande albergo di Sanremo raggiungibile con i nuovi treni rapidi in tre ore e trentanove minuti esatti (un minuto meno di oggi).

Treno popolare

I «treni popolari» di sola terza classe, entrati in servizio per la prima volta nell'agosto 1931 su iniziativa dell'Opera nazionale dopolavoro, permisero di andare in gita anche ai più poveri allo scopo «di promuovere il sano e proficuo impiego delle ore libere dei lavoratori intellettuali e manuali, con istruzioni dirette a sviluppare le loro capacità fisiche, intellettuali e morali». Con uno sconto fino all'80 per cento sulla tariffa normale si poteva andare a Roma, Milano, Trieste, Napoli, Venezia, Genova, Firenze. Si potevano scegliere località più vicine. I treni popolari partivano nei giorni festivi tra le cinque e le sette del mattino e facevano ritorno in città per la mezzanotte della stessa giornata. Ci si doveva portare da mangiare nel cestino. Le carrozze di terza con le panche di legno erano poco confortevoli e i disagi enormi ma non tali da scoraggiare la voglia di una rarissima evasione. Ci si contentava di poco e alla fatica si era abituati. Un caffè al bar della stazione, il tempo di scrivere una cartolina.

Nel 1932 la stagione dei treni popolari venne estesa dal 5

giugno al 18 settembre, «con 17 giornate di gite effettuate e con una media di circa 58 gite per giornata».[3]

Con i treni popolari fascisti il volume dei viaggi in Italia raddoppiò. L'iniziativa ebbe grande successo. Canzonette e disegni satirici ne celebrarono i meriti. Se ne occupò anche il cinema col film *Treno popolare* girato dal regista Raffaele Matarazzo nel 1933.

In una sola domenica le Ferrovie dello Stato organizzarono 72 treni per 58.238 passeggeri. Il viaggio Roma-Napoli e ritorno in terza classe costava 18 lire; il viaggio Roma-Perugia-Assisi e ritorno sempre in terza 19 lire.

Il dopolavoro si occupava del tempo libero dei lavoratori, dalla ricreazione alla villeggiatura. Aveva biblioteche circolanti, sale di lettura e scrittura, organizzava spettacoli di prosa, concerti, proiezioni.

Il partito e il dopolavoro si contendevano le feste, col sabato fascista e le adunate della domenica. Dovettero suddividersi i compiti nell'amministrare il tempo libero degli italiani per non lasciargli un minuto libero.

Nel dopolavoro, come all'oratorio (ma nel dopolavoro di più), gli italiani trovarono un punto di aggregazione sociale costante e vigilato, e nessuno stimolo di miglioramento culturale e di educazione civica, di cui ci sarebbe stato un urgente bisogno, salvo l'obbligo di distrarsi e di attendere alle più innocue occupazioni. Sotto questo aspetto il dopolavoro anticipò la compattezza e l'uniformità del pubblico televisivo; anche la passione sportiva, che il regime non mancò di coltivare, coadiuvò egregiamente l'opera del dopolavoro.

I dopolavoristi delle fabbriche venivano ricevuti in delegazione dal Duce, che aveva voluto stabilire rapporti frequenti e cordiali con gli operai. Il 25 febbraio 1939 il Duce aveva ricevuto a palazzo Littorio 5550 dopolavoristi metallurgici dell'ILVA degli stabilimenti di Brescia, Savona, Mestre, Genova, Piombino e Napoli. Gli operai indossavano la tuta da lavoro, tranne un reparto di Piombino che era nell'uniforme della milizia. Il dopolavoro era dovunque e s'occupava di tutto. C'era il dopolavoro dei ferrovieri, dei postelegrafonici, dei tranvieri, dei metalmeccanici, dei chimici. Nel 1935 gli iscritti al dopolavoro erano 2.333.545.[4]

Le fabbriche della salute

I bambini dovevano diventare «forti, bronzei, uomini della futura Italia fascista». Il sole, l'acqua, l'aria buona erano gli ingredienti essenziali per crescere «forti nel corpo e nello spirito, disciplinati, devoti a Dio e alla Patria, temuta e potente». Doveva essere sconfitta la piaga del rachitismo con un diverso stile di vita più sano. Marziano Bernardi assimilava il fascismo a una nuova religione: «Quella che comanda con la voce del Duce che i nuovi italiani crescano robusti, audaci e pronti ai cimenti di oggi e quelli di domani».[5]

Così le coste italiane, specie l'Adriatico, vennero disseminate di centinaia di colonie marine per migliaia e migliaia di bimbi e giovinetti, «vestiti nella divisa che è premio e onore». Inquadrati in una dura disciplina, sorvegliati dalle suore o dalle maestre, facevano vita spartana regolata da rigidi orari e da gesti sempre eguali. Le teste rasate a zero, contro i pidocchi, che all'epoca infestavano ogni comunità di ragazzi, i pantaloncini corti, la maglietta con il simbolo del fascio, il berrettino bianco, i sandali di cuoio. Le colonie lasciavano ben poco spazio ai divertimenti spontanei, all'estro dei bambini. Si era bruscamente richiamati ai doveri della giornata, alle preghiere, alla messa mattutina, a intonare il coro per l'ospite illustre o il benefattore: si insegnava il conformismo bigotto e l'ubbidienza. Il cibo era scarso, servito a orari da ospedali, spesso in piatti di stagno, come nelle caserme, in refettori squallidi dove stagnava l'odore di cavolo e di minestrone. L'atmosfera era cupa, poco adatta alla psicologia infantile, e negli occhi dei bimbi si leggeva una continua nostalgia di casa. Non erano «tetri sanatori» o ospizi per bambini gracili bisognosi di cure, ma il regime, esagerandone i meriti, li vantò come vere e proprie «fabbriche della salute», allietate «da gioiosi tripudi» e dal canto di *Giovinezza*, quando – per i metodi coercitivi e senza sorriso che vi si applicavano – ricordavano piuttosto gli istituti di correzione. Le colonie erano una vacanza da poveri. Nelle famiglie borghesi dire ai figli: «Ti mando in colonia» equivaleva alla minaccia di mandarli in collegio. Il tempo non ne addolciva il ricordo, anzi ne acuiva la pena. Dice Silvio Bertoldi: «Le colonie alpine e marine evocano, a tanti anni di distanza, spettacoli e ricordi tristissimi, di quella speciale malinconia che suscita l'infanzia infelice».[6]

Nel 1934 le colonie marine erano circa 300; e i bambini che vi trascorsero le vacanze furono 184.105. Molti di loro vedevano il mare per la prima volta. Casermoni enormi capaci di ospitare anche mille bambini. La «Novarese» di Rimini aveva 900 posti letto, la «Bolognese» sempre a Rimini, 2000. La Torre FIAT di Marina di Massa ne aveva 750. Il 28 giugno 1934 il Duce, grande estimatore delle colonie marine, cui faceva sovente visita mettendo in agitazione il personale, inaugurò a Cattolica la «Colonia marina 28 ottobre» destinata a ospitare i figli degli italiani all'estero.

I bambini, divisi in scaglioni, partivano all'alba in corriera o in treno nei vagoni di terza classe con le panche di legno riservati a loro. I genitori li accompagnavano alla partenza, salutando con i fazzoletti i figli affacciati ai finestrini, trattenendo le lacrime, come se partissero per le lontane Americhe, lasciando nei figli quel ricordo affranto e quasi disperato che certo non li aiutava a vincere i primi momenti. Ma un merito le colonie l'avevano ed era quello di aver allargato il concetto di villeggiatura, che era sempre stato appannaggio dei borghesi, anche agli strati popolari che al mare o in montagna non c'erano mai stati. Le colonie godevano dell'incondizionato favore della propaganda e dei finanziamenti dei privati e dello Stato. I giornali pubblicavano l'agenda degli arrivi e delle partenze che si alternavano nell'estate con resoconti scrupolosi e puntuali. Nell'estate del 1936 l'arcivescovo di Milano, cardinale Schuster, fece un'improvvisa visita alle colonie marine di Riccione e Pesaro. Dopo essersi intrattenuto con i piccoli ospiti milanesi inviò questo telegramma al Duce: «Ammirando le magnifiche colonie del Fascio primogenito di Riccione e Pesaro, insieme con tremila bambini, abbiamo elevato al Signore la preghiera per Vostra Eccellenza».[7]

Nel 1936, nonostante la guerra d'Etiopia avesse succhiato enormi risorse, 772.000 bambini partirono per le colonie al mare e ai monti. Mussolini promise che l'anno dopo sarebbero stati un milione.

Nel 1938 furono 67.000 i bambini milanesi d'ambo i sessi

che usufruirono delle colonie marine e montane recandosi nei luoghi di villeggiatura in treno. Anche i bambini dei territori coloniali venivano in colonia in Italia. Ma il privilegio era riservato ai piccoli albanesi e ai bambini della provincia libica ospitati nel 1940 dalla Federazione fascista di Chiavari nella colonia permanente della cittadina ligure.

I bagni erano generalmente permessi solo il mattino quando il sole scottava meno e apportava maggiori benefici. E tuttavia, anche quando picchiava il sole di mezzogiorno, i bambini erano costretti a stare per ore distesi sulla spiaggia. Contro questa insensatezza il presidente della Società italiana di pediatria nel 1937 denunciò pubblicamente «l'esagerata applicazione dell'elioterapia» che dava luogo ad «annerimenti esagerati e dannosi» e a «spettacoli barbari, inumani, di ore di immobilità di masse di fanciulli lasciati ad arrostire senza pietà e senza buon senso sotto la sferza del sole ardente». Nelle colonie gestite dalle suore, anche i maschietti (in regime di separazione dalle bambine) dovevano indossare il costume intero con le bretelle. Nel pomeriggio alle quattro, quando più insopportabile era la calura e i bambini per assurdo regolamento non potevano fare il bagno, passava l'autopompa del comune. I bambini si mettevano in fila, senza maglietta e in costume da bagno, e l'addetto comunale con una pompa da giardiniere dava una bella annaffiata a tutti e i bambini ridevano proteggendosi dal getto d'acqua troppo forte scherzando e gridando. Quello era uno dei momenti più divertenti. E infatti non rientrava nelle consuetudine tristi della colonia.

Mete imperiali

Fondato l'impero, Mussolini voleva farne una meta del turismo autarchico e aveva ordinato di realizzare una *Guida dell'Africa Orientale Italiana*. Stampata nel 1938 la guida di 640 pagine conteneva cartine dettagliate e una miniera di informazioni. Ma l'accoglienza del pubblico fu alquanto scettica. Nessuno aveva voglia di avventurarsi in quelle lande selvagge. La guida tentava di invogliare i viaggiatori con descrizioni allettanti delle bellezze locali. Si spiegava che Cheren «vuol dire monte, a 1392 metri, con 9700 abitanti di cui 700 italiani». Era una «graziosa bianca cittadina dal mite clima ... Con villette munite di verande, circondate da bei giardini perennemente fioriti». Era consigliabile alloggiare «da Peppino, con ristorante e caffè». Un quadro davvero invogliante: ma chi c'era stato sapeva che nel paese imperversano la malaria, il colera e la febbre gialla. Ma di questo nella guida non si faceva menzione.

Dopo l'unione doganale all'Italia nel 1939 (di fatto annessa), il CTI approntò una guida turistica dettagliata dell'Albania, il paese delle aquile dove non c'era nulla da vedere. Al capitolo ottavo degli usi e costumi i compilatori si chiedevano: «Che cos'è l'Albania? Esiste un'Albania?». Erano domande opportune che da sole avrebbero sconsigliato la pubblicazione di un compendio storico-turistico per descrivere quell'unica distesa di sassi.[8]

La capitale, Tirana, 35.000 abitanti, veniva descritta in pieno rinnovamento urbanistico. La topografia cittadina portava nomi italiani. C'erano solo due alberghi consigliabili (4ª categoria): il Continentale, in via Bodgani, 40 camere, 18,75 lire; e l'Internazionale, in viale Mussolini, 20 camere, 12,50 lire; e un solo ristorante raccomandabile, il Bella Venezia, in via Vittorio Emanuele III. I prezzi erano la metà, e anche un terzo, di quelli italiani. Le strade erano quasi del tutto inesistenti, con velocità massima consentita di 30 km all'ora. L'avventura era assicurata, non così l'incolumità fisica dei viaggiatori sprovveduti. L'Albania era rimasta alla condizione di arretrata e marginale provincia dell'impero turco. Era la landa più selvaggia e misera d'Europa, abitata da uomini primitivi e selvatici, senza nozione di vita e regola moderna, lontani anni luce da ogni concetto di civiltà, dediti alla pastorizia e al brigantaggio.

Nell'interno scorrazzavano bande armate come nei secoli passati. Il paese era diviso in clan tribali e religiosi: musulmani per il 70 per cento e il resto ortodossi e cattolici, e in due gruppi linguistici: gheghi e toschi, rispettivamente a nord e a sud del fiume Shkumbin. Il tosco era la lingua nazionale. Un servizio aereo quotidiano collegava Roma con Tirana. Numerose linee di navigazione collegavano con servizi giornalieri e settimanali Trieste, Venezia, Bari, Brindisi con Durazzo, Valona, Porto Edda. Prezzi del passaggio da Venezia a Durazzo, esclusi vitto e letto, prima classe 248 lire; seconda classe 165 lire; terza classe 83 lire. Da Bari a Durazzo, esclusi vitto e letto, prima classe 123 lire; seconda classe 82 lire; terza classe 41 lire. Sui biglietti di andata e ritorno le compagnie praticavano uno sconto del 20 per cento sul solo passaggio. Non esistevano viaggi organizzati. Una volta arrivato in Albania il turista doveva arrangiarsi da solo. La guida suggeriva gli itinerari più convenienenti per spostarsi all'interno del paese. Data la scarsità di mezzi era opportuno portarsi l'automobile, la motocicletta o la bicicletta al seguito. Tra le norme e le precauzioni igieniche «era indispensabile munirsi di occhiali di automobilista e portare con sé una certa quantità di cloridrato di chinino, da usare come cura preventiva della malaria, di aspirina, di tintura di iodio e di ammoniaca, e non dimenticare coperte da viaggio e una zanzariera. Avendo in programma di fare escursioni fuori della carrozzabile, sarà necessario portare scarpe ferrate, un sacco da alpinista e un impermeabile. La sicurezza del forestiero in Albania è assoluta ovunque. Alloggiando presso privati, il turista userà la massima discrezione verso le donne della casa, astenendosi dal guardarle e più ancora dal rivolgere loro la parola».[9] Il delitto d'onore era un'antica pratica tribale. Un'occhiata a una donna e ti beccavi una coltellata.

Non si segnalarono esuberi nelle prenotazioni.

Era molto più attraente un viaggio-soggiorno nelle isole del Dodecaneso servite da linee marittime e aeree dalla madre patria. A Rodi c'era il rinomato Grande Albergo delle Rose, sul lungomare, con ampia spiaggia privata. Benché il Dodecaneso fosse territorio italiano, per sbarcare a Rodi occorreva essere forniti di passaporto per l'estero munito dello speciale «nulla osta» che le questure del Regno erano autorizzate a rilasciare ai turisti, senza formalità e spesa per un soggiorno nelle isole di tre mesi; il passaporto doveva essere fatto vistare, all'arrivo e alla partenza, dall'ufficio di polizia. «All'arrivo» garantiva la *Guida pratica ai luoghi di soggiorno e di cura d'Italia*, anno 1933, pagina 183 «le operazioni relative vengono compiute in pochissimo tempo e con la massima cortesia.»

Tripoli, in Libia, divenne meta di copiosi flussi turistici, per la sua posizione sul mare e la dolcezza e la salubrità del clima. La città offriva le condizioni di ospitalità più confortevoli con otto alberghi, gestiti da italiani, e appartamenti da affittare mensilmente in città e nei dintorni. Si poteva raggiungere la Libia in nave o in aereo. I servizi erano frequenti e celeri. In Tripolitania gli italiani avevano costruito 238 chilometri di ferrovie e circa 2000 chilometri di strade.[10]

Si poteva andare in treno da Tripoli a Tagiura, Zuara, c'erano servizi di autobus nella città e nei dintorni e linee automobilistiche, postali e turistiche, per tutte le località della colonia. I cittadini italiani dovevano essere muniti di lasciapassare per le colonie, valevole per un anno, rilasciato dalle prefetture o dalle questure del Regno.

Quando un regolare servizio aereo per le colonie, che abbreviava il viaggio di parecchi giorni rispetto alla nave, cominciò a collegare l'Italia con voli diretti per Addis Abeba in Etiopia, Asmara in Eritrea e Mogadiscio in Somalia divenne possibile fare battute di caccia grossa in Africa orientale. La gioventù dorata assaporava il gusto eccitante dell'avventura coloniale: non sembrava vero trovarsi d'improvviso nella natura selvaggia della foresta e percorrere le antiche piste degli esploratori, a pochi giorni da casa. Un sogno per pochi dato l'elevato costo del viaggio aereo. Il biglietto aereo Roma - Addis Abeba costava 6000 lire. Lo stipendio mensile di un dirigente d'azienda. Gli aerei erano al massimo di ventiquattro posti. Non c'era grande affluenza sui voli. Il biglietto aereo Torino-Parigi costava 440 lire. Nel 1937-38 non furono più di 120.000 i passeggeri che percorsero oltre undici milioni di chilometri di volo. I più si dovevano accontentare di vederli sfrecciare dal finestrino di terza classe del treno, e non certo perché avevano paura di salirvi.

XXII
FESTEGGIAMENTI IN CAMICIA NERA

Rulli di tamburo e spighe per il Duce

Il fascismo aveva moltiplicato le festività e al rullo dei tamburi ne sollecitava la partecipazione popolare tra bandiere, musiche, discorsi, parole d'ordine. Nulla era lasciato alla spontaneità. Partecipare alle feste era un obbligo. Venne accorciata la settimana lavorativa introducendo il sabato fascista, sull'esempio (ma non si doveva dire) del sabato inglese che anticipava la festa della domenica. Gli italiani avevano più tempo libero ma il regime se ne riprendeva una buona fetta «per le sue crescenti esigenze di propaganda». Le cerimonie più lunghe e noiose si concentravano nella mattinata della domenica, ma spesso proseguivano nel pomeriggio e talvolta per tutta la giornata e non lasciavano spazio ad altro. La camicia bianca della domenica venne sostituita dalla camicia nera – che era di rigore indossare alle cerimonie e ai raduni –, e ci si dovette abituare a una frugale colazione al sacco al posto del pranzo in famiglia. Il regime favorì con ogni mezzo la rinascita delle feste pubbliche e popolari italiane: dalle feste patronali alle sagre, ai giochi, alle manifestazioni in costume, ai raduni come espressione delle varietà e delle caratteristiche delle regioni italiane che, disse Mussolini all'inaugurazione della «Mostra d'arte pugliese» di Bari nel 1931, «debbono fondersi nell'insuperabile armonia dell'unità nazionale». Niente come le feste, i raduni, le ricorrenze eroiche stimolavano l'orgoglio e la fiducia nelle più ardue conquiste della patria fascista. Alle feste intervenivano spesso personaggi celebri. Il fascismo arruolò Mascagni, Giordano, Pizzetti, oltre ad attori di cinema e di teatro e presentatori e cantanti radiofonici. Il tenore Tito Schipa cantava volentieri ai raduni fascisti.

Si andò alla ricerca delle tradizioni più genuine nelle quali il popolo, con rinnovato fervore e orgoglio di sé, avrebbe dovuto riconoscersi. Venne sconsigliata la moda esterofila dell'albero di Natale che costituiva un danno per il patrimonio boschivo e al quale bisognava preferire l'italianissimo presepe.[1]

Risultò memorabile la ricorrenza del primo annuale dell'impero il 9 maggio 1937. Celebrando l'evento con toni inediti di magniloquenza scenografica il regime ritrovò nuovi motivi di propaganda e di sfida. Era diffusa la sensazione, anche tra gli oppositori, che non ci fossero più limiti ai calcoli e alle fortune del Duce. Ci fu il concorso di tutti, caporioni, gregari e popolo, per decretare il pieno successo di quella giornata.

La Cetra mise in vendita la raccolta fonografica dei discorsi del Duce, dall'invasione dell'Etiopia (2 ottobre 1935) alla proclamazione dell'impero (9 maggio 1936), in un album completo di dodici dischi al prezzo di 151 lire. Ogni discorso separato, di tre dischi, era venduto a 45 lire.

Il 9 maggio, a conclusione delle celebrazioni imperiali, Mussolini pronunciò il discorso commemorativo dal balcone di palazzo Venezia. La folla (500.000 persone secondo la stima del «Corriere») inneggiava a Mussolini che, finito di parlare, scomparve. Il popolo lo richiamò. All'undicesima volta il Duce si affacciò e allora si svolse tra la folla e il «Fondatore» un rapido colloquio che l'inviato del «Corriere», Luigi Barzini jr, riferì nei brani più essenziali: «A un segno del Duce si fa un profondo silenzio. Egli dice: "Perché mi domandate ancora delle parole?"».

«Una voce risponde: "Perché le tue parole ci sono da guida".

«Quando l'ovazione immensa che accoglie queste parole si placa, Mussolini dice: "Non vi sembrano abbastanza eloquenti i fatti?" Sì, sì, risponde la moltitudine. [«Moltitudine», come dice Petrolini nel suo *Nerone*]. "Quelli di domani lo saranno ancora di più." Un formidabile urlo dalla massa sterminata si innalza e persiste lungamente. E soltanto quando le vetrate del balcone si chiudono definitivamente il popolo, alternando le invocazioni tenacissime al canto degli inni della Rivoluzione, comincia a sgomberare la piazza».[2]

A margine delle giornate dell'impero non poteva mancare la confortante notizia che a Melzo, in provincia di Milano, ventitré coppie si sono sposate. Notizia corredata sul «Corriere» da una grande foto del matrimonio collettivo. Nella medesima pagina (abbinamento non casuale) l'inviato Arnaldo Fraccaroli intitola così una sua corrispondenza dalla lontana Corea: *Dove tutte le ragazze si sposano*, con l'intemerata finale: «C'è molto da sperare e da fare in un paese dove tutte le ragazze trovano marito». A buon intenditore...

Il Duce aveva inventato i viaggi di propaganda e i colloqui con la piazza. Andando in Toscana o in Puglia faceva un discorso in ogni capoluogo di provincia per non scontentare nessuno. Aveva capito l'efficacia di coinvolgere la folla sperimentando la formula inedita di interloquire direttamente con essa, farla partecipare con domande e risposte al suo discorso trasformato in un gioco collettivo. A Hitler e Stalin, divinità arcigne e inaccessibili, non sarebbe riuscito.

Perché ebbe tanto successo? Preferiamo fra tutte la spiegazione che ne diede Piero Gobetti: «La sua figura di ottimista sicuro di sé, le astuzie oratorie, l'amore per il successo o per le solennità domenicali, la virtù della mortificazione e dell'enfasi riescono popolari tra gli italiani».

Nel 1930 Mussolini compie una visita ufficiale in Toscana. Prima tappa Livorno, feudo della famiglia Ciano. In piazza Carlo Alberto (oggi piazza della Repubblica, la popolare piazza del Voltone), arringa una grande folla entusiasta. In un angolo l'inviato del «Corriere» Orio Vergani prende diligentemente appunti: «Livorno marinara e fascista ha superato le mie aspettative» dice Mussolini. La folla palpita, sente di contare. Mussolini non è mai avaro di elogi con le città che lo ospitano. «Vi ringrazio dal profondo del cuore e vi saluto. Viva Livorno.»[3]

A Pistoia, il Duce a capo scoperto parla tenendo nella sinistra il verdissimo fascio di spighe che gli è stato offerto. Dice: «Camicie nere! Popolo di Pistoia! Le mie parole saranno brevi perché io vi conosco e so che non avete bisogno di discorsi perché la vostra fede fascista è profonda. Ho dato già prova della simpatia che nutro per la vostra terra...». La folla urla: «Grazie, Duce».[4]

A Firenze, giglio purpureo, dice: «Prima di tutto l'ignoranza famosa nella quale versano tutti coloro che oltre frontiera vogliono giudicare il fascismo: credono che siamo ancora un piccolo popolo e non s'avvedono che marciamo verso i 43 milioni di anime. (Dalla folla si grida: l'Impero!). Credono che il nostro movimento sia reazione, mentre è rivoluzione; credono si tratti di una tirannia, mentre è tutto un popolo che governa se stesso; credono che noi non siamo capaci di sacrifici anche più grandi di quelli che abbiamo sostenuto per arrivare a Vittorio Veneto. (Dalla piazza si grida: siamo pronti a tutto!)».[5]

Domande retoriche, quesiti spesso fine a se stessi per sperimentarne l'effetto sulla piazza. Un metodo infallibile per andare incontro ai desideri del popolo e farsene strumento per mandato plebiscitario. È una forma di dittatura partecipata. Non si sa fino a che punto sia Mussolini a suggestionare la piazza o viceversa. Si sa che il dittatore non può più farne a meno. Talvolta da attore consumato improvvisa sulla tribuna un gesto teatrale, una smorfia del viso, gli occhi spiritati, le mani sui fianchi.

La piazza ride o si commuove. Il suo linguaggio piano, bonario, compiacente, fatto di slogan, di frasi fatte e luoghi comuni manda in delirio la folla; i suoi motti vengono ripetuti a casa.

Mussolini parla ai mutilati di Milano: «Io vi conosco, o mutilati e invalidi di Lombardia e di tutta Italia, come i miei fratelli più cari. (Si grida: bravo!). E abbracciando, come faccio in questo momento, il vostro Capo che vi guida da dieci anni, con tanta saggezza, con tanta abnegazione, con tanta intelligenza e con tanto amore, io intendo abbracciare spiritualmente tutti i mutilati e gli invalidi d'Italia. (Il Duce abbraccia l'onorevole Delcroix fra le ovazioni della folla)».[6]

A Milano, il 24 maggio 1930, nell'anniversario dell'intervento nella prima guerra mondiale, un milite universitario grida: «Viva il Duce, che ci ha portato la luce».

Una ragazza gli offre un mazzo di grano della qualità «Edda Mussolini».

La sola volta che Mussolini leggerà il discorso sarà al teatro Lirico di Milano nel dicembre 1944. Fu anche il suo ultimo discorso. Nemmeno la voce era più la stessa. L'incantesimo era finito da un pezzo.

Le date gloriose

L'esposizione della bandiera e l'illuminazione dei reali edifici erano prescritte in occasione delle feste nazionali:
1) Prima domenica di giugno (Statuto);
2) 4 novembre (Vittoria);
in occasione delle solennità civili:
1) 21 aprile (Natale di Roma);
2) 20 settembre (Porta Pia), abolita col Concordato del 1929;
3) 24 maggio (entrata in guerra);
4) 11 novembre (genetliaco del re);
in occasione delle feste:
1) 8 gennaio (genetliaco della regina);
2) 15 settembre (genetliaco del principe ereditario).

I libri scolastici del 1942 riportavano le date storiche della rivoluzione. Tenerle a memoria era quasi impossibile. Il regime le aveva santificate tutte: 21 marzo 1919: fondazione dei Fasci di combattimento; 24 ottobre 1922: il Duce a Napoli nell'imminenza della marcia su Roma; 28 ottobre 1922: marcia su Roma; 1° febbraio 1928: fondazione della MVSN (Milizia volontaria sicurezza nazionale); 21 aprile 1927: promulgazione della Carta del lavoro; 11 febbraio 1929: Conciliazione fra lo Stato e la Santa Sede; 18 dicembre 1934: inaugurazione della provincia di Littoria.

La conquista africana aveva aggiunto un altro bel mucchio di date «gloriose» al calendario già zeppo di feste, fino alla dichiarazione di guerra del 10 giugno 1940. I maestri di scuola implacabili, zelanti esecutori delle direttive del partito, ricordavano queste noiosissime ricorrenze per il quotidiano lavaggio del cervello. Non si valuteranno mai abbastanza i danni provocati dai libri di testo compilati sotto ogni latitudine e in ogni epoca dai cattivi maestri dell'ideologia.

Dettato. «Il 21 aprile è una data gloriosa per l'Italia che guarda a Roma come alla grande madre. Questa data ricorda la lontana primavera in cui sorse la città quadrata sul sacro fiume il Tevere. Varie furono le vicende di Roma attraverso i secoli, sempre essa apparve grande e sempre da Roma venne la luce di Civiltà.» Dettato. Natale di Roma – festa del lavoro. «Lavorando si ama la famiglia, si serve la Patria, si onora Dio. Il Duce dedicando il 21 aprile alla Festa del Lavoro, ha ricordato le nobili origini della nostra stirpe di eroi e di contadini: dal solco quadrato, tracciato da Roma. Egli ha detto: "Nacque Roma dominatrice del mondo: sono passati tanti secoli, sono tramontate tante civiltà; il tempo ha sepolto tante grandezze; ma Roma, nata dal solco quadrato, Vive. Si rinnova e si perpetua nei secoli".»

Il 18 dicembre tema in classe sulla «Giornata della Fede». L'alunna Regina della quinta classe scrive: «Il 18 dicembre, nell'anno 1935 le donne italiane offrirono l'anello nuziale alla Patria per aiutarla alla conquista dell'Impero. Ricordo che era una giornata fredda. La mia mamma mi prese per un braccio e andammo al Fascio. Dopo si sfilò l'anello e lo mise nell'elmetto dove c'erano già molti anelli. Le diedero un altro d'acciaio. Ella si commosse perché era un ricordo del suo matrimonio. Ma poi si rasserenò e pensò che quell'anello era per la grandezza d'Italia. Oggi anche l'Italia è in guerra, contro il nemico d'allora. Ma noi resisteremo fino alla morte e avremo vittoria».

Per la Befana fascista gli scolari si mettevano in divisa. Inquadrati salivano nel salone del dopolavoro dove si erano radunati i maestri, le autorità, i genitori. Cantavano e poi ritiravano il pacco-dono che conteneva generalmente una scatola di pastelli, una gomma, un pennino, un mandarino, due quaderni, una cartolina, quattro caramelle e due biscotti. Dopo il saluto al Duce rompevano le righe. Per la festa degli alberi, l'8 maggio, gli alunni venivano portati al campo sportivo per il rito della messa a dimora di centinaia di piantine di pini rossi, poi facevano merenda all'aperto.

Al clima festaiolo tipicamente italiano, il fascismo popolaresco e da parata diede un contributo importante con fiere, mostre, esposizioni, adunate. Tolse dal calendario le feste sovversive o non gradite e ne aggiunse parecchie di nuovo conio. Il 1° maggio socialista venne sostituito dal 21 aprile, Natale di Roma, festa del lavoro. (Nel calendario della Germania nazista, invece, il 1° maggio rimase festa del lavoro.) Venne cancellata la festa laica del 20 settembre, breccia di Porta Pia, dopo la conciliazione col Vaticano. Il calendario, a parte le domeniche, prevedeva quattro feste nazionali, quattordici giorni festivi, dieci feste mobili, sette solennità civili, tra cui il Natale di Guglielmo Marconi e la scoperta dell'America. L'Esercito festeggiava il 9 maggio, data della fondazione dell'impero; la marina il 10 giugno, giorno dell'affondamento della *Santo Stefano* nella Grande Guerra; l'Aviazione e la Milizia nei loro giorni di fondazione, rispettivamente il 28 marzo e il 1° febbraio.

C'erano le sagre per ogni prodotto (la sagra dell'uva, la sagra del vino, la sagra della pesca ecc.), di cui in tempo di autarchia bisognava incrementare la produzione, e furono tentate tutte le «battaglie»: la battaglia del grano, la battaglia del riso, la battaglia della terra e della razza, la battaglia autarchica, la battaglia contro la tubercolosi (unica malattia ufficialmente ammessa; quanto alla malaria non completamente debellata era preferibile chiamarla «febbre intermittente»). Di battaglie del grano ne vennero celebrate complessivamente diciotto, fino al 1940 compreso; poi il cattivo andamento della guerra e il deludente raccolto ne suggerirono l'abolizione.

C'erano poi le battaglie contro le ricorrenti calamità: la battaglia contro le cavallette e la battaglia, perduta, contro le mosche.

La battaglia del grano, tra tutte le sagre dell'autarchia, era forse la più coreografica e la più patetica. Il Duce vi compariva in veste di trebbiatore, «agricoltore tra gli agricoltori», sotto il sole che «va particolarmente a genio agli uomini della zolla e della grande estate», come amava dire di sé. «Egli trebbia, ritto e forte, a torso nudo, occhi accesi, polso duro, getta i fasci della messe, nella moggia spalancata, lancia il grido nel futuro: "Il suo pane avrà l'Italia"; trebbia il Duce a mezzodì», si legge nel libro di letture della terza classe *Soldini e soldoni* del 1941.

La sagra dell'uva, istituita nel 1929, si svolgeva alla fine di settembre. Popolarissima e ubiqua si festeggiava ovunque, anche dove le vigne non c'erano, ed ebbe grande impulso dal regime. «Tutta Italia» scrive l'*Almanacco Italiano Bemporad* del 1934 «s'inghirlanda di tralci e di pampini e canta in ogni piazza, sui colli e sulle marine, i canti gioiosi della vendemmia, e gli agricoltori italiani indossano i caratteristici costumi delle loro genti.» A Napoli sfilano i carri con i contadini e gli zampognari, in Galleria a Milano i bambini delle scuole cantano l'inno dell'uva, a Venezia sul Canal Grande passano cortei di gondole stracolme di ceste d'uva, a Firenze grandi autocarri sfilano lenti con a bordo piramidi di fiaschi di vino e placidi buoi trainano carri con donzelle e scritte «Evviva Bacco», tra gli sguardi compiaciuti dei gerarchi. Roma rinnova nei mercati di Traiano la simbolica offerta dell'uva da parte di leggiadre fanciulle, di liberti e di matrone formose. E sempre vi compare il Duce in borghese, «con il berretto di comandante di panfilo, e ricambia lo sguardo delle ragazze e delle donne». Partecipò anche alla decima festa dell'uva del 1939; e fu l'ultima. Era appena scoppiata la seconda guerra mondiale.

La festa dell'uva di Marino, ai Castelli Romani, la più famosa, si apriva con la processione della Madonna del Rosario, che era un tradizionale ringraziamento per la vittoria dei cristiani sui turchi a Lepanto, a cui faceva seguito il corteo storico che rievocava il ritorno vittorioso di Marcantonio Colonna, e quindi cominciava la vera e propria «festa dell'uva e del vino» in tono carnascialesco, se perfino la fontana invece dell'acqua buttava vino; come la immortalavano i versi della canzone *Nannì*, ovvero *'Na gita a li Castelli*, scritta nel 1926, in occasione della seconda sagra dell'uva di Marino, musica di Franco Silvestri e parole di Ettore Petrolini: «Lo vedi? Ecco Marino / la sagra c'è dell'uva / fontane che danno vino / quant'abbondanza c'è».

Lo sport, specie nei paesi più arretrati e poveri dove non ci sono troppe cose da vantare, era l'emblema più appassionante dello spirito nazionale e dell'orgoglio d'un popolo. Ogni regime autoritario vanta come propri i successi sportivi per dare di sé un'immagine positiva. Il fascismo coltivava le migliori energie costruendo palestre, velodromi, piste, piscine, stadi sportivi. Plasmava i bambini per farne campioni o soldati. L'Inter dovette cambiare il nome in Ambrosiana, perché Internazionale sapeva troppo di comunismo. Primo Carnera, Tazio Nuvolari, Alfredo Binda, Giuseppe Meazza erano i campioni più vezzeggiati e celebrati dalla propaganda: lo sport trovava già largo spazio nelle cronache dei giornali. I giocatori di calcio salutavano col braccio levato, e sulle maglie azzurre – il colore della dinastia regnante – portavano lo scudetto con la croce bianca di Savoia. Lo sport divenne sport fascista, con una identificazione automatica e inevitabile col regime.

Nel 1938 Gino Bartali vinse il giro di Francia e il «Corriere della Sera» titolò: *Lo sport fascista domina nei più grandi cimenti mondiali*. Il Duce concesse al neocampione la medaglia d'argento al valore atletico. Cosa c'entrava Bartali col fascismo? Che meriti aveva il regime nel successo riportato dal campione toscano? Al segretario del partito parve che c'entrasse e inviò un messaggio di congratulazioni al commissario tecnico della Federazione ciclistica italiana, Costante Girardengo: «Gli sportivi d'Italia sono fierissimi di questa nuova prova così nettamente e brillantemente superata. Viva il Duce». Dal che si arguiva che la vittoria era anche un po' opera sua. Il segretario del CONI, gen. Giorgio Vaccaro, riconobbe nel vincitore «l'esponente di una volontà di primato e di una capacità organizzativa che è virtù della razza».[7]

Il 28 ottobre era quasi scontato il tema in classe sulla marcia su Roma, la festa più sacra del fascismo. Motivi e impressioni. Svolgimento (Scuola elementare di Cellio Borgosesia): «Il 28 ottobre è proprio il giorno in cui hanno marciato su Roma per liberare l'Italia dal bolscevismo. Anche noi Balilla e Piccole Italiane siamo saliti in chiesa per assistere alla Santa Messa detta dal signor Penitenziere e una bella predica fatta dal signor arciprete».

In tempo di guerra le feste sembrarono forse troppe e con la circolare della Presidenza del Consiglio, in data 7 ottobre 1941, se ne abolirono un bel po' in una volta sola. Per l'intera durata della guerra veniva sospesa la celebrazione a tutti gli effetti delle feste nazionali nei giorni festivi e delle solennità civili previste dalla legge del 27 dicembre 1930. Nulla veniva mutato per le celebrazioni dei seguenti giorni festivi: tutte le domeniche, primo giorno dell'anno solare, 6 gennaio (Epifania), 19 marzo (San Giuseppe), Pasqua di Resurrezione, Ascensione e Corpus domini, 29 giugno (festa dei santi Pietro e Paolo), 15 agosto (festa dell'Assunzione), 1° novembre (Ognissanti), 8 dicembre (Immacolata Concezione), 25 dicembre (Natale).

Veniva rispettato il calendario cristiano. Scomparivano le feste di regime e anche la monarchia perdeva un po' del suo lustro. Un mutamento del costume e delle abitudini. Per la prima volta, dopo quasi vent'anni, il genetliaco del re e la marcia su Roma passavano sotto silenzio. Pochi se ne dolsero. Ma egualmente a tutti parve un brutto segno.

Niente satira, siamo fascisti

Una legge del 1926 stabiliva che i carri allegorici avrebbero dovuto essere «di soggetto esclusivamente carnevalesco». Non erano ammessi quelli a sfondo militare, politico, religioso. Per partecipare al concorso bisognava pagare una tassa su ogni carro in misura della sua grandezza (carri grandi 200 lire, carri piccoli 50) e presentare al Comitato organizzatore una copia del bozzetto del carro con una relazione dettagliata del titolo e del significato. L'approvazione finale spettava all'autorità di polizia. Le norme di partecipazione erano severe. I carri grandi dovevano avere il piano non superiore a 8 metri di lunghezza per 4 di larghezza, i piccoli non superiore a 5 metri per 3; il peso di ciascun carro completo doveva essere proporzionato alla resistenza del piano stradale; l'altezza subordinata a quella dei fili elettrici. Se durante i corsi un carro subiva un'avaria, sia per difetto di costruzione sia per aver contravvenuto alle disposizioni vigenti, veniva squalificato e messo fuori concorso. Era obbligatorio suonare l'inno ufficiale del carnevale. Una giuria, a suo insindacabile giudizio, premiava i carri che avevano ottenuto il maggior successo. Per agevolare l'afflusso del pubblico ai più famosi corsi mascherati le ferrovie concessero sconti prima del 30 per cento e poi del

50 per cento, man mano che cresceva la domanda. Dalla fase artigianale il carnevale stava diventando un'industria redditizia. Fin dalla metà degli anni Venti il carnevale di Viareggio si era affermato come un avvenimento nazionale, di cui parlava la grande stampa con resoconti esaurienti e accurati. Ma gli snob e gli «oppositori» continuavano ad andare a Nizza per ripicca. Nel 1929 al carnevale di Viareggio sfilarono quattordici carri e altrettante mascherate in gruppo, oltre alle cavalcate e alle maschere isolate.

Col passare degli anni i carri si animarono di figure di cartapesta colorata alte fino a 12 metri che muovevano le gambe, le braccia, la testa, roteavano gli occhi, proprio come il Duce (e il particolare mise in sospetto il censore), aprivano e chiudevano la bocca con meccanismi moderni mai visti prima. Tre o quattro coppie di buoi trainavano ogni carro pesante una decina di tonnellate tra ferro, legno, carta.

Nessuna maschera era riconoscibile e ogni riferimento alla realtà era puramente casuale. La minima somiglianza con qualche gerarca o un accenno alla vita pubblica sarebbe costata cara al suo inventore. Ci si ispirava a temi pubblicitari e turistici, a qualche antica gloria o a un avvenimento paesano. Le vicende politiche nazionali erano tabù. D'altra parte la censura preventiva escludeva qualunque brutta sorpresa.

Il pubblico non era più abituato alla critica e non credeva nemmeno che ce ne fosse bisogno. Il carnevale era fatto per distrarsi e per non pensare, e la gente si divertiva un mondo: era quello che voleva il regime.

A Viareggio nel 1929 la canzone in voga era *Spiaggia d'or*. La gente si pigiava sui viali a mare, gettava coriandoli e cantava:

> Sulla spiaggia d'or,
> la gioventù sorride allegra e spensierata:
> e nel sol che inonda le piazze
> vi è un effluvio di baci e di fior,
> un trionfo di belle ragazze,
> di sorrisi, di gioia, di amor...

Non c'era da preoccuparsi. Semmai il carnevale contribuiva al regime di consenso.

Nel 1934 sui viali di Viareggio sfilarono i carri in rappresentenza di ogni città della Toscana. Il dopolavoro provinciale, subentrato all'Azienda autonoma della Versilia, espresse l'auspicio che «un giorno tutte le città d'Italia, da Bolzano a Trapani, saranno rappresentate al carnevale di Viareggio, unico simbolo di una grande festa nazionale».

Il dopolavoro della provincia di Arezzo presentò la «Giostra del Saracino», quello di Firenze «Lo Stenterello», la maschera cittadina, Livorno «Livorno Jazz», Lucca «La scoperta dell'America», il dopolavoro di Pisa «Il mare perduto». Folklore, antiche glorie, niente propaganda.

In seguito alla guerra d'Etiopia i corsi mascherati vennero sospesi per decisione del dopolavoro nazionale su conforme parere del ministero della Stampa e propaganda. Fu una delusione per gli organizzatori, gli esercenti e la cittadinanza. Il dopolavoro spiegò che «non credeva opportuno interessarsene data la ristrettezza dei tempi». Il 17 novembre 1936 gli organizzatori del carnevale di Viareggio scrissero al commissario prefettizio: «I sottoscritti, pur di salvare la manifestazione che era assurta a fama nazionale, con l'innegabile vantaggio di tutto il commercio locale e dell'artigianato che nel numero di 5/6000 persone si dedicava a questo lavoro, si rivolgono alla S.V. Ill.ma onde voglia scongiurare il danno morale e materiale che risentirebbe Viareggio dalla mancata effettuazione di questa manifestazione...».

Gli organizzatori la spuntarono e Viareggio riebbe il suo carnevale a partire dal 1937. Dal 1938 il carnevale venne organizzato direttamente dagli organi di partito e non ci fu più bisogno d'ogni cautela preventiva. Il buonumore era messo sotto controllo e il dopolavoro provinciale di Lucca, anticipando i temi ammessi, augurò che «insieme al vino s'inneggi all'amore, e ogni amore sia baciato in rima, e la parlata toscana che col dolce stil novo era già musica, dal pentagramma si levi felice nel coro della grande e sana famiglia fascista».

XXIII
ACCENDI LA TUA RADIO

Canta che ti passa

Si ballava al dopolavoro con i festoni di carta velina colorata, nelle vecchie balere, nelle sale all'aperto, sull'aia dopo la mietitura al suono della fisarmonica, che qualcuno sapeva sempre suonare; ma i ragazzi che si radunavano per il ballo della domenica in qualche casa, sotto l'occhio attento dei genitori, i quali se non c'erano si temeva che tornassero da un momento all'altro, portavano il grammofono con i dischi a 78 giri, pesanti e fragili: bastava rigarli con la puntina ed erano da buttare. Le sale da ballo di città erano per lo più vietate ai minori, salvo la domenica. I balli privati avvenivano nella clandestinità; e se una madre vi sorprendeva la figlia la rimandava a casa di corsa dandole magari della «svergognata». C'era ancora molta gente, specie tra il popolo e al Sud, che attribuiva al ballo intenzioni maliziose, lascive, poco oneste. In effetti il ballo per i ragazzi dei due sessi era la sola occasione di incontrarsi, di conoscersi, di sussurrarsi parole impegnative all'orecchio, di «limonare», come si dice a Milano, e stringersi senza esagerare e con l'aria più naturale possibile. Era la prima fase del corteggiamento. È dopo un ballo che nascevano i filarini o i grandi amori. Ballavano tutti al suono dei motivi in voga trasmessi dalla radio e dalle orchestrine, e il Duce in divisa bianca con le spalline dure dava l'esempio ballando con le contadinotte alle feste del dopolavoro. L'Italia degli anni Trenta aspirava al rango di potenza imperiale ma nella vita d'ogni giorno, nei divertimenti poveri e nei vestiti consunti della domenica restava un paese arretrato e rurale, e francamente alla gente dei grandiosi disegni del regime non interessava granché. Gli italiani si divertivano con poco e le canzoni, scritte a getto continuo, assecondavano il carattere canterino e allegro del popolo.

Dai motivi melanconici del primo dopoguerra, *Scettico Blues*, *Vipera* e *Addio Tabarin*, si passò al genere ironico e spensierato. In sintonia con i tempi nuovi le canzonette dovevano ispirarsi al buonumore, all'ottimismo e alla gioia di vivere. Ettore Petrolini poté continuare a rappresentare il suo *Nerone*, che erroneamente parve una parodia di Mussolini, con tutto il repertorio teatrale di sua invenzione da *Salamini* alla «satira efferata» di *Gastone* «diseur, danseur, uomo che emana fascino, uomo rovinato dalla guerra, ricercato dalle donne, ricercato nel vestire, ricercato dalla questura...».

Mussolini ammirava Petrolini e si scusava con biglietti gentili e premurosi quando non poteva intervenire ai suoi spettacoli. E Petrolini ricambiava con accenti entusiastici: «Mussolini è un genio che impone l'ammirazione e il rispetto – è il sole d'Italia – il sole d'oggi che illumina, riscalda, crea e distrugge».

Giovinezza, inno del regime, divenne la sigla della radio che aveva cominciato a trasmettere regolarmente il 1° gennaio 1925.

Infinito il repertorio delle canzoni legate all'iconografia della rivoluzione fascista, alle glorie della Grande Guerra, all'epica imperiale e ai futuri cimenti, canzoni e inni che le maestre facevano cantare in coro dalle scolaresche: *Balilla*, *Il Canto degli arditi*, *L'Inno dei giovani fascisti*, *Il ritorno del legionario*, *Inno a Roma*, *Me ne frego*, *O morettina*. Nel clima imperiale *Faccetta nera* ebbe un immediato successo. La cantavano tutti, fascisti e oppositori, al momento riappacificati. Ci fu anche un risvolto giudiziario. L'autore, il maestro Mario Ruccione, venne accusato di plagio da tali Gustavo Cacini e Vincenzo Raimondi. Le frasi musicali che si asserivano copiate erano quelle celeberrime dell'incipit:

Faccetta nera
bella abissina
aspetta e spera
che già l'ora
si avvicina...

Questione controversa con tanto di relazioni peritali. Il pretore, in attesa della sentenza definitiva, aveva disposto il sequestro. La causa andò per le lunghe e non approdò a nulla. *Faccetta nera* era ormai sulla bocca di tutti.

Uno degli autori più prolifici nel repertorio dei «canti fascisti» era E.A. Mario, al quale si doveva l'inno famoso, *La leggenda del Piave*, che veniva affiancato all'esecuzione di *Giovinezza* e della *Marcia Reale* in quasi tutte le cerimonie nazionali. *Giovinezza* era stato composto nel 1909 come canto goliardico. Nel 1925 i versi ebbero la loro definitiva versione per opera di Salvator Gotta. «Sono versi che voi cantate» si leggeva nel libro di letture *Il Balilla*. «Li cantiamo tutti noi italiani, fusi in un compatto, granitico masso di forze, muscoli tesi, cuori aperti, occhi fissi alla meta radiosa.»[1]

Nel 1925 Mario compose una *Rapsodia Sabauda*, una saga musicale dal conte Biancamano, capostipite della dinastia, a Vittorio Emanuele III, ultimo regnante, con tanto di dedica «Alla Maestà del Re grigioverde ingegno cuore e spada nel ventesimoquinto anno del Suo Regno». Se non il risultato esaltante del lavoro venne lodata la sua buona volontà perché le gesta dei Savoia, arcigni e tetri principotti di montagna, non avevano mai scaldato il cuore di nessuno. La sua produzione si arricchì negli anni successivi di un *Inno al Grano*, per le consuete battaglie del Duce, e di una *Serenata a Selassiè*, in dialetto napoletano:

L'Italia d'ogge canta *Giovinezza*,
Selassiè!
È acciaro 'e tempra: spezza, e nun se spezza,
Selassiè!
Chi mo 'a guverna, è n'Ommo ca s'apprezza,
Selassiè!
E tu contro a chist'Ommo vuò fa' 'o Rre?
Vattè!

(L'Italia d'oggi canta *Giovinezza*, / Selassiè! / È acciaio di tempra: spezza, e non si spezza, / Selassiè! / Chi adesso la governa è un Uomo che si apprezza, / Selassiè! / E tu contro quest'Uomo vuoi fare il Re? / Ma vattene via!)

Nel 1930 venne distribuito il primo film sonoro italiano, *La canzone dell'amore*. La pellicola, assoluta novità per l'Italia, decretò il successo delle musiche composte dal maestro Cesare Andrea Bixio, altro virtuoso del genere, che diedero inizio a una costante e fortunata produzione di musica scritta per il cinema.

Parlami d'amore Mariù, di Bixio, cantata da un giovanissimo Vittorio De Sica, divenne nel 1932 la colonna sonora del film *Gli uomini che mascalzoni...*, interpretato dallo stesso De Sica e Lia Franca.

Mille lire al mese descriveva un modello di vita tranquilla e senza pretese, il sogno dell'impiegato medio:

Un modesto impiego
io non ho pretese
una casettina
in periferia
una mogliettina
giovane e carina
tale e quale come te.

Mussolini esalta la campagna e il lavoro contadino e gli autori contribuiscono al mito della ruralità con nuovi motivi di successo: «Se vuoi goder la vita / vieni quaggiù in campagna» e *Reginella campagnola*:

Oh campagnola bella
tu sei la reginella
negli occhi tuoi c'è il sole
c'è il colore delle viole
delle valli tutte in fior.

Il maestro Rodolfo De Angelis, peraltro spirito libero e poco propenso a farsi dirigere, irrideva alla Società delle Nazioni che aveva decretato le «inique sanzioni», motivo di vanto del regime, cantando: «A Ginevra c'è una bella società / ma l'Italia avanti va».

Improvvisamente questo piccolo mondo incantato è sconvolto dall'avvento inarrestabile della concorrenza d'oltreoceano. Il jazz e lo swing americani sono generi assolutamente nuovi e la canzone italiana ne subisce il fascino senza che il regime autarchico, avverso a tutto ciò che non si richiami alla più tipica tradizione italiana, possa far molto per impedire la «contaminazione». Tutt'al più se ne sviliva il senso con traduzioni ridicole. Così *Saint Louis Blues* diventa *Le tristezze di San Luigi*. Al successo americano *Tea for Two*, si risponde con «Sirena del mar / sorridi e non tremar / s'io son pirata / piccola fata / so pure amar».

Il nome di Natalino Otto (all'anagrafe Natale Codognotto) è legato ai successi di *Polvere di Stelle, Mister Paganini, Ho un sassolino nella scarpa*. La radio aveva l'ordine di non trasmettere la sua «barbara antimusica negra», ma attraverso i dischi migliaia di persone ballarono al ritmo dei suoi motivi sincopati e il genere fece breccia nel bonario e provinciale mondo musicale italiano. Alberto Rabagliati, dopo uno sfortunato tentativo cinematografico in USA di far rivivere sullo schermo il mito di Rodolfo Valentino, divenne una star della canzone e del cinema italiano cantando *Mattinata fiorentina* e *Ba-ba-baciami piccina* e nel 1941 la radio ospitava ogni lunedi sera la trasmissione: «Canta Rabagliati». Dal 1936, quasi ogni giorno, il famoso Trio Lescano, formato da tre sorelle olandesi, ma di nazionalità ungherese, Alessandra, Caterinetta e Giuditta Leschan, si esibiva ai microfoni di Radio Torino con *Tornerai, Signorinella pallida* e *Tuli, tuli, tulipan*. Ma il successo che aveva caratterizzato il trio era *Signorina Grandi Firme*, ovvero il modello femminile seducente, ammaliatore, esaltato dai grandi cartellonisti:

Questo tipo di ragazza
tu la vedi in ogni piazza
nei ritrovi del caffè
portano i vestiti più aderenti
vogliono far le seducenti
e lo stile un poco c'è.

Il regime, in anticipo sul festival canoro di Sanremo, promosse una festa della canzone (festival non si diceva ancora) e il primo premio con coppa e medaglia d'oro del dopolavoro di Milano lo vinse il valzer brillante *Francescamaria*, parole di Rastelli-Panzeri e musica di Mario Schisa.

La canzone cominciava così:

Quando passa Francescamaria
quale strage di cuori ti fa!
ogni giovane lungo la via

fa gli occhioni e si mette a cantar:
Guarda che bionda, ohè!
ma com'è tonda, ohè!...
fa come l'onda sì
come l'onda del mar
che ti fa dondolar!

Apparteneva al genere amoroso-malizioso che piaceva tanto, come *Ma le gambe* e *L'amore è un pizzicor* dal film *Paprika* del 1934. Ebbe grande accoglienza anche il filone ironico: *La torre di Pisa* e *Maramao, perché sei morto?* nel quale la censura scorse, senza esserne certa, un'allusione al gerarca Costanzo Ciano, morto da pochi mesi. Il ritornello, celeberrimo, recita così:

Maramao, perché sei morto?
pane e vino non ti mancava
l'insalata era nell'orto
e una casa avevi tu.

Una notte un gruppo di studenti livornesi appose nel luogo dove avrebbe dovuto sorgere il monumento a Ciano una lapide con la prima strofa della canzone: «Maramao, perché sei morto?». Ogni provvedimento sarebbe caduto nel ridicolo. La beffa rientrava nello spirito più genuino della città. Il fascismo livornese, che in altre circostanze avrebbe fatto fuoco e fiamme, questa volta fece finta di nulla.

Con la guerra i motivi erano ispirati alla vittoria e alle gesta eroiche di marinai e soldati: *Vincere, La canzone dei sommergibilisti, La sagra di Giarabub*, che pronosticava la sconfitta dell'Inghilterra. Presto subentrò la delusione e lo spettro della disfatta, e si ripiegò sul sentimento privato, sugli affetti familiari e sull'indomabile volontà di combattere. «Colonnello non voglio pane, dammi piombo pel mio moschetto», anche se rispettabile nelle intenzioni, era già un annuncio di sconfitta. Man mano che si profila il crollo, il tono diventa nostalgico, rassegnato, senza un accenno alla dura realtà. *Caro papà*, del 1941, dice:

Caro papà
ti scrivo e la mia mano
quasi trema, lo comprendi tu?
Son tanti giorni che mi sei lontano

e dove vivi non lo dici più!
Le lacrime che bagnano il mio viso
son lacrime d'orgoglio, credi a me
ti vedo che dischiudi il bel sorriso
e il tuo balilla stringi in braccio a te.

Sono sentimenti di soldati che hanno perso ogni speranza e sognano solo di tornare a casa. Allo stesso modo i tedeschi nel 1943 cantano *Lilì Marlène*, la canzone della sconfitta. Nella traduzione italiana, *Lilì Marlène* la canta Lina Termini. La radio preferisce trasmettere il repertorio leggero: *L'uccellino della radio, Tu musica divina, Quando la radio, La famiglia Brambilla*. In *Pippo non lo sa*, del 1940, la gente crede di vedere Starace che «quando passa ride tutta la città». Starace non era più segretario del partito dal 31 ottobre 1939, ma le sue gesta erano rimaste indelebili negli annali del buonumore. *Il tamburo della banda d'Affori*, del 1943, racconta di «un tamburo che comanda 550 pifferi», il numero esatto dei consiglieri della Camera dei fasci e delle corporazioni. Ma chi poteva dire che era una presa in giro degli alti papaveri? Non c'era più tempo per simili quisquilie. Il 25 luglio era alle porte.

«La pecora è un animale quadrupede»

Nel 1942 alla radio collaboravano stabilmente 172 artisti, tra registi, attori, cantanti, compositori di musica, conversatori, radiocronisti, annunciatori.

Attori e cantanti avevano raggiunto presto la fama, come Alberto Rabagliati e Oscar Carboni. Alla radio avevano esordito un magrissimo Mario Buonavolontà, in arte Mario Riva, che aveva vinto un concorso nazionale e nel 1938 era stato assunto dall'EIAR per i programmi di varietà, e Nunzio Filogamo chiamato nel 1936 a interpretare il ruolo di Aramis nella commedia radiofonica di grande successo *I quattro Moschettieri*. Filogamo faceva tutto: artista, cantante, presentatore nell'«Ora del dilettante» e nel «Concorso della canzone», animatore del «Gatto bianco». Era il partito a decidere il contenuto dei programmi radiofonici d'informazione e di intrattenimento supervisionati ed emendati prima della messa in onda.

I direttori e i dirigenti erano uomini del partito, il consigliere nazionale Chiodelli, l'ammiraglio Pession, l'eccellenza Vallauri (sulla cui competenza specifica c'era da dubitare), come del resto sarebbe poi avvenuto nella stessa RAI con burocrati dei partiti, questa volta dell'intero arco costituzionale. È la sola differenza con il regime del partito unico.

Nel 1927-28 la radio introdusse un ciclo di trasmissioni settimanali con dibattito in studio sul tema: «Il Fascismo e la rivoluzione fascista». Cosa ci fosse da dibattere non era chiaro viste le opinioni conformi.

Altre sere venivano letti brani scelti dalle opere di d'Annunzio, Manzoni, Oriani e altri autori graditi al regime. Nello stesso periodo erano trasmessi regolarmente i notiziari di politica interna ed estera. La radio si diffondeva rapidamente e la maggior parte del paese cominciava ad apprendere ciò che finora aveva ignorato. Negli anni Trenta la radio fece enormi progressi quanto a varietà e qualità delle trasmissioni. C'era il «Giornalino del fanciullo» in cui canzoni, poesie, esercizi religiosi si alternavano ai racconti delle favolose imprese giovanili di Mussolini. C'erano programmi di puericoltura per le mamme, trasmessi due volte alla settimana.

La programmazione radiofonica era così suddivisa. Il 50 per cento musica, concerti, musica operistica e da camera, musica da ballo e religiosa; il 20 per cento politica: notiziari, trasmissioni, rubriche a fini di propaganda; il 20 per cento programmi per bambini, trasmissioni per la scuola e pubblicità; il 10 per cento bollettini meteorologici.

La radio fascista veniva ascoltata in classe e gli alunni a casa dovevano seguire le trasmissioni educative e farne un breve riassunto per l'indomani. Le trasmissioni scolastiche insegnavano che «la pecora è un animale quadrupede ed erbivoro. Ed è molto apprezzato per la sua lana». Speciali trasmissioni, negli anniversari importanti, raccontavano la marcia su Roma, le sanzioni, la storia di Pinocchio a edificazione dei bambini giudiziosi. Agli autori e giornalisti di provata fede venivano affidati i commenti e le radiocronache politiche più delicate: l'arrivo del Duce nelle città d'Italia, le più importanti manifestazioni politiche. La visita di Hitler in Italia nel 1938 occupò la radio per dieci giorni, con quattro radiocronache dirette affidate a Vittorio Veltroni. I giornalisti e i commentatori divennero famosi come gli attori del cinema e autorevoli come gerarchi per il potere di persuasione che esercitavano con le loro trasmissioni di vasto ascolto. Nino Alessi, Giovanni Ansaldo e Mario Appelius per la politica e i radiocronisti sportivi Nicolò Carosio per il calcio e Mario Ferretti per il ciclismo vantavano legioni di estimatori e di appassionati.

Dai testi degli annunciatori Mussolini tagliava qualche volta le lodi troppo sperticate sul suo «genio infallibile» e sulla sua straordinaria capacità di lavoro. Si raccontava che la stanza del suo studio restasse illuminata fino a notte fonda. Al Duce, che non confermava la voce, dava soprattutto fastidio l'aggettivo «insonne». «Dormo benissimo» diceva.

Gli intellettuali, gli scrittori, i musicisti di fama erano invitati a intervenire alla radio su argomenti di loro gradimento. Nel 1931 Massimo Bontempelli, con la propria voce e i tentennamenti dell'inesperienza davanti al microfono, incoraggiato dal regista al di là del vetro, fece per la prima volta la cronaca tumultuosa e vivacissima del quarto premio letterario Bagutta.

Riccardo Bacchelli intratteneva il pubblico sui grandi prosatori italiani e Ottorino Respighi sulla musica italiana moderna. Pietro Mascagni diceva che della radio, «questa meraviglia del genio italiano», apprezzava il fatto che «una volta tanto si poteva salire sul podio senza... livrea di frack». Filippo Tommaso Marinetti in una trasmissione del 1932 spiegava perché gli piaceva la radio: «Mi piace perché abolisce le tediose e passatiste conferenze; perché sostituisce il libro, che ha molti meriti ma implica sempre qualcosa di pesante, strangolato, soffocato, fossilizzato e congelato; perché sostituisce tutte le vecchie forme di teatro che, salvo poche eccezioni, son tutte morte; perché trasforma il pensiero in vivente e palpitante atmosfera dinamica; perché esclude completamente tutte le forme passatiste dell'arte e della lettaratura; perché realizzerà la mia trisintesi radiofonica "Violetta e gli aeroplani"».[2]

La radio era un potente strumento politico, la fiera delle vanità per ministri, segretari, alti gerarchi che sfoggiavano doti da attori e vi tenevano conversazioni e rubriche seguitissime dal pubblico: «Il primo dialogo dell'Ora dell'agricoltore» di Menico e Timoteo; «I dieci minuti del lavoratore» del vicesegretario del partito Adelchi Serena; «Scuola Politica» di Giuseppe Bottai, ministro dell'Educazione nazionale. Vittorio Veltroni da Littoria bonificata faceva la radiocronoca diretta della trebbiatura in tempo di guerra. «Ed eccoci vicini alla macchina. Gli uomini e le donne lavorano con lena. Hanno in capo il caratteristico cappellone di paglia; al collo fazzoletti multicolori; le maniche rimboccate. Alzano i covoni e li porgono all'imboccatore che con un gesto possente li getta nel battitore della macchina. È qui che il grano libera il frutto prezioso.» I contadini si avvicinano al microfono: parlano spontanei e freschi, con chiaro accento veneto.

CAPO Ora si trebia, ma c'è anche qualche dona che lavora a zapetare il cotone e altri lavori.

RADIOCRONISTA E quanti figli avete?

CAPO Io ho sei figli.

RADIOCRONISTA Ne avete qualcheduno richiamato?

CAPO Due ne ho richiamati in guerra, e io pure ho fato domanda di partire volontario.

RADIOCRONISTA Ah, e se partite voi chi resta qui?

CAPO Resterà il papà.

PADRE Rimaniamo noi veci («ha settant'anni») asieme alle done e ai ragasi, qui combataremo nei campi raccogliendo il grano per dare il pane ai soldati aiutandoli asieme per avere la vitoria.

RADIOCRONISTA E questa brava sposa cosa ci dice?

DONNA Io lavoro in casa, facio da mangiare, atendo ai polai e ai conili e lavo i pani per tuti...

RADIOCRONISTA E quanti bambini avete signora?

DONNA Sei.

RADIOCRONISTA Sei bambini? Una è questa, immagino. Tu cosa mi puoi dire? Sentiamo.

BAMBINA Io sono una piccola italiana e mangio e aiuto la mama e mando tanti bacetti ai soldati che stanno in guera.[3]

XXIV
SPETTACOLO A PREZZI POPOLARI

«Scipione l'Africano» contro «Ben Hur»

Il cinema è un'attrazione popolare, il divertimento più gradito al pubblico. Il primo vero spettacolo di massa. Una vecchia canzoncina dice: «Oh quant'è bello il cinemà / quante cose imparar ci fa». L'avvento del sonoro nel 1930 ne ha accresciuto il fascino. «Si sente perfino quando spostano una sedia» si racconta con meraviglia la gente. Un prodigio per i vecchi spettatori abituati al cinema muto con le movenze teatrali degli attori, le attrici scarmigliate, le didascalie e il pianoforte per l'accompagnamento musicale. Da quel momento il cinema avrà un successo crescente. Le cifre lo confermano. Nel 1936 i milanesi hanno speso 85 milioni di lire per andare al cinematografo; 46 milioni solo nel primo trimestre del 1937. A Milano c'erano 76 sale cinematografiche (contro le 60 d'oggi).

Il cinema americano domina incontrastato con i grandi successi dell'anno: *Margherita Gautier*, con Greta Garbo e Robert Taylor, che ha realizzato il più grande incasso (550.000 lire) mai raggiunto prima da una «prima visione», dopo *Ben Hur* (record con 900.000 lire). *La tragedia del Bounty*, con Charles Laughton e Clark Gable, ha totalizzato 230.000 lire, e *La carica dei 600*, con Errol Flynn e Olivia de Havilland, 240.000 lire. Tra i film italiani *Cavalleria* ha superato le 230.000; e *Lo squadrone bianco* le 250.000.

Per tutti gli anni Venti, prima dell'avvento del sonoro, il cinema italiano riprende il filone interrotto dalla grande guerra con i film in costume: *Quo Vadis*, del 1923, *Cirano di Bergerac*, del 1924, *Maciste all'inferno*, del 1926.

L'antica Roma diventa un riferimento d'obbligo per testimoniare una continuità storica col nuovo impero fascista. La storia è vista come preparazione dell'avvento del fascismo. I mezzi sono ancora artigianali e gli accorgimenti di ripresa modesti. Nei film storici, uno dei filoni prediletti e meno riusciti, capita di vedere sullo sfondo una fila di pali telegrafici e le comparse con l'orologio al polso. Un esempio di sceneggiatura abborracciata, al limite del grottesco – che suscitò più risate che motivi d'orgoglio –, fu *Scipione l'Africano*, di Carmine Gallone, il Cecil B. De Mille di Cinecittà, forse uno dei film più famosi e costosi dell'epoca. Quando al produttore venne proposto di fare *Scipione l'Africano*, perplesso rispose: «E dove lo prendo un attore negro?». Nella lavorazione erano stati impiegati 20 attori principali, 38 attori secondari, 49 elementi tra tecnici e amministrativi, generici per 11.397 giornate lavorative, comparse per 32.848, maestranze operaie per 26.671; fanti, cavalieri e metropolitani, forniti dai ministeri della Guerra e dell'Interno, per 174.610. Completavano il quadro 50 elefanti, provenienti da circhi, e cavalli. Erano stati girati 224.468 metri di pellicola da 10 macchine da presa contemporaneamente in azione. Poco meno di due ore la durata del film costato complessivamente 8 milioni di lire.

Un altro film famoso fu *Luciano Serra pilota*, da un soggetto di Vittorio Mussolini, il titolo glielo aveva consigliato il padre, pellicola non retorica, nonostante il genere eroico; venne presentato al festival di Venezia e vinse, non immeritatamente, il premio Mussolini per il miglior film italiano. Nel 1942 Vittorio Mussolini scrisse sotto pseudonimo un altro film di propaganda bellica, *Un pilota ritorna*, con Massimo Girotti, regia di Roberto Rossellini e sceneggiatura di Michelangelo Antonioni e Carlo Lizzani, i quali insieme a Rossellini non avevano mai smesso di lavorare per il cinema fascista sotto la protezione del figlio del Duce. Il fascismo credeva nella forza di suggestione del cinema (a Cinecittà campeggiava la scritta mussoliniana: «Il cinema è l'arma più forte»), lo sostenne con generosi finanziamenti ma almeno fino al 1938 non lo sottomise. Negli anni successivi, man mano che si manifestava la crisi mondiale, il controllo e le direttive del regime furono più espliciti.

Venne potenziato lo sviluppo della cinematografia scolastica in modo che «la scuola possa fruire convenientemente del cinema come importante sussidio dell'insegnamento, e cioè con riguardo alle varie finalità politiche, educative, didattiche, scientifiche ed artistiche».

In un paese con un'altissima percentuale di analfabeti (nel 1935 in certe zone della Calabria l'analfabetismo si attestava ancora attorno al 40 per cento) l'immagine era più efficace di qualunque pagina scritta o discorso che non tutti potevano seguire, nemmeno alla radio. Il cinema assolveva meglio di tutti allo scopo, assieme alla più vasta produzione di fotografie del Duce scattate nel Ventennio in un numero calcolato tra gli 8 e i 30 milioni di copie.

I registi dell'ultima generazione ruppero con la commedia frivola all'epoca dei cosiddetti «telefoni bianchi». Avevano in mente un cinema nuovo, profondamente rinnovato rispetto ai canoni tradizionali e ispirato ai temi politici d'attualità. Era esattamente quello che voleva il regime. I produttori cinematografici vennero esortati a fare un cinema al servizio del paese, che poi voleva dire del regime, e anche gli intellettuali, dapprima sdegnosi, furono convinti a lavorare per la maggior fortuna del cinema. Venne rispolverato tutto un vecchio repertorio di eroi dimenticati ed episodi marginali e oscuri allo scopo di trovare negli eventi storici una linea evolutiva che conducesse al fascismo. D'ogni epoca, dalla romanità al Rinascimento, venne rintracciato un filo conduttore comune, l'ispirazione al medesimo destino. Chi erano i grandi capitani di ventura, da Giovanni dalle Bande Nere a Bartolomeo Colleoni, se non i precursori della marcia su Roma? Venne saccheggiato il Risorgimento che diventò la teca ispiratrice dei fasti del fascismo, dipinto come suo naturale esito. La camicia nera derivava spiritualmente e simbolicamente dalla camicia rossa e i superstiti garibaldini l'indossavano in un'ultima illusione di gioventù e di gloria. Le stesse frasi celebri di Garibaldi, «O Roma o morte», figuravano nell'albo d'onore del fascismo che si era proclamato il legittimo erede e il geloso custode delle antiche memorie. Blasetti aveva esordito nel 1929 col primo grande film fascista *Sole* ispirato alla bonifica delle paludi pontine attraverso grandi scenari naturali resi possibili da una nuova angolazione delle riprese. Il film venne accolto dalla critica come «un prodigio», ma al pubblico non piacque per l'intento apertamente propagandistico.

L'altro suo film, *Vecchia guardia*, del 1935, in cui faceva l'elogio del «sano» fascismo delle origini, dello squadrismo paesano, del manganello e dell'olio di ricino, indispettì i burocrati ma fece piangere di commozione Mussolini che lo vide privatamente a palazzo Venezia.

Anche i film di soggetto risorgimentale come *1860*, dello stesso Blasetti, e *Un garibaldino al convento* sembravano piuttosto parodie per la recitazione enfatica e falsa, e l'effetto che se ne ricavava era di involontaria comicità. Il cinema italiano non era portato per i film d'azione e d'avventura, al contrario del cinema americano che produceva con successo i film western, dovendo prevalere il risvolto ideologico di propaganda. Gli attori usavano il voi e facevano il saluto romano. La superiorità razziale traspariva anche nella commedia leggera. Nel film *Non ti pago*, del 1943, di Carlo Ludovico Bragaglia, Eduardo De Filippo durante un bisticcio dice alla moglie, Titina De Filippo: «Dovevo sposare un'africana, razza inferiore...», frase approvata dalla censura. Solo il cinema comico assicurava il divertimento e le platee erano piene quando si davano i film di Totò, Macario o di Aldo Fabrizi e Anna Magnani, che in coppia avevano inaugurato il filone popolare del cinema romanesco d'ambiente borgataro.

Ma all'inizio, nonostante gli incoraggiamenti del regime, l'80 per cento dei film circolanti in Italia era di produzione straniera, specialmente americana. Il pubblico preferiva i film con Tom Mix, Charlie Chaplin, Greta Garbo, Joan Crawford, Bette Davis, Clark Gable, Errol Flynn, Fred Astaire, Ginger Rogers. Si trovò il modo di disprezzare il cinema americano definendo i film d'avventura «americanate».

Nessuno faceva caso al doppiaggio pietoso che italianizzava i nomi dei protagonisti, pronunciava in modo orribile i nomi delle città americane e nei film western traduceva «marshall» con «maresciallo» anziché «sceriffo». I negri parlavano con i verbi all'infinito e dicevano «Sì, badrone», come nella versione italiana di *Via col vento*, mentre nei film originali parlavano un inglese corretto.

In seguito si fece ogni sforzo per ridurre al minimo l'importazione di film americani e si incrementò la produzione nazionale. Gli attori più promettenti di casa nostra, con un grandioso lancio pubblicitario, dovevano contrastare e uguagliare la fama e la popolarità dei divi americani. Assia Noris venne lanciata come la «fidanzata d'Italia», Amedeo Nazzari, con spiccato accento sardo, rimasto famoso per la battuta pronunciata nella *Cena delle beffe*: «Chi non beve con me, peste lo colga», con la O strettissima, avrebbe dovuto contrapporsi a Errol Flynn; contro Deanna Durbin si lanciò Chiaretta Gelli, una sconosciuta attricetta rimasta sconosciuta, e contro Olivia de Havilland e Joan Fontaine dovevano competere le sorelle Carola e Mariella Lotti.

Le leggi razziali colpirono anche gli attori americani in odore di ebraismo (o di antifascismo). Nel 1938 giunse l'ordine che non ci si doveva più occupare dell'attrice svedese Greta Garbo perché in una intervista a un giornale aveva dichiarato che era antibolscevica ma anche antitotalitaria. Nel 1941 vennero vietate fotografie, articoli, notizie riguardanti Charlie Chaplin (che l'anno prima aveva interpretato il *Grande dittatore* nella parte del barbiere ebreo che imita Hitler), Erich von Stroheim, Bette Davis, Douglas Fairbanks junior, Mirna Loy, Fred Astaire e la casa cinematografica americana Metro Goldwin Mayer. Naturalmente nemmeno i loro film potevano essere distribuiti in Italia.

Il pubblico ignorava queste disposizioni e la stampa non spiegava i motivi per cui d'un tratto di un attore americano non si sapeva più nulla.

Al cinema si andava la domenica pomeriggio e più raramente la sera. Ci si alzava all'alba e non si doveva far tardi. Il sabato era occupato nelle esercitazioni di regime. I cinematografi si chiamavano Impero o Imperiale, Rex, Savoia, Patria, Littorio, Principe, Ducale. Prima di entrare in sala si faceva rifornimento di semi salati di zucca avvolti nella carta di giornale, negli intervalli entrava il venditore di bibite, di caramelle, di spagnolette. I corridoi erano pieni di rifiuti, cartacce, gusci di noccioline e semi che scricchiolavano sotto i piedi, e sebbene fosse vietato fumavano tutti contro ogni regola di sicurezza e nessuno faceva osservazione.

Quando la pellicola durante la proiezione si spezzava, e accadeva spesso, dalla platea si levava un boato di protesta. Le macchine di proiezione, vecchi modelli, erano molto rumorose ma nessuno ci faceva caso. Il fascio di luce rischiarava la densa cortina di fumo. Le sale erano addobbate con piante di palme, manifesti di cinema, affreschi di figure allegoriche e imperiali, motti celebri particolarmente adatti. Per esempio: «È il mondo intero una ribalta», di Shakespeare. I cinema meno costosi avevano le poltrone di legno, non sempre comode e sicure, nelle sale di lusso erano ricoperte di velluto rosso o verde e c'era il bar annesso come il foyer dei teatri. Prima dell'inizio del film veniva proiettato il cinegiornale di propaganda Luce nel quale si celebravano le conquiste del regime e che Mussolini visionava personalmente apportando tagli, suggerimenti in fase di montaggio, e quando la platea scattava in piedi con un baccano indescrivibile significava che sullo schermo era apparso Lui.

Il costo del biglietto aumentò in proporzione alla crescente popolarità del cinema. Il pubblico cresceva a vista d'occhio man mano che si diffondevano le sale cinematografiche nelle grandi città e nei paesini di campagna. All'inizio il cinema era apparso qualcosa di sordido per l'oscurità della sala che permetteva chissà quali atti immorali. Le ragazze non potevano andare al cinema e i ragazzi ci andavano di nascosto. Al pomeriggio la sala era il naturale nascondiglio di chi marinava la scuola. Gli spettacoli erano continuati, però c'era il problema di dove andare dopo, perché era permesso vedere il film una sola volta. Nel 1922 il biglietto per un locale di periferia costava 55 centesimi. Agli inizi degli anni Trenta il biglietto costava una lira e mezzo e negli anni successivi per un film di prima visione anche 3 lire. I dopolavoristi usufruivano di uno sconto del 25-30 per cento sul prezzo del biglietto, anche durante gli spettacoli nei giorni festivi.[1]

La differenza di prezzo portò all'inevitabile selezione del pubblico, relegando la plebe nei cinema di periferia, chiamati «pidocchini» per l'aspetto poco raccomandabile quanto a pulizia, igiene e qualità di pubblico, il quale in conformità col locale si comportava come a casa propria facendo rumori d'ogni genere e sganasciandosi dalle risate. Il sonoro obbligò parecchi cinema a rinnovarsi, e ne vennero costruiti di nuovi che in onore al progesso si chiamavano Moderno, Modernissimo, Lux, Odeon, Supercinema; certi piccoli cinema di paese (specie quando ce n'era uno solo) non avevano nome ma recavano solo la scritta: «Cinematografo» in lettere fiorite. Parecchi vecchi teatri ottocenteschi vennero trasformati in cinematografi potendo continuare a ospitare spettacoli d'opera lirica e riviste di varietà, quest'ultimo un genere molto popolare negli anni Trenta e Quaranta nelle grandi città e in provincia. Le sale di lusso per le famiglie borghesi col tempo soppiantarono il teatro e la vecchia consuetudine di andare alle prime più per mondanità e per farsi vedere che per lo spettacolo in sé.

Gli anziani non vinsero mai una naturale ritrosia per un genere di spettacolo che sconvolgeva le loro abitudini. Ma per le generazioni più giovani il cinema divenne uno spettacolo mondano e l'effetto propagandistico perseguito dal regime divenne secondario, quando non addirittura controproducente per gli esiti umoristici o francamente ridicoli di alcune sequenze che avrebbero dovuto al contrario suscitare sentimenti nobili e edificanti. Così la sola arma esplicita di propaganda rimase il cinegiornale Luce, imposto agli spettatori e accolto con mugugni e urla di riprovazione dalla platea, con la voce reboante e l'inconfondibile birignao dello speaker Guido Nodari, che avrebbe reso solenne ed epica anche la raccolta delle fragole.

Al pubblico non veniva rispamiato nulla: né l'abbondanza del raccolto, né l'allevamento del baco da seta nel Comasco o la tonnara in Sicilia, né la superiorità e l'imbattibilità delle armi fasciste.

Alla sera nelle campagne arrivava il cinema ambulante su un furgoncino che montava tutta l'attrezzatura per proiettare il film in qualunque posto: sul muro bianco di una casa o sul grande schermo di tela rizzato sull'aia. Era un avvenimento che metteva in agitazione la piccola comunità e ciascuno si portava la sedia da casa. D'estate la luce dei riflettori attirava sciami di insetti e i bambini punti dalle zanzare si mettevano a piangere costringendo qualcuno ad alzarsi per portarli a casa. Solo la pelle coriacea arsa dal sole dei contadini resisteva per due ore filate all'assalto dei micidiali insetti.

I film avevano il primo e il secondo tempo e non c'era pubblicità. Nell'intervallo di circa sei-sette minuti si chiacchierava, si rideva, si beveva un'aranciata: tutte cose che per la verità si facevano anche durante la proiezione. Inutilmente il *Galateo del Novecento* nel 1939 dettava le norme di buona creanza anche per le signore della buona società che andavano al cinema: «Nelle sale più eleganti e in occasione delle prime visioni, le signore sfoggiano vesti più ricche che in sale secondarie e per spettacoli comuni. Né sarà minore che nei concerti e nei teatri il dovere di non disturbare i presenti con mormorii e colpi di tosse, evitando ogni commento illustrativo ad uso dei vicini che preferiscono giudicare loro stessi ciò che vedono e ascoltano».[2]

Le signore, inoltre, avrebbero dovuto usare l'attenzione di non inalberare cappelli troppo complicati a cresta o a cono per non impedire a chi stava dietro di godere lo spettacolo. Ma dispute tra vicini succedevano sempre. I bambini piangevano forte e i papà per farli star buoni gli raccontavano il film commentando ad alta voce le immagini.

Difficilmente una pellicola era vietata ai minori di quattordici o diciotto anni (e se lo era non lo era certo in relazione al sesso), perché nessun regista avrebbe osato offendere il «comune senso del pudore» e comunque la censura preventiva, che non sarebbe stata abolita nemmeno dopo la caduta del fascismo, avrebbe tagliato ogni sequenza ritenuta sconcia o troppo audace. Perfino i pantaloni eccessivamente stretti e attillati delle attrici francesi più sexy lasciavano perplessi e ingolositi i censori fascisti. Solo il seno scoperto di Clara Calamai nella *Cena delle beffe* era passato indenne, forse per rendere più realistica e violenta la scena del «cattivo» Giannettaccio (Osvaldo Valenti) che le strappa il vestito.

Era stato un attimo fugace e ai più era quasi sfuggito. C'era gente però che tornava al cinema per rivederlo. Divenne un caso unico, se ne parlò per mesi, per anni. Entrò nella storia del cinema.

Il Carro di Tespi

Il Carro di Tespi era il teatro viaggiante economico che l'Opera nazionale dopolavoro allestiva nelle più belle piazze italiane e nei villaggi sperduti davanti a immense platee popolari: giovani, casalinghe, operai e agricoltori che non avevano mai visto uno spettacolo di prosa o di lirica in vita loro. Il fascismo pensava a tutti e specialmente al popolo che non doveva essere posto ai margini dei progressi e delle elargizioni del regime. E lo faceva con le migliaia di furgoni attrezzati allo scopo, contrassegnati col fascio littorio e la sigla del dopolavoro, che nelle piazze allestivano i tendoni del Carro di Tespi, montavano gli scenari e allineavano migliaia di sedie per gli spettatori. Scriveva l'OND: «Teatro del popolo e teatri popolari. Ma il popolo vero, cioè quello formato da tutte le classi, compresa in esso la immensa e sana popolazione proletaria ignorava del tutto questi ritrovi o si guardava bene dal metterci piede. Quando noi, invece, diciamo che il Carro di Tespi lirico è teatro lirico del popolo, intendiamo dire ch'esso è la più alta forma di teatro perché si richiama a quello che di più sacro, di più eletto, di più genuino può vantare la Nazione, cioè l'essenza della sua razza, le radici affondate nel suolo che ha creato secoli e secoli di storia».[3]

Per quanto Achille Starace non godesse di una favorevole opinione propensa a riconoscergli un qualche merito, pure l'idea del Carro di Tespi era stata sua e non solo s'era dimostrata una buona idea ma avrebbe avuto un immediato e duraturo successo, tale da essere imitato anche in Francia e in Germania. I migliori artisti, musicisti, attori partecipavano con entusiasmo alle lunghe trasferte da un capo all'altro del paese, e si accontentavano di un compenso modesto. Non lo facevano per la paga ma per contribuire a un'alta missione sociale. Conquistavano un pubblico più vasto e ci guadagnavano in popolarità. Compagnie di prosa di prim'ordine e complessi musicali famosi, artisti, maestri celebri, non pensavano di sminuirsi esibendosi davanti a folle di rurali frastornate e intimidite dalla grandiosità della messinscena. Pietro Mascagni aveva diretto uno spettacolo del Carro di Tespi lirico a Littoria davanti agli agricoltori della «provincia redenta». Nel quarantesimo del trionfale debutto al teatro Costanzi di Roma, *Cavalleria rusticana* venne rappresentata dal Carro di Tespi lirico di Livorno nel 1930.

Il primo Carro di Tespi di prosa venne inaugurato il 4 luglio 1929 a Roma alla presenza del Duce, molto soddisfatto dell'iniziativa. I tre Carri di prosa inaugurati a Milano, sempre alla presenza del Duce, cominciarono il loro giro artistico da Gardone Riviera dove rappresentarono la *Figlia di Jorio* di d'Annunzio, presente il Vate in alta tenuta da comandante. Nel maggio 1930 venne realizzato in appena due mesi il primo Carro di Tespi lirico e in agosto venne inagurato da Pietro Mascagni con *La Bohème* a Torre del Lago. Nel centenario dell'indipendenza del Belgio, in quello stesso 1930, il Carro di Tespi lirico diede spettacoli a Liegi, Bruxelles e Anversa sotto la direzione artistica dello stesso Mascagni. Ogni piazza d'Italia risuonò delle note di Verdi, Puccini, Bellini. In cinque anni andarono in scena migliaia di spettacoli in ogni provincia, da Agrigento a Zara, davanti a circa un milione di spettatori, a prezzi popolarissimi. Ogni autore drammatico vivo o morto, purché gradito al regime, venne rappresentato. L'elenco era lungo: da Giovacchino Forzano a Rosso di San Secondo, Vittorio Alfieri, Gabriele d'Annunzio, Sem Benelli, Sabatino Lopez, Alfredo Oriani, quasi tutto il repertorio drammaturgico italiano. La storia d'Italia da Cincinnato a Cavour venne svelata al popolo. Le rappresentazioni del Carro di Tespi, avvenendo all'aperto e quindi confidando nella clemenza del tempo, si limitavano al periodo estivo, luglio-agosto. Alle 20 il teatro apriva le porte al pubblico e alle 21 lo spettacolo cominciava. La compagnia di un Carro di Tespi si componeva di circa 300 scritturati fra artisti, masse corali, orchestrali e ballo. A questi andava aggiunto il personale tecnico-amministrativo formato da circa 500 fra impiegati, specialisti e manovalanza. Gli scritturati erano coperti dalla Cassa mutua di previdenza per lo spettacolo ed erano assicurati contro gli infortuni. Data la fretta nel montaggio del teatro gli incidenti erano frequenti. A volte cedeva il palcoscenico o si spegneva un faro di illuminazione e inciampava un attore. Niente di grave. Durante lo spettacolo funzionava un servizio di pronto soccorso.

XXV
IL GHIOTTONE AUTARCHICO

Coda alla vaccinara da Giggetto, aperitivo allo Zucca

Abolito il francofilo *restaurant* (ma non il suo equivalente italiano) – sinonimo di raffinatezza e alto prezzo – negli anni Trenta il regime autarchico scese in difesa della tipica trattoria italiana che avrebbe dovuto esaltare la varietà della cucina regionale. Uno speciale statuto di qualità era già stato riconosciuto ai grandi vini italiani con l'istituzione nel 1924 del Consorzio del Chianti classico contrassegnato dal marchio Gallo nero. A Milano, città devota al gusto della tavola, Orio Vergani fondò l'Accademia della Cucina.[1]

Fautore convinto di questo ritorno alla tradizione, lo stesso ministro Giuseppe Bottai firmò nel 1938 la prefazione alla guida *Trattorie d'Italia*, realizzata dalla Confederazione nazionale fascista piccoli esercizi.

A Roma l'osteria non era scomparsa e i proprietari, fedeli alla tradizione popolare, non avevano mai pensato di nobilitare il locale con l'insegna esterofila di *restaurant*. All'osteria, soprattutto a Trastevere e nei quartieri popolari, non si andava solo per mangiare la coda alla vaccinara o i filetti di baccalà con i carciofi alla giudia (carciofi all'ariana dopo le leggi razziali), ma anche per incontrarsi con gli «amichi», fare due chiacchiere dopo il lavoro e bere vino servito nelle misure tipiche: «sospiro» o «sottovoce», 1/10 di litro; «cirichetto», 1/5 di litro; «quartino», 1/4 di litro»; «fojetta», 1/2 litro; «tubbo», 1 litro; «barzilai», 2 litri, dal nome del deputato Salvatore Barzilai che, durante le campagne elettorali, era solito offrire vino in recipienti da due litri.

Di osterie, ricorda Aldo Palazzeschi, ce n'erano un numero

spropositato. Quasi tutte portavano il nome del proprietario: Giggino, Giggetto, Guerrino, Romoletto, Carlone, er Paciocco-ne, Santino, Angelino, Pippetto, e quando il cliente entrava il padrone gli andava incontro ed erano abbracci e baci. Se in cucina c'era la padrona l'osteria portava il suo nome: sora Teta, sor'Elvira, sora Cecilia, sora Nanna, sora Nannetta. Erano anche i nomi degli intingoli più rinomati.

All'osteria si serviva principalmente il vino: Est! Est!! Est!!! Potevi farti preparare all'istante gli spaghetti alla carbonara, con la pancetta, l'uovo e il pecorino, e le fettuccine, la cotoletta o la bistecca, e in mostra sopra il banco trovavi prosciutto e salame, «ma l'osteria autentica dà il vino soprattutto, ed è consuetudine diffusa che i clienti vi portino il resto».[2] Un antico proverbio romanesco dice: «Chi non beve er vino è omo sacrillego, perché er vino fu consacrato dar Signore».

A Roma c'erano insegne storiche, come quelle di Fedelinaro e di Alfredo, in via della Scrofa, tuttora esistente (rimase memorabile la presentazione che Paolo Monelli fece nel 1935 al «Ghiottone errante» delle sue leggendarie fettuccine al doppio burro servite al tavolo con tanto di forchetta d'oro e rullo di tamburi in sottofondo).

In piazza Sallustio, fin dai primi del secolo, c'era la caratteristica Cantina Cantarini, con arredamento ancora originale e cucina tradizionale marchigiana.

La costruzione del Mattatoio di Roma nel 1890 aveva incrementato la cucina tipica romana a base di «quinto quarto», ossia delle parti meno pregiate della carne bovina, trippa, interiora, coda, pajata, fegatelli di maiale, diventati i piatti maggiormente richiesti della cucina romana. Tra le trattorie più antiche e fedeli alla tradizione popolare figurava Checchino dal 1887, proprio nella piazza davanti al Mattatoio, l'Hostaria dell'Orso, a Monte Brianzo, davanti al Tevere, e La Campana, nel vicolo omonimo, erano in assoluto le più antiche di Roma essendo tutt'e due già in attività nel Quattrocento. La Campana nell'Ottocento funzionava come stazione di posta. I piatti erano tipici della cucina romanesca. A Trastevere, dove si svolgeva la Festa de' Noantri, cioè dei «romani de Roma», le trattorie più famose erano Checco er Carettiere (attivo ancora oggi, con le vecchie foto alle pareti e i motti in romanesco) e La Cisterna.

A Roma non si andava a cena mai prima delle nove, e i forestieri non riuscivano ad abituarcisi. All'osteria romana non si balla, «ma si suona e si canta appena finito di mangiare, e in primo luogo si conversa e si discute».[3]

Giggino, Guerrino, Giggetto, Romoletto, Bicione, er Panzone, dominavano il locale, col tovagliolo sotto braccio si aggiravano con aria solenne, davano un'occhiata autorevole in giro, salutavano gli habitué, portavano altri litri di vino alle tavole.

A Roma non esisteva il caffè, i pochi che c'erano servivano per la gente di passaggio e alla classe ristretta, che li considerava una raffinatezza, e al turismo cosmopolita di via Veneto.

Al Nord, invece, a Milano e Torino soprattutto, il caffè aveva una lunga tradizione di gusti e di abitudini. Vi si andava a prendere l'aperitivo, ma si poteva anche chiedere un piatto di risotto giallo con l'ossobuco. Vini per lo più piemontesi, Barbera, Freisa, Grignolino.

A Milano, il caffè Cucchi, in corso Genova, aveva lanciato il caffè-concerto. Era il quartiere della «mala» milanese, dei «ligera», eredi della Teppa: furti, borseggi, risse, prostituzione. Tutta roba di casa. A volte ci scappava il morto. Si racconta la tragica fine di Elvira Andressi, in arte Rosetta, che al Carrobbio faceva la vita. Una sera venne picchiata a morte. I poeti di strada milanesi ne cantarono la storia:

Hanno ammazzato un angelo, di nome era Rosetta,
era di piazza Vetra, batteva la colonnetta...
la malavita tutta era vestita in nero per compagnare
Rosetta, Rosetta al cimitero...

Il caffè Cucchi aveva il permesso della polizia di stare aperto fino a mezzanotte e quando nel 1936 i coniugi Cucchi ebbero l'idea del caffè-concerto stava aperto fino alle due di notte. L'orchestrina spagnola col repertorio latinoamericano, *La Cumparsita*, *Caminito*, *Cielito lindo*; il complesso femminile con i motivi più in voga. Risotto giallo e spaghettata di mezzanotte.

La pasticceria Marchesi, fondata nel 1824, in via Santa Maria della Porta, negli anni Trenta divenne un famoso caffè alla moda, con gli arredi originali dei tempi dell'imperatore Francesco I d'Austria.

C'erano allo sbocco della Galleria, verso piazza del Duomo, il Campari e il Camparino. Ricorda Orio Vergani: «Pranzare al Campari, per un giovane del 1926, era una specie di diploma per l'ingresso in un determinato mondo sociale. Io osai entrarvi una sola volta, nel 1927, invitato da Ugo Ojetti, e mangiai pochissimo, tanto era il mio orgasmo nel ritrovarmi seduto a tavola in un simile luogo dove mi sembrava si parlasse solamente di azioni e di "dividendi"».[4]

Allo Zucca, in Galleria, andavano a prendere l'aperitivo Benito Mussolini, direttore del «Popolo d'Italia», quando la redazione era in via Paolo da Cannobio, eppoi Marinetti, Boccioni, l'editore Treves. L'aveva fondato Campari che poi vendette il locale e la formula del camparino agli Zucca, produttori del famoso rabarbaro, e l'insegna cambiò in «Zucca in Galleria» a lettere dorate. Conservava i mosaici e i mobili del vecchio Campari.

Con l'arrivo dei toscani le trattorie Pecori e Bagutta, Bice in via Pietro Verri, e le Colline Pistoiesi avevano prezzi più convenienti ed ebbero un immediato successo. A parte la Pesa, la vera cucina milanese andava scomparendo.

A Firenze la classica cucina toscana non aveva, ovviamente, concorrenti.

Le specialità toscane che avevano fatto fortuna a Milano erano quelle di sempre: le pappardelle al sugo di lepre, la ribollita, la bistecca alla fiorentina, le rostinciane e i fegatelli di maiale con la foglia d'alloro, i fagioli bianchi conditi con l'olio di collina, fritture di pollo e carciofi.

A Firenze la trippa si vendeva agli angoli delle strade. I ristoranti più famosi erano: il Paoli di via dei Tavolini, la Buca di San Ruffillo in piazza dell'Olio, l'Aglietti di piazza Vittorio, la Buca Lapi in piazza Antinori, il Pennello in piazza San Martino, Cencio in San Lorenzo, la buca San Giovanni davanti al Battistero. L'Antico Fattore era frequentato dagli intellettuali fiorentini o da quelli di passaggio, Montale, Bigongiari, Bonsanti, Gadda.

In periferia i ristoranti economici e le trattorie preparavano piatti più poveri e tipici, la pappa al pomodoro, la ribollita e gli immancabili fagioli.[5]

La domenica si riempivano di famiglie rumorose e festanti. I mezzi di trasporto erano pochi e si facevano lunghe camminate prima di sedersi a tavola all'aperto sotto la pergola.

Per la cucina marinara bisognava andare a Livorno. Il cacciucco era il piatto più tipico della cucina labronica (dodici qualità di pesce, pomodoro, olio, aglio, peperoncino e fette di pane raffermo) e ogni livornese vi avrebbe assicurato con ardore di campanile che il «cacciucco alla viareggina» era solo una maldestra imitazione di quello livornese d'origine orientale, forse turca. Costanzo Ciano, gran mangiatore, tornava apposta a Livorno per le sue memorabili «cacciuccate». Era ghiotto anche di stoccafisso alla livornese e ogni volta che passava da Antignano se lo faceva preparare dal fratello Gino.

Il cacciucco, come il ponce alla livornese, era un vanto esclusivo della città e figuriamoci se i focosi livornesi, lesti di lingua e di mano, erano disposti a dividerlo con i viareggini. Immancabilmente lo si trovava nei ristoranti di lusso e nelle bettole del porto. Tra i ristoranti più rinomati dell'epoca: L'antico Moro (locale storico fondato nel 1900), La barcarola (1936) e Oscar (1940).

Anche a Napoli trionfava la cucina di mare con i ristoranti classici Zi Teresa, la Bersaglieria, 'A Fenestella, in riva al mare, dalla celebre canzone di Salvatore Di Giacomo: «A Marechiaro ce sta' na fenesta...». «Li maccarune» per secoli avevano placato la fame del popolo alla maniera di Pulcinella che con le mani se ne riempie la bocca. Piatto del popolo e piatto da re. Ferdinando I di Borbone aveva voluto che i maccheroni entrassero nel menu reale. Pizzerie e trattorie con meno pretese, indicate come «Vini e cucina», nel vecchio centro storico, offrivano i piatti tipici della cucina napoletana, frittata di spaghetti, ziti al ragù, braciole, pastiera. In una famosa pizzeria era stata inventata la pizza Margherita in onore della regina d'Italia che proprio a Napoli aveva partorito anni prima l'erede al trono.

A Torino, in piazza Carignano 2, di fronte a palazzo Carignano, ex sede del Parlamento (subalpino prima e italiano dopo) c'era lo storico ristorante Del Cambio col tavolo fisso del conte di Cavour, da dove poteva vedere il fazzoletto bianco che dalla finestra del palazzo lo richiamava d'urgenza in ufficio.

In piazza XVIII Dicembre, sotto i portici, quasi all'angolo con via Cernaia, di gran moda negli anni Trenta, c'era il Dock Milano, nome dovuto alla vicinanza ai magazzini del Dock e dei dazi doganali, frequentato da uomini d'affari, scrittori, giornalisti, attori. Il ristorante offriva i piatti tipici della cucina piemontese e riservava ai clienti alcune ricette esclusive come le crespelle alla Barbaroux.

Minestra razionata

Con l'entrata in guerra dell'Italia e il razionamento dei generi alimentari di prima necessità vennero distribuite le tessere annonarie. Dal 1° dicembre 1940 entrarono in vigore le nuove norme per la somministrazione dei pasti negli alberghi, negli esercizi pubblici, nei ristoranti, comprese la carrozze-ristorante dei treni. Non si poteva servire che un antipasto o una minestra, un piatto di carne o di pesce oppure uova con contorno di legumi, verdura, patate; formaggio o dolce (il dolce nei giorni in cui era permessa la pasticceria), frutta. Le norme erano rigide, i controlli minuziosi e frequenti. A Roma venne chiusa la trattoria Alle Grotte del piccione, in via della Vite, per acquisto clandestino di carne.

Le disposizioni e gli avvisi governativi, in rapporto con l'andamento della guerra, si succedevano a un ritmo tale che non si faceva in tempo a togliere dal menu ciò che era stato comprato il giorno prima ed era ormai in pentola. Così il 2 dicembre 1940, in ottemperanza alla legge sul razionamento della pasta e del riso, venne comunicato che i ristoranti non potevano più servire minestre di pasta o di riso nei giorni di martedì e sabato. Nei restanti giorni la minestra di conseguenza doveva figurare o nella lista delle vivande del mezzogiorno o della sera.

Ma una scappatoia si trovava sempre. Al ristorante si mangiava con la tessera al prezzo fisso di 14 lire, ma ai clienti di riguardo il cameriere portava una bistecca nascosta sotto una foglia di lattuga.

Siccome si pensava che chi era più povero avesse più fame, uno speciale riguardo era riservato alle categorie più modeste di esercizi pubblici che potevano servire piatti più abbondanti.

Le porzioni di pasta o di riso non dovevano superare il peso (riferito al prodotto crudo) di 70 grammi nelle carrozze-ristorante e negli esercizi extra e di prima categoria; di 90 grammi negli esercizi di seconda categoria e di 110 grammi in quelli di terza e quarta categoria.

Andare verso il popolo significava anche riconoscere le più immediate e voraci urgenze dello stomaco. Ma anche le migliori intenzioni possono risolversi in un fallimento. Così il fascismo, che «voleva fare gli italiani», li disfece riportandoli, dopo l'effimera illusione imperiale e l'ordine imposto con la forza, senza convinzione, all'indisciplina, alle divisioni, allo scetticismo della peggiore tradizione.

Il 25 luglio 1943 il palcoscenico crollò. Il fascismo non c'era più. Finalmente gli italiani potevano dirsi antifascisti. Ma i loro guai non erano finiti. Due anni ancora, i peggiori, con l'Italia tornata campo di battaglia d'eserciti stranieri, come quattro secoli addietro. E loro, tranne una minoranza dignitosa, inebetiti, paurosi e un po' abbietti spettatori.

NOTE

I. *Il paese risorto*

[1] Giovanni Papini, *Italia mia*, Firenze, Vallecchi, 1939, pp. 13-15.
[2] «Corriere della Sera», 5 novembre 1930.
[3] Benito Mussolini, *Discorsi*, Bologna, Zanichelli, 1940, p. 225.
[4] «Corriere della Sera», 15 luglio 1930.
[5] Margherita Sarfatti, *Dux*, Milano, Mondadori, 1928, pp. 297-98.

II. *Sotto stretta sorveglianza*

[1] Emilio Radius, *Usi e costumi dell'uomo fascista*, Milano, Rizzoli, 1964, pp. 328-30.
[2] Fabio Cusin, *Antistoria d'Italia*, Milano, Mondadori, 1972, p. 336.
[3] Emilio Radius, *op. cit.*, p. 313.
[4] «Corriere della Sera», 9 maggio 1930.
[5] «La Provincia Grande», 6 novembre 1942.
[6] Mussolini, *op. cit.*, p. 121.
[7] Mussolini, *op. cit.*, p. 121-122.
[8] Arrigo Petacco, *Il prefetto di ferro*, Milano, Mondadori, 1992, p. 141.
[9] «Corriere della Sera», 12 aprile 1941.
[10] Mussolini, *op. cit.*, p. 166.
[11] Mussolini, *op. cit.*, p. 125.
[12] Mussolini, *op. cit.*, pp. 267-68.
[13] «Il Secolo XIX», 14 ottobre 1933.
[14] Mussolini, *op. cit.*, p. 124.
[15] *Ibid.*

III. *Architetti, urbanisti e cantieri sonanti*

[1] Leonardo Benevolo, *Roma di ieri e di oggi*, Roma-Bari, Laterza, 1971, p. 50.
[2] Giustino Fortunato, *Carteggio 1923-1926*, Roma-Bari, Laterza, 1981, p. 98.
[3] Cfr. Aldo Santini, *Costanzo Ciano: il ganascia del fascismo*, Milano, Camunia, 1993, p. 133.
[4] Indro Montanelli, *Montanelli narratore*, Milano, Rizzoli, 1988, p. 186.
[5] «Corriere della Sera», 4 maggio 1939.
[6] «Gli interventi nelle grandi e medie città» a cura di Guido Canella e Gian

Paolo Semino, in *Annitrenta. Arte e cultura in Italia*, catalogo della mostra, Comune di Milano, Mazzotta, 1982, pp. 253-64.

IV. *Per terra, per cielo e per mare*

[1] Gioacchino Volpe, *Il risorgimento dell'Italia. Fasci Italiani all'estero*, con disegni di Mario Sironi, Roma, Alfieri & Lacroix, 1934, pp. 374-75.
[2] Mussolini, *op. cit.*, p.165.
[3] «L'Autostrada Bergamo-Milano», 28 ottobre 1927.
[4] «Corriere della Sera», 7 marzo 1937.
[5] Filippo Tajani, *Storia delle ferrovie italiane. A cento anni dall'apertura della prima linea»*, Milano, Garzanti, 1939, p. 241.
[6] Giustino Fortunato, *op. cit.*, p. 37.
[7] Alberto Marcolin, *Firenze in camicia nera*, Firenze, Edizioni Medicea, 1993, p. 145.
[8] *Nuovo Orario Grippaudo*, 2004.
[9] Gioacchino Volpe, *op. cit.*, p. 383.
[10] Italo Balbo, *Stormi d'Italia sul mondo*, Milano, Mondadori, 1935, pp. 19-20.
[11] «Corriere della Sera», 10 luglio 1937.
[12] «Corriere della Sera», 29 aprile 1938.

V. *Educazione stradale*

[1] «Corriere della Sera», 6 febbraio 1941.
[2]«La Provincia Grande», 15 maggio 1942.
[3] «Corriere della Sera», 22 novembre 1938.

VI. *La miseria è uguale per tutti*

[1] «Corriere della Sera», 1° novembre 1930.
[2] Piero Bevilacqua, *Le campagne del Mezzogiorno tra fascismo e dopoguerra. Il caso della Calabria*, Torino, Einaudi, 1980, pp. 91-95.
[3] Francesco Nitti, *La disgregazione dell'Europa*, Roma, Editrice Faro 1945, p. 250.
[4] Ernesto Rossi, *Padroni del vapore e fascismo*, Roma-Bari, Laterza, 1966, p. 303.
[5] «Corriere della Sera», 21 marzo 1940.
[6] «Corriere della Sera», 30 settembre 1937.
[7] «Time», 5 gennaio 1948.
[8] Pierre Pascal e Paolo Gasparri (a cura di), *1870-1929. Il grande ideale. La Conciliazione*, in «Rivista Romana», Roma, 1957, p. 506.

VII. *La «bella famiglia»*

[1] Giovanni Papini, in «La Fiera Letteraria», 1928.
[2] «Corriere della Sera», 31 gennaio 1937.
[3] «Corriere della Sera», 25 dicembre 1936.
[4] «Corriere della Sera», 1° gennaio 1937.
[5] «Corriere della Sera», 2 gennaio 1930.
[6] Ernesto Rossi, *op. cit.*, p. 304.
[7] «Corriere della Sera», 19 settembre 1937.

[8] Mussolini, *op. cit.*, p. 257.
[9] Mussolini, *op. cit.*, pp. 114-15.

VIII. *Facciamo finta di essere sani*

[1] «Il Popolo d'Italia», 5 febbraio 1940.
[2] Attilio Lo Monaco-Aprile, *La protezione della maternità e dell'infanzia*, Istituto nazionale fascista di cultura, Roma 1934, p. 8.
[3] Mussolini, *op. cit.*, p. 113.
[4] «Corriere della Sera», 26 settembre 1937.
[5] Cesare Marchi, *Quando eravamo povera gente*, Milano, Rizzoli, 1988, p. 146.
[6] Matilde Serao, *Saper vivere*, Napoli, Prismi, 1996, p. 36.
[7] «Corriere della Sera», 5 aprile 1941.
[8] «Lares», Opera nazionale dopolavoro, Roma, 1938, pp. 140-41.
[9] *Ordine delle precedenze a Corte e nelle pubbliche funzioni*, Napoli, Scuola Tipografica Villa Russo, 1928, pp. 175-76.
[10] Mussolini, *op. cit.*, p. 292.

IX. *Lieti e operosi*

[1] Leo Longanesi, *In piedi e seduti (1919-1943)*, Milano, Longanesi, 1968, p. 153.
[2] Emilio Radius, *op. cit.*, pp. 300-01.
[3] «Il Becco giallo», 5 ottobre 1924.
[4] «Corriere della Sera», 17 febbraio 1939.
[5] «Corriere della Sera», 20 aprile 1937.
[6] Emil Ludwig, *Colloqui con Mussolini*, Milano, Mondadori, 1932, p. 148.
[7] Palmiro Togliatti, «Stato Operaio», agosto 1936, pp. 513-36.
[8] Francesco Flora, «Aretusa», Casella, Napoli 1944.
[9] Benito Mussolini, *op. cit.*, pp. 267-68.
[10] Ansaldo a Giustino Fortunato, Genova, 8 febbraio 1928, in Giustino Fortunato, *op. cit.*, p. 91.
[11] Denis Mack Smith, *Storia d'Italia dal 1861 al 1969*, Roma-Bari, Laterza, 1973, vol. II, pp. 626-27.
[12] Giustino Fortunato, *op. cit.*, p. 187.
[13] Ernesto Rossi, *op, cit.*, p. 300.
[14] Herbert L. Matthews, *I frutti del fascismo*, Roma-Bari, Laterza, 1945, p. 358.
[15] «Il Tirreno», 24 marzo 1945.
[16] Lettera autografa di Pietro Badoglio a Ivanoe Bonomi, 12 giugno 1944, ritrovata dall'autore nell'archivio centrale di Mantova, in Romano Bracalini, *Il re vittorioso. La vita, il regno e l'esilio di Vittorio Emanuele III*, Milano, Feltrinelli, 1980, p. 228.
[17] Fabio Cusin, *op. cit.*, p. 340.

X. *Il fascismo è piccolo borghese*

[1] Indro Montanelli, *op. cit.*, p. 195.
[2] «Corriere della Sera», 1° maggio 1940.
[3] «L'Illustrazione Italiana», 7 agosto 1938.
[4] Mussolini, *op. cit.*, p. 336.

[5] Fabio Cusin, *op. cit.*, p. 291.
[6] *Ibid.*
[7] Leo Longanesi, *op. cit.*, pp. 81-82.
[8] «Lavoro», 3 giugno 1923.
[9] Emilio Radius, *op. cit.*, p. 308.
[10] Ernesto Rossi, *op. cit.*, p. 296.
[11] Giustino Fortunato, *op. cit.*, p. 185.
[12] Francesco Nitti, *Rivelazioni*, Napoli, Edizioni scientifiche italiane, 1948, pp. 399-410.

XI. *Vita nell'impero verde chiaro*

[1] «Gli Annali dell'Africa Italiana», anno III, 3, Milano, Mondadori, 1940, p. 147.
2 Enrico Caviglia, *Diari*, Roma, Casini editore, 1952, p. 127.
[3] «Corriere della Sera», 31 gennaio 1937.
[4] Luigi Rinaldi (a cura di), *Il libro della quinta classe. Letture*, La Libreria dello Stato, Roma 1940. Ristampa in edizione anastatica, Milano, Mondadori, 1985, p. 184.
[5] «Gli Annali dell'Africa Italiana», cit., p. 144.
[6] «Il Messaggero», 12 aprile 1938.
[7] «Il Popolo d'Italia», 20 novembre 1939.
[8] Ugo Caimpenta, *L'Impero abissino*, Milano, Edizioni Aurora, 1935, pp. 188-89.
[9] «Corriere della Sera», 13 marzo 1937.

XII. *Le donne sono una razza diversa*

[1] «Critica fascista», 11, 1931, p. 202.
[2] AA.VV., *Caro Duce. Lettere di donne italiane a Mussolini. 1922-1943*, prefazione di Camilla Cederna, Milano, Rizzoli, 1989, pp. 33 sgg.
[3] «Vita e Pensiero», 1943, pp. 104-05.
[4] «Tessabit», ottobre 1940, p. 269.
[5] Simonetta Soldani, *La Toscana nel regime fascista (1922-1939)*, 2 voll., Firenze, La Nuova Italia, 1971, vol. I, pp. 59-85.
[6] Emil Ludwig, *op. cit.*, p.166.
[7] Giovanni Gentile, *La donna e il fanciullo: due conferenze*, Firenze, Sansoni, 1934.
[8] Mario F. Cannella, *Principi di psicologia razziale*, Firenze, Sansoni, 1941.

XIII. *Un matrimonio indissolubile e fecondo*

[1] Tullia Romagnoli Carettoni, in «Roma fascista», 11 gennaio 1939.
[2] «L'Illustrazione Italiana», *Maternità*, numero di Natale e Capodanno della «Illustrazione Italiana», Milano, Fratelli Treves, 1934-35, p. 24.
[3] Roberto Forges Davanzati, *Cronache del regime*, anno XIII, parte I, Milano, Mondadori, 1936, p. 2.
[4] «Corriere della Sera», 11 febbraio 1936.
[5] «Corriere della Sera», 17 luglio 1936.

[6] Giancarlo Fusco (a cura di), *Quando l'Italia tollerava*, Roma, Canesi, 1965, p. 47.

[7] Claudio Bernieri, *Veneri di strada*, Roma, Derive Approdi, 2002, pp. 89-90.

XIV. *Piccoli Balilla crescono*

[1] «Corriere della Sera», 3-4 febbraio 1941.

[2] Cfr. Camilla Cederna, *De Gustibus*, Milano, Mondadori, 1986, p. 151.

[3] Eugenio Scalfari, in «Roma fascista», 24 settembre 1942.

[4] «L'Italia letteraria», 22 dicembre 1934.

[5] Pietro Ingrao, in «Conquiste», 1939.

[6] Giorgio Bocca, *Educazione politica dei giovani*, in «La Provincia Grande», 14 novembre 1941, p. 3.

[7] Indro Montanelli, in «L'Universale», Firenze, 22, anno IV, 25 novembre 1935.

[8] «Il Veneto», 5 aprile 1941.

[9] «Roma fascista», 11 dicembre 1941.

[10] Mario Zorzi, *Fotocronaca delle gare littoriali, Ricordi di Salso*, in «Architrave», numero speciale per il littoriale del lavoro anno XX.

XV. *Italiche dimore*

[1] «Famiglia Fascista», anno V, 1° gennaio 1938, p. 14.

[2] Alberto Marcolin, *op. cit.*, p. 211.

[3] «Corriere della Casa», 3 aprile 1939.

[4] «Corriere della Sera», 12 settembre 1940.

XVI. *L'Italdado è tratto*

[1] Roberto Forges Davanzati, *Cronache del regime*, anno XIII, parte I, cit., pp. 14-15.

[2] Cfr. Ricciotti Lazzero, *Il partito nazionale fascista*, Milano, Rizzoli, 1985, p. 312.

[3] «La Provincia Grande», 19 settembre 1941.

[4] «Famiglia Fascista», 1° gennaio 1938, p. 44.

[5] Dopolavoro provinciale di Torino (a cura di), *La donna italiana contro le sanzioni*, Torino, STEN, 1936, pp.13-18.

[6] E. Celi, *Sapere e Ardire*, Milano, Paravia, 1934, p. 145.

[7] Emil Ludwig, *op. cit.*, p. 81.

[8] «Corriere della Sera», 3 agosto 1941.

XVII. *Non solo orbace*

[1] «Per voi signora», 15 novembre 1940, p. 11.

[2] «Per voi signora», 15 ottobre 1941.

[3] «Maglieria», agosto 1940, p. 253.

[4] «Corriere della Sera», 29 gennaio 1941.

[5] «Corriere della Sera», 19 luglio 1936.

[6] «La Donna», luglio 1940, p. 9.

[7] «Corriere della Sera», 22 luglio 1940.

[8] Cfr. Guido Vigna, *Storia di Mantova*, Milano, Camunia, 1989, p. 246.

[9] Emilio Radius, *op. cit.*, p .257.

XVIII. *Utilitarie di regime*

[1] «Le Vie d'Italia», maggio 1932, p. 168.
[2] Gian Franco Venè, *Mille lire al mese*, Milano, Mondadori, 1990, p. 233.
[3] Valerio Castronovo, *Fiat 1899-1999. Un secolo di storia italiana*, Milano, Rizzoli, 1999, pp. 467-68.
[4] Italo Pietra, *I tre Agnelli*, Milano, Garzanti, 1985, pp. 109-10.
[5] *Ibid.*, p. 107.
[6] «Corriere della Sera», 25 maggio 1941.

XIX. *Intellettuali organici*

[1] «Corriere della Sera», 2 marzo 1938.
[2] Cfr. Pierre Milza, *Mussolini*, Roma, Carocci, 2000, p. 612.
[3] «Corriere della Sera», 30 ottobre 1940.
[4] Lettera di Gioacchino Volpe al ministro della Pubblica Istruzione, Roma, 15 luglio 1946, pubblicata da «il Giornale», 5 aprile 2003.
[5] Paolo Monelli, *Roma 1943*, Roma, Migliaresi editore, 1945, pp. 8-11.
[6] «Mercurio», dicembre 1945, n. 16, p. 111.
[7] «Mercurio», dicembre 1945, n. 16, p. 101.
[8] Augusto Guerriero, *Un anno di guerra*, supplemento al n. 36 di «Oggi», 7 settembre 1940, p. 26.
[9] Cfr. Giuseppe Bottai, *Diario 1944-1948*, Milano, BUR, 1992, p. 98.
[10] Nello Ajello, *Intellettuali e PCI. 1944-1958*, Roma-Bari, Laterza, 1979, p. 157.
[11] Attilio Vallecchi, *Ricordi e idee di un editore vivente*, Firenze, Vallecchi, 1934, p. 196.
[12] «Il Popolo d'Italia», 9 agosto 1938.
[13] «Corriere della Sera», 28 febbraio 1940.
[14] Nicola Zingarelli, *Vocabolario della lingua italiana*, Milano, Bietti, 1935, p. 32.
[15] Emilio Radius, *op. cit.*, p. 394.
[16] Alfredo Panzini, *Guida alla grammatica italiana*, Firenze, Bemporad, 1934, pp. 93-94.
[17] Antonio Spinosa, *Starace. L'uomo che inventò lo stile fascista*, Milano, Mondadori, 2002, p. 109.
[18] «Il Popolo d'Italia», 31 maggio 1938.
[19] «Il Popolo d'Italia», 29 ottobre 1938.
[20] «Corriere della Sera», 12 marzo 1936.

XX. *La stampa al tempo del Minculpop*

[1] Filippo Sacchi, in AA.VV., *Fascismo e antifascismo, 1918-1936*, Milano, Feltrinelli, 1962, p. 331.
[2] Celeste Negarville, «Rinascita», gennaio 1945.
[3] «Il Popolo d'Italia», 3 febbraio 1938.
[4] «Il Popolo d'Italia», 7 gennaio 1937.
[5] «Il Popolo d'Italia», 10 gennaio 1937.
[6] «Il Popolo d'Italia», 7 novembre 1938.
[7] Bruno Gatta, *Gli uomini del Duce*, Milano, Rusconi, 1986, p. 251,
[8] Giorgio Pini, «Il Popolo d'Italia», 28 luglio 1938.
[9] «Corriere della Sera», 15 maggio 1937.

XXI. *Vacanze nostrane*

[1] E. Celi, *op. cit.*, p. 131.

[2] Giuseppe Zonta e Attilio Simioni, *Vita sociale italiana nel XIX e XX secolo*, Milano, Vallardi, 1937, pp. 376-77.

[3] Stefano Maggi, *Le ferrovie*, Bologna, il Mulino, 2003, p. 190.

[4] Roberto Forges Davanzati, *Cronache del regime*, anno XIV, parte III, Milano, Mondadori, 1937, p. 13.

[5] Tofanelli, Arturo (a cura di), *Le opere del fascismo nel decennale*, Milano, Istituto editoriale nazionale, 1934, p. 395.

[6] «Domenica del Corriere», 22 agosto 1981, pp. 28-33.

[7] «Corriere della Sera», 26 luglio 1936.

[8] *Guida d'Italia. Albania*, Milano, CTI, 1939, p. 77.

[9] *Ibid.*, p. 14.

[10] Luigi Federzoni, *A.O. Il posto al sole*, Bologna, Zanichelli, 1936, p. 141.

XXII. *Festeggiamenti in camicia nera*

[1] «Il Popolo d'Italia», 11 novembre 1938.

[2] «Corriere della Sera», 10 maggio 1937.

[3] «Corriere della Sera», 12 maggio 1930.

[4] «Corriere della Sera», 17 maggio 1930.

[5] «Corriere della Sera», 18 maggio 1930.

[6] «Corriere della Sera», 23 maggio 1930.

[7] «Corriere della Sera», 1° agosto 1938.

XXIII. *Accendi la tua radio*

[1] Noris De Rocco, *Plagiati e contenti. Un anno di scuola con i bambini del duce*, Milano, Mursia, 1994, p. 98.

[2] Gianni Isola, *L'ha scritto la radio. Storia e testi della radio durante il fascismo (1924-1944)*, Milano, Bruno Mondadori, 1998, pp. 93-98, 312, 317.

[3] *Ibid.*, pp. 269-71.

XXIV. *Spettacolo a prezzi popolari*

[1]«Il Popolo d'Italia», 30 gennaio 1940.

[2] Cit. in Giafranco Venè, *op. cit.*, p. 286.

[3] *Carro di Tespi*, Arti Grafiche Bertarelli, Roma 1936, p. 8.

XXV. *Il ghiottone autarchico*

[1] Alberto Vigevani, *Milano ancora ieri*, Venezia, Marsilio, 1996, p. 75.

[2] Aldo Palazzeschi, *Roma*, Milano, Mondadori, 1964, pp. 191-92.

[3] *Ibid.*, p. 194.

[4] Guido Vergani, *Trent'anni e un secolo di Casa Campari*, Milano, Editore Amilcare Pizzi, 1990, vol. III, p. 72.

[5] Alberto Marcolin, *op. cit.*, pp. 205-06.

BIBLIOGRAFIA

AA.VV., *Caro Duce. Lettere di donne italiane a Mussolini. 1922-1943*, prefazione di Camilla Cederna, Milano, Rizzoli, 1989.

AA.VV., *Omar al-Muktar e la riconquista fascista della Libia*, Milano, Marzorati, 1981.

AA.VV., *Il Politecnico di Milano nella storia d'Italia. 1914-1963*, introduzione di Enrico Decleva, vol. II, Roma-Bari, Cariplo - Editori Laterza, 1988.

AA.VV., *Quando c'era lui*, Roma, Datanews editrice, 2003.

Agnelli, Susanna, *Vestivamo alla marinara*, Milano, Mondadori, 1975.

Alfassio Grimaldi, Ugoberto e Bozzetti, Gherardo, *Dieci giugno 1940. Il giorno della follia*, Bari, Laterza, 1974.

Alfassio Grimaldi, Ugoberto e Addis Saba, Marina, *Cultura a passo romano: storia e strategie dei Littoriali della cultura e dell'arte* Milano, Feltrinelli, 1983.

Annitrenta. Arte e cultura in Italia, catalogo della mostra, Comune di Milano, Mazzotta, 1982.

Alicata, Mario e Muscetta, Carlo, *Avventure e scoperte: nuove letture per i ragazzi italiani della scuola media*, Firenze, Sansoni, 1941.

Appelius, Mario, *La sfinge nera. Dal Marocco al Madagascar*, Milano, Edizioni Alpes, 1924.

–, *La tragedia della Francia: Dalla superbia di ieri agli armistizi di oggi (cronache di guerra)*, Milano, Mondadori, 1940.

–, *Parole dure e chiare: le cronache della radio*, Milano, Mondadori, 1942.

Ardemagni, Mirko, *Il re in Africa: cronache storico-documentarie*, Milano, Mondadori, 1943.

Artieri, Giovanni, *Cronache del Fronte Nord*, Salocchi editore, Milano 1937.

–, *Cronaca del Regno d'Italia*, vol. II, Milano, Mondadori, 1977.

Artisti della Radio, Milano, SACSE, 1942.

Badoglio, Pietro, *La guerra d'Etiopia*, Milano, Mondadori, 1937.

Balbo, Italo, *Diario 1922*, Milano, Mondadori, 1932.

–, *Stormi d'Italia sul mondo*, Milano, Mondadori, 1935 .

Baldini, Antonio, *Rugantino*, Milano, Bompiani, 1942.

Bandini Franco, *Gli italiani in Africa. Storia delle guerre coloniali (1882-1943)*, Milano, Mondadori, 1980.
Barzini, Luigi jr., *Gli italiani*, Milano, Mondadori, 1978.
Bauer, Riccardo, *Quello che ho fatto. Trent'anni di lotte e di ricordi*, Roma-Bari, Cariplo - Editori Laterza, 1986.
Benelli, Sem, *Io in Affrica*, Milano, Mondadori, 1936.
Benevolo, Leonardo, *Roma da ieri a domani*, Roma-Bari, Laterza, 1971.
Bernieri, Claudio, *Veneri di strada*, Roma, Derive Approdi, 2002.
Berruti, Paolo (a cura di), *Arte e storia a tavola*, Accademia italiana della Cucina, 2003.
Bertero, Giorgio, *Petrolini, l'uomo che deride*, Milano, Bompiani, 1974.
Bertoldi, Silvio, *Il giorno delle baionette*, Milano, Rizzoli, 1980.
–, *Camicia nera: fatti e misfatti di un ventennio italiano*, Milano, Rizzoli, 1994.
Bevilacqua, Piero, *Le campagne del Mezzogiorno tra fascismo e dopoguerra. Il caso della Calabria*, Torino, Einaudi, 1980.
Blasetti, Alessandro, *Il cinema che ho vissuto* (a cura di Franco Prono), Bari, Edizioni Dedalo, 1982.
Bocca, Giorgio, *Mussolini socialfascista*, Milano, Garzanti, 1983.
Bompiani, Valentino, *Idee per la cultura*, Milano, Electa, 1989.
Borgese, Giuseppe Antonio, *Golia. Marcia del Fascismo*, Milano, Mondadori, 1983.
Borghese, Junio Valerio, *Decima Flottiglia Mas. Dalle origini all'armistizio»*, Milano, Garzanti, 1971.
Bottai, Giuseppe, *I problemi della scuola nel quadro della Carta Mussoliniana*, Torino, Soc. An. Editrice «La Stampa», 1941.
–, *Vent'anni e un giorno*, Milano, Garzanti, 1977.
–, *Diario 1944-1948*, Milano, BUR, 1992.
Brevini, Franco (a cura di), *Un canale detto naviglio: le testimonianze degli scrittori dal XIII secolo a oggi*, Milano, Mursia, 1994.
Butazzi, Grazietta, *Moda, donne e guerra: la moda femminile nella guerra 1940-45*, in «Il Risorgimento», edizioni del Comune di Milano, anno L, 1, Milano 1998.
Butazzi, Grazietta e Mottola Molfino, Alessandra (a cura di), *L'uniforme borghese*, De Agostini, Novara, 1991.
Caccia, Patrizia e Mingardo, Mirella (a cura di), *Ti saluto e vado in Abissinia: propaganda, consenso, vita quotidiana attraverso la stampa periodica, le pubblicazioni e i documenti della Biblioteca Nazionale Braidense*, Milano, Viennepierre edizioni, 1998.
Caimpenta, Ugo, *Il maresciallo Graziani*, Milano, Edizioni Aurora, 1936.
–, *L'impero abissino*, Milano, Edizioni Aurora, 1935.
Calò, Annamaria, *Ettore Petrolini*, Firenze, La Nuova Italia, 1989.
Campiverdi, Maurizio (a cura di), *Arte e storia a tavola: due secoli di menu*, Milano, Accademia italiana della Cucina, 2003.

Canevari, Emilio, *Considerazioni politico-militari sopra due anni di guerra*, Roma, Istituto Nazionale di Cultura fascista, 1942.
–, *Graziani mi ha detto*, Roma, Magi-Spinetti, 1947.
Cantalupo, Roberto, *L'Italia musulmana*, Roma, Casa editrice Italia d'Oltremare, 1929.
Caporilli, Pietro, *Il fascismo e i giovani*, Roma, Edizioni Ardita, 1936.
Capristo, Annalisa, *L'espulsione degli ebrei dalle accademie italiane*, Torino, Silvio Zamorani editore, 2002.
Carafòli, Domizia e Padiglione, Gustavo, *Il viceduce. Storia di Arturo Bocchini capo della polizia fascista*, Milano, Rusconi, 1987.
Carcano, Giancarlo, *Il fascismo contro la stampa*, Roma, Federazione nazionale della Stampa Italiana, s.d.
Castellaneta, Carlo, *Storia di Milano*, Milano, Rizzoli, 1992.
Castronovo, Valerio, *Fiat 1899-1999. Un secolo di storia italiana*, Milano, Rizzoli, 1999.
Cederna, Camilla, *De Gustibus*, Milano, Mondadori, 1986.
Celi, E., *Sapere e Ardire*, Milano, Paravia, 1934.
Ceronetti, Guido, *Albergo Italia*, Torino, Einaudi, 1985.
Ciano, Costanzo, *Le comunicazioni nel primo decennio fascista*, Milano, Mondadori, 1933.
Ciocca, Pierluigi e Toniolo, Gianni (a cura di), *Storia economica d'Italia*, vol. II, Roma-Bari, Cariplo - Editori Laterza, 1999.
Colarizi, Simona, *L'opinione degli italiani sotto il fascismo (1929-1943)*, Roma-Bari, Laterza, 1991.
Coradeschi, Sergio, *Tutti tesserati*, Milano, Trangulus, 1984.
Cordova, Ferdinando, *Le origini dei sindacati fascisti 1918-1926*, Roma-Bari, Laterza, 1974.
Corner, R. Paul, *Il fascismo a Ferrara*, Roma-Bari, Laterza, 1974.
Cusin, Fabio, *Antistoria d'Italia*, Milano, Mondadori, 1972.
Davy Gabrielli, Rosolino, *Gente d'Africa. Racconti per i giovani*, Firenze, Bemporad, 1934.
Decleva, Enrico, *Mondadori. La vita sociale della nuova Italia*, Torino, Utet, 1993;
De Felice, Renzo, *Antologia sul fascismo. Il giudizio politico*, Roma-Bari, Laterza, 1976.
–, *Antologia sul fascismo. Il giudizio storico*, Roma-Bari, Laterza, 1976.
De Grazia, Victoria, *Le donne nel regime fascista*, Venezia, Marsilio, 1993.
Del Boca, Angelo, *Gli italiani in Africa orientale*, voll. III e IV, Roma-Bari, Laterza, 1982.
De Lorenzo, Giuseppe, *La prima organizzazione di classe dei ferrovieri*, Roma, Editrice Cooperativa, 1977.
De Michelis, Giuseppe, *La corporazione nel mondo*, Milano, Bompiani, 1934.
De Rocco, Noris, *Plagiati e contenti. Un anno di scuola con i bambini del duce*, Milano, Mursia, 1994.

Dopolavoro Provinciale di Torino (a cura di), *La donna italiana contro le sanzioni*, Torino, STEN, 1936.
Fabei, Stefano, *Il fascio, la svastica e la mezzaluna*, Milano, Mursia, 2002.
Facchini, Carla, *Materiali per lo studio delle famiglie italiane*, Milano, Libreria universitaria CUESP, 1993.
Faldini, Franca e Fofi, Goffredo (a cura di), *L'avventurosa storia del cinema italiano 1935-1959*, Milano, Feltrinelli, 1979.
Fedeli, Enzo, *1940-1945 l'Italia e il suo esercito*, Torino, Fiorini Editore, s.d.
Federzoni, Luigi, *A.O. Il posto al sole*, Bologna, Zanichelli, 1936.
Flora, Francesco, *Stampa dell'era fascista*, Roma, Mondadori, 1945.
Foa, Vittorio, *Per una storia del movimento operaio*, Torino, Einaudi, 1980.
Forges Davanzati, Roberto, *Cronache del regime*, anno XIII, parte I, Milano, Mondadori, 1936.
–, *Cronache del regime*, anno XIV, parte III, Milano, Mondadori, 1937.
Fortunato, Giustino, *Carteggio 1923-1926*, Roma-Bari, Laterza, 1981.
Franzinelli, Mimmo, *L'elenco dei confidenti della polizia politica fascista*, Torino, Bollati Boringhieri, 1999.
–, *Delatori, spie e confidenti anonimi. L'arma segreta del regime fascista*, Milano, Mondadori, 2001.
Freddi, Luigi, *Bandiere nere. Contributo alla storia del fascismo*, Roma, Libreria del Littorio, 1929.
Fusco, Giancarlo (a cura di), *Quando l'Italia tollerava*, Roma, Canesi, 1965.
–, *Le rose del ventennio*, Milano, Rizzoli, 1974.
Gallo, Max, *I manifesti nella storia e nel costume*, Milano, Mondadori, 1976.
Gec (Enrico Gianeri), *Il piccolo re. Vittorio Emanuele nella caricatura*, Torino, Fiorini editore, 1946.
Gentile, Emilio, *Il culto del littorio. La sacralizzazione della politica nell'Italia fascista*, Roma-Bari, Laterza, 1993.
–, *La via italiana al totalitarismo. Il partito e lo Stato nel regime fascista*, Roma, Carocci, 2001.
Gentile, Giovanni, *La donna e il fanciullo: due conferenze*, Firenze, Sansoni, 1934.
Gentilli, Roberto (a cura di), *Attraverso l'Atlantico. Crociera aerea del decennale*, Edizioni Aeronautiche italiane, Milano 1983.
Giannini, Alberto, *Io spia dell'OVRA!*, Società Editoriale italiana, Roma, s.d.
Gigli Marchetti, Ada e Torcellan, Nanda (a cura di), *Donna Lombarda*, Milano, Franco Angeli, 1992.
Giovannetti, Alfredo, *Commento alla dottrina del fascismo di Mussolini*, Torino, Paravia, 1937.
Girace, Piero, *Diario di uno squadrista*, Editrice Rispoli Anonima, Napoli 1940.
Goglia, Luigi e Grassi, Fabio, *Il colonialismo italiano da Adua all'Impero*, Roma-Bari, Laterza, 1981.

Gorresio, Vittorio, *I giovani d'Europa*, Hoepli, Milano 1936.

–, *La vita ingenua*, Milano, Rizzoli, 1980.

Gottardi, Agide, *Coscienza fascista*, Roma, Libreria del Littorio, 1929.

Granata, Ivano, *La classe operaia milanese nel periodo fascista: elementi per una ricerca*, in «Rivista milanese di economia», Cariplo-Laterza, 1992.

Graziani, Rodolfo, *Cirenaica pacificata*, Milano, Mondadori, 1932.

Gruber, Alfons, *L'Alto Adige sotto il fascismo*, Bolzano, Athesia, 1979.

Gruhl, Max, *L'impero di Abissinia*, Milano, Edizioni Minerva, 1935.

Guerri, Giordano Bruno, *Fascisti*, Milano, Mondadori, 1995

Guerriero, Augusto, *Guerra e dopoguerra. Saggi politici*, Milano, Bompiani, 1943.

Hess, Henner, *Mafia*, Roma-Bari, Laterza, 1984.

Incisa di Camerana, Ludovico, *Il grande esodo. Storia delle migrazioni italiane nel mondo*, Milano, Corbaccio, 2003.

Isnenghi, Mario, *Intellettuali militanti e intellettuali funzionari. Appunti sulla cultura fascista*, Torino, Einaudi, 1979.

Isola, Gianni, *L'ha scritto la radio. Storia e testi della radio durante il fascismo (1924-1944)*, Milano, Bruno Mondadori, 1998.

La Francesca, Salvatore, *La politica economica del fascismo*, Roma-Bari, Laterza, 1972.

Lajolo, Davide, *Bocche di donne e di fucili*, Osimo, Barulli editore, 1939.

–, *«Il voltagabbana»*, Milano, il Saggiatore, 1963.

Laura, Ernesto G., *Le stagioni dell'aquila. Storia dell'Istituto Luce*, Roma, Ente dello Spettacolo Editore, 2000.

Lazzero, Ricciotti, *La decima mas*, Milano, Rizzoli, 1984.

–, *Il partito nazionale fascista*, Milano, Rizzoli, 1985.

Levi, Carlo, *Cristo si è fermato a Eboli*, Torino, Einaudi, 1956.

Lo Monaco-Aprile, Attilio, *La protezione della maternità e dell'infanzia*, Istituto nazionale fascista di cultura, Roma 1934.

Longanesi, Leo, *In piedi e seduti (1919-1943)*, Milano, Longanesi, 1968.

Lyttelton, Adrian, *La conquista del potere. Il fascismo dal 1919 al 1929*, Roma-Bari, Laterza, 1974.

Luchini, Alberto, *Popolarità dell'Africa in Italia*, «Quaderni di cultura politica», Roma, 1942.

Ludwig, Emil, *Colloqui con Mussolini*, Milano, Mondadori, 1932.

Lungonelli, Michele, *La Magona d'Italia. Impresa, lavoro e tecnologie in un secolo di siderurgia toscana (1865-1975)*, Bologna, il Mulino, 1991.

Lupo, Salvatore, *Il Fascismo. La politica in un regime totalitario*, Roma, Donzelli, 2002.

Madeo, Liliana, *Gli scariolanti di Ostia antica. Storia di una colonia socialista*, Milano, Camunia, 1989.

Mafai, Miriam, *Pane nero. Donne e vita quotidiana nella seconda guerra mondiale*, Milano, Mondadori, 1987.

Maggi, Stefano, *Le ferrovie*, Bologna, il Mulino, 2003.

Maiocchi, Roberto, *Gli scienziati del Duce: il ruolo dei ricercatori e del CNR nella politica autarchica del fascismo*, Roma, Carocci, 2003.
Malvano, Laura, *Fascismo e politica dell'immagine*, Torino, Bollati Boringhieri, 1988.
Marchi, Cesare, *Quando eravamo povera gente*, Milano, Rizzoli, 1988.
Marcolin, Alberto, *Firenze in camicia nera*, Firenze, Edizioni Medicea, 1993.
Matthews, Herbert L., *I frutti del fascismo*, Roma-Bari, Laterza, 1945.
Meldini, Piero (a cura di), *Reazionaria: antologia della cultura di destra in Italia, 1900-1973*, Milano, Guaraldi, 1973.
Melograni, Piero, *Rapporti segreti della polizia fascista*, Roma-Bari, Laterza, 1979.
Miège, J.L., *L'imperialismo coloniale italiano: dal 1870 ai giorni nostri*, BUR, Milano 1976.
Milza, Pierre, *Mussolini*, Roma, Carocci, 2000.
Momigliano, Eucardio, *Storia tragica e grottesca del razzismo fascista*, Milano, Mondadori, 1946.
Monelli, Paolo, *Roma 1943*, Roma, Migliaresi editore, 1945.
–, *Mussolini piccolo borghese*, Milano, Garzanti, 1976.
Montanelli, Indro, *Cronache di guerra*, Milano, Editoriale Nuova, 1978.
–, *Montanelli narratore*, Milano, Rizzoli, 1988.
Montanelli, Indro e Cervi, Mario, *Milano Ventesimo secolo*, Milano, Rizzoli, 1990.
Mureddu, Matteo, *Il Quirinale del re*, Milano, Feltrinelli, 1977.
Mussolini, Benito, *Battaglie giornalistiche* (a cura di Alberto Malatesta), Roma, Formiggini, 1927.
–, *Discorsi*, Bologna, Zanichelli, 1940.
–, *Educazione Nazionale. Ordini Consegne Direttive del Duce*, a cura di Orano, Paolo, Roma, Casa Editrice Pinciana, 1940.
–, *Storia di un anno. Il tempo del bastone e della carota*, Milano, Mondadori, 1982.
Nitti, Francesco, *La disgregazione dell'Europa*, Roma, Editrice Faro 1945.
–, *Rivelazioni*, Napoli, Edizioni scientifiche italiane, 1948
Ojetti, Ugo, *Cose viste*, Firenze, Sansoni, 1960.
Ostenc, Michel, *Intellettuali e fascismo in Italia (1915-1929)*, Ravenna, Longo, 1989.
–, *La scuola italiana durante il fascismo*, Roma-Bari, Laterza, 1981.
Palazzeschi, Aldo, *Roma*, Milano, Mondadori, 1964.
Palla, Marco (a cura di), *Lo Stato fascista*, Firenze, La Nuova Italia, 2001.
Papini, Giovanni, *Italia mia*, Firenze, Vallecchi, 1939.
Pascal, Pierre e Gasparri, Paolo (a cura di), *1870-1929. Il grande ideale. La Conciliazione*, in «Rivista Romana», Roma, 1952.
Petacco, Arrigo, *Il prefetto di ferro*, Milano, Mondadori, 1992.
Petri, Rolf, *Storia economica d'Italia. Dalla Grande Guerra al miracolo economico (1918-1963)*», Bologna, il Mulino, 2002.

Pietra, Italo, *I tre Agnelli*, Milano, Garzanti, 1985.
Pierangeli, Giulio, *Aspetti della vita italiana dal 1900 al 1945*, Roma, Edizioni di «Critica Politica», 1945.
Pintor, Giaime, *Doppio Diario 1936-1943*, Torino, Einaudi, 1978.
Piovene, Guido, *La coda di paglia*, Milano, Mondadori, 1962.
Pirelli, Giovanni, *Un mondo che crolla: lettere 1938-1943*, Milano, Rosellina Archinto, 1990.
Pratolini, Vasco, *Il Quartiere*, Milano, Mondadori, 1961.
Radius, Emilio, *Usi e costumi dell'uomo fascista*, Milano, Rizzoli, 1964.
Rainero, Romain, *La rivendicazione fascista sulla Tunisia*, Milano, Marzorati, 1978.
Rinaldi, Luigi (a cura di), *Il libro della quinta classe. Letture*, Roma, La Libreria dello Stato, 1940. Ristampa in edizione anastatica, Milano, Mondadori, 1985.
Romeo, Rosario, *Breve storia della grande industria in Italia 1861-1961*, Milano, il Saggiatore, 1988.
Rossi, Ernesto, *Padroni del vapore e fascismo*, Roma-Bari, Laterza, 1966.
Santini, Aldo, *Costanzo Ciano: il ganascia del fascismo*, Milano, Camunia, 1993.
Sapori, Francesco, *L'Arte e il Duce*, Milano, Mondadori, 1932.
Saracino, Giovanni, *L'Impero italiano e l'Inghilterra*, Milano, Impresa Editoriale Italiana, 1936.
Sarfatti, Margherita, *Dux*, Milano, Mondadori, 1928.
Segrè, Claudio, G., *L'Italia in Libia*, Milano, Feltrinelli, 1978.
Serri, Mirella, *Il breve viaggio. Giaime Pintor nella Weimar nazista*, Venezia, Marsilio, 2002.
Silva, Pietro, *Il Mediterraneo dall'Unità di Roma all'Impero italiano*, Milano, ISPI, 1941.
Soldani, Simonetta, *La Toscana nel regime fascista (1922-1939)*, 2 voll., Firenze, La Nuova Italia, 1971, vol. I, pp. 59-85.
Spadolini, Giovanni, *Nazione e nazionalità in Italia*, Roma-Bari, Laterza, 1994.
Spinosa, Antonio, *Alla corte del duce*, Milano, Mondadori, 2000.
Sternhell, Zeev, *Nascita dell'ideologia fascista*, Milano, Baldini & Castoldi, 1989.
Sylos Labini, Paolo, *Saggio sulle classi sociali*, Roma-Bari, Laterza, 1974.
Tajani, Filippo, *Storia delle ferrovie italiane. A cento anni dall'apertura della prima linea*, Milano, Garzanti, 1939.
Tenderini, Mirella e Shandrick, Michael (a cura di), *Vita di un esploratore gentiluomo: Il duca degli Abruzzi*, Novara, De Agostini, 1997.
Tofanelli, Arturo (a cura di), *Le opere del fascismo nel decennale*, Milano, Istituto editoriale nazionale, 1934.
Tombaccini, Simonetta, *Storia dei fuorusciti italiani in Francia*, Milano, Mursia, 1988.
Tosti, Amedeo e Tombesi, Tito (a cura di), *Libro di cultura militare: volume*

terzo ad uso delle scuole medie superiori, Milano, Consorzio editoriale per la cultura militare S.A., 1942.
Treves, Anna, *Le nascite e la politica nell'Italia del Novecento*, Milano, LED Edizioni Universitarie, 2001.
Uhlman, Fred, *Un'anima non vile: una lettera scritta da Konradin prima della sua esecuzione*, Parma, Guanda, 1987.
Vademecum economico per l'A.O.I., a cura del Banco di Roma, 1937.
Vallecchi, Attilio, *Ricordi e idee di un editore vivente*, Firenze, Vallecchi, 1934.
Valori, Aldo e Ginocchietti, Angelo (a cura di), *Libro di cultura militare: volume secondo ad uso delle scuole medie superiori*, Trieste, Consorzio editoriale per la cultura militare S.A., 1941.
Venè, Gian Franco, *Mille lire al mese*, Milano, Mondadori, 1990.
Vergani, Guido, *Trent'anni e un secolo di Casa Campari*, vol. III, Milano, Editore Amilcare Pizzi, 1990.
Vergine, Lea, *L'altra metà dell'avanguardia (1910-1940)*, Milano, Mazzotta, 1980.
Vigevani, Alberto, *Milano ancora ieri*, Venezia, Marsilio, 1996.
Vigna, Guido, *Storia di Mantova*, Milano, Camunia, 1989.
Volpe, Gioacchino, *Il risorgimento dell'Italia. Fasci Italiani all'estero*, con disegni di Mario Sironi, Roma, Alfieri & Lacroix, 1934.
Wilstach, Paul, *An Italian holiday*, Indianapolis, Bobbs-Merrill, 1928.
Zangrandi, Ruggero, *Il lungo viaggio attraverso il fascismo: contributo alla storia di una generazione*, Milano, Feltrinelli, 1962.
Zonta, Giuseppe e Simioni, Attilio, *Vita sociale italiana nel XIX e XX secolo*, Milano, Vallardi, 1937.

Uno speciale ringraziamento va al dottor Roberto Guerri, direttore del Museo del Risorgimento di Milano, alla dottoressa Rosella Giudici e al personale di Biblioteca e d'Archivio per la cortese e preziosa collaborazione.

FONTI ICONOGRAFICHE

Archivi Alinari, Firenze: gruppo di contadini durante la pulitura delle pannocchie di mais; esposizione di materiali autarchici per calzature; indossatrice in abito da sera della sartoria Dragoni; Orio Vergani; folla davanti al padiglione della Lotteria nazionale dopolavoro

Archivio Bruni/Gestione Archivi Alinari, Firenze: frase di Mussolini inneggiante all'autarchia; dattilografe al lavoro; osteria all'aperto

Archivio storico Farabolafoto, Milano: Mussolini dà il primo colpo di piccone alla bonifica del basso Lazio; Maria José scende da un apparecchio della Società aerea mediterranea; la spesa in un mercato milanese all'inizio degli anni Trenta; giovani abbigliate alla moda passeggiano per Roma; il Trio Lescano

Civico archivio fotografico, Milano: lavandaia sulle rive del Naviglio; il caffè Biffi

Del Papa: Giovani italiane durante un saggio ginnico

Federico Patellani, Milano: la Stazione marittima del littorio di Napoli

Fototeca storica, Roma: convoglio ferroviario di coloni destinati in Libia

Istituto Luce/Gestione Archivi Alinari, Firenze: donna al lavoro in un orto di guerra

Olycom/Publifoto, Milano: inaugurazione di un elettrotreno Breda; trebbiatura in piazza del Duomo a Milano del grano raccolto negli orti di guerra; una ragazza prende le consegne da un bigliettaio su un tram di Roma; Lancia Aprilia in versione coupé e cabriolet

Paolini, Roma: una Piccola italiana partecipa alla selezione dei «Ludi juveniles» della cultura

Touring Club Italiano/Gestione Archivi Alinari, Milano: varo del *Rex*; fonderie di San Gavino Monreale

INDICE DEI NOMI

«Otto milioni di biciclette»
di Romano Bracalini
Oscar storia
Arnoldo Mondadori Editore

Questo volume è stato stampato
presso Mondadori Printing S.p.A.
Stabilimento NSM - Cles (TN)
Stampato in Italia. Printed in Italy